Cómo despertar el tercer ojo

Samuel Sagan M. D.

Cómo despertar el tercer ojo

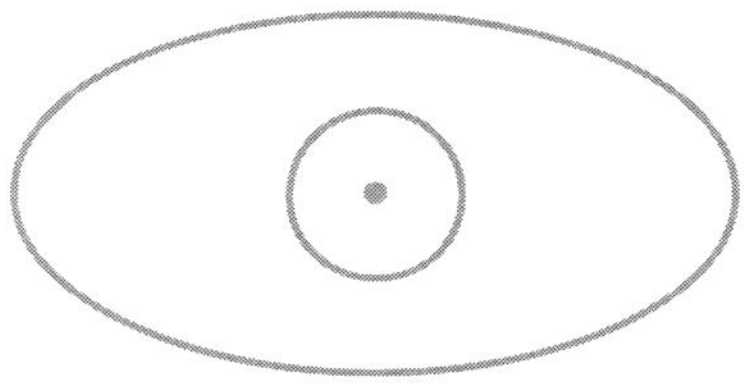

EDICIONES OBELISCO

Si este libro le ha interesado y desea que le mantengamos informado de nuestras publicaciones, escríbanos indicándonos qué temas son de su interés (Astrología, Autoayuda, Ciencias Ocultas, Artes Marciales, Naturismo, Espiritualidad, Tradición...) y gustosamente le complaceremos.

Puede consultar nuestro catálogo en www.edicionesobelisco.com

Colección Espiritualidad, Metafísica y Vida interior
CÓMO DESPERTAR EL TERCER OJO
Samuel Sagan

1.ª edición: marzo de 2005
12.ª edición: mayo de 2023

Título original: *Awakening the Third Eye*

Traducción: *Gisela Vilar y Gaspar Llinares*
Supervisada por: *Rosa Droescher*
Diseño de cubierta: *Enrique Iborra*
Maquetación: *Antonia García*

Edita: Ediciones Obelisco, S. L.
Collita, 23-25. Pol. Ind. Molí de la Bastida
08191 Rubí - Barcelona - España
Tel. 93 309 85 25
E-mail: info@edicionesobelisco.com

ISBN: 978-84-9111-894-7
Depósito Legal: B-19.173-2010

Printed in Spain

Impreso en España en los talleres gráficos de Romanyà/Valls S. A.
Verdaguer, 1 - 08786 Capellades (Barcelona)

INTRODUCCIÓN

La luz del cuerpo es el ojo.
Si, pues, tu ojo estuviere sano,
Todo tu cuerpo estará lleno de luz.

MATEO, 6:22

El presente libro describe un proceso sistemático para la apertura del tercer ojo.

Se ha escrito para quienes no se quedan satisfechos con una simple intelectualización de las realidades espirituales y desean acceder a la experiencia directa.

El desarrollo de la visión espiritual requiere la construcción paciente de algunos «órganos» de energía nuevos, entre los que el tercer ojo resulta fundamental. Estas nuevas estructuras no son físicas, siendo no obstante reales y tangibles todas ellas. Una vez logrado su pleno desarrollo, las percepciones que llegan a través de las mismas comienzan a aparecer más claras, más agudas y mucho más sustanciales que las que provienen de los sentidos físicos. En el presente libro se describe una serie de técnicas que se han diseñado expresamente para el cultivo metódico de dicha nueva forma de percepción.

Nuestra aproximación siempre remarca la primacía de la experiencia sobre los conceptos mentales, del conocimiento de primera mano sobre la creencia. Verdaderamente, no se trata de que se presuma o acepte como cierto que ello brindará una regeneración espiritual, sino de que se experimente directamente. Por lo tanto, al lector no se le pide que crea en lo que está escrito, sino que practique los ejercicios.

No es necesaria siempre serán aquellos que han meditado durante años los que experiencia espiritual ni conocimiento previo alguno sobre el tema antes de comenzar las prácticas. Sugiero que temporalmente se olvide todo aquello que se conoce, con tal de poderse iniciar en las técnicas con una conciencia fresca. Al haber compartido este conocimiento con cientos de estudiantes en los cursos llevados a cabo por Clairvision School en Sydney, sé que no siempre serán aquellos que han meditado durante años los que penetren con más facilidad en el campo de la percepción. Para algunos, el conocimiento espiritual da alas y provee claves que permiten abrir todas las puertas; en cambio, para otros se convierte en una cadena que les impiden absorber algo nuevo. Cuanto más capaz sea uno de desprenderse de ideas preconcebidas, más fácil será «ver».

Debe entenderse claramente que nuestro propósito no es desarrollar la clarividencia borrosa y atávica de los psíquicos de trance mediúmnico, sino alcanzar la visión del Ser Superior. Incluso aunque aparezcan algunas percepciones extrasensoriales a medida que se practiquen las técnicas, el propósito central es encontrar al Ser Superior y aprender a ver el mundo desde el Ser Superior, en lugar de verlo desde nuestra conciencia mental ordinaria.

El presente libro debería ser tomado como una introducción, como un primer paso hacia un modo de percepción y pensamiento completamente diferentes. Se ha escrito para servir al vasto número de seres humanos que actualmente están preparados para conectar con las realidades espirituales y caminar hacia una nueva forma de conciencia. Las técnicas que se ofrecen han sido diseñadas para personas que forman parte del mundo. No invitan a retirarse de las actividades diarias, sino a comenzar a realizarlas con una nueva conciencia y una nueva visión y, por tanto, a seguir en la línea de los Proverbios (3:6): «En todos tus caminos Lo conocerás», frase que, según el Talmud, contiene la esencia de la Toráh.

Una vez dicho lo anterior, es pertinente hacer constar que Clairvision School no es una organización «New Age» (Nueva Era). Sus métodos y técnicas están basados en principios bastante diferentes de los que normalmente se encuentran en el movimiento New Age. En particular, en ningún caso las técnicas Clairvision emplean tipo alguno de canalización («channeling»), imaginación creativa ni afirmaciones de pensamiento positivo. Tampoco se utiliza la hipnosis ni la autosugestión. Las técnicas de Clairvision School están basadas en un despertar directo del cuerpo de energía, y la filosofía y fundamentos de la escuela se inscriben en la tradición occidental de conocimiento esotérico. Si se diera el caso de experimentarse intensas aperturas y realizaciones mientras se ponen en práctica nuestras técnicas, es bastante posible que también exista una conexión con dicha tradición. En particular, esperamos que muchos lectores tengan nítidos despertares en el tercer ojo mientras lean el presente libro.

Cómo despertar el tercer ojo es uno de los libros introductorios al *Clairvision Corpus*, cuerpo de conocimientos que es el trasfondo de Clairvision School. El *Clairvision Corpus* contiene conocimiento tanto teórico como experiencial en el campo de la conciencia y de los misterios de la naturaleza humana, con una especial atención a la transformación y la alquimia interior. La alquimia puede definirse como el arte de elevar el nivel de vibración de la materia. La alquimia interior, por consiguiente, se refiere a una forma de desarrollo espiritual en la que el propósito último no es abandonar toda conexión con la creación manifestada y disolverse uno mismo, sino construir un vehículo en el que la plenitud del Ser Superior pueda experimentarse de modo permanente, incluso mientras se vive en el mundo físico. Este cuerpo de inmortalidad se corresponde con lo que la tradición cristiana ha denominado «cuerpo de gloria», y con el *paramam vapuh* de los *Upanishads*. Es semejante en muchos aspectos, si no idéntico, al *lapis philosophorum* o piedra filosofal de los alquimistas, y al Grial, corazón de la tradición esotérica occidental.

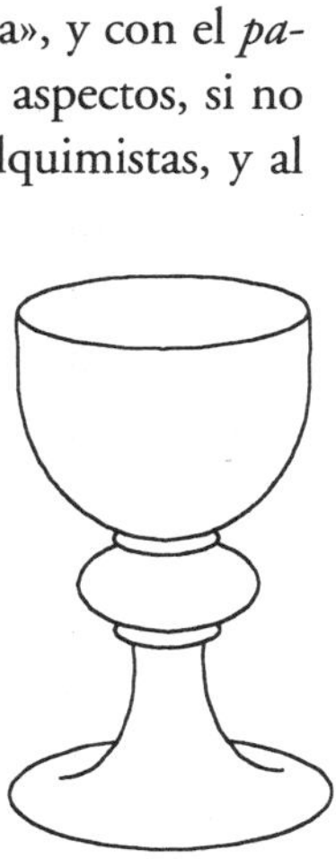

Cómo despertar el tercer ojo asienta los cimientos para una aproximación experiencial a un trabajo de alquimia interior. Muchas de las técnicas que se exponen al principio no deben tomarse como «alquímicas» en un sentido estricto, sino como una preparación necesaria, sin la cual las fases más avanzadas del trabajo no tendrían ningún sentido.

En lugar de comenzar desarrollando los aspectos teóricos *in extenso*, se irán dando indicaciones gradualmente a lo largo del presente libro y los siguientes, con el fin de clarificar los propósitos y principios del trabajo de alquimia interior. La naturaleza de nuestro tema nos proporcionará también abundantes oportunidades de desarrollar diversos aspectos relacionados con los cuerpos sutiles.

Clairvision School
PO BOX 33
Roseville NSW 2069, Australia
www.clairvision.org

Capítulo 1

PRINCIPIOS Y METODOLOGÍA DEL TRABAJO

Todo trabajo espiritual auténtico tiene como propósito primordial encontrar al Ser Superior, y las técnicas Clairvision no son una excepción. El propósito esencial del proceso es «ser más». Es frecuente oír que los seres humanos solamente utilizamos una pequeña fracción de nuestro potencial. Nuestra vida está confinada dentro de un rango limitado de pensamientos, emociones, sensaciones y otras modalidades de existencia consciente y, aun así, en la mayoría de los casos permanecemos completamente inconscientes de dichas limitaciones. La metáfora platónica de la caverna, a pesar de haberse formulado hace veinticuatro siglos, sigue estando vigente: si siempre se ha vivido dentro de una caverna oscura, la caverna no es una caverna, sino el universo entero. No podemos siquiera concebir las maravillas que nos esperan en el caso de que salgamos y caminemos por el mundo real. El trabajo sugerido en el presente libro trata todo él de salir de la caverna y comenzar a contemplar la magnificencia del mundo tal como se ve desde el tercer ojo.

En India, el coco es un fruto considerado como de profunda significación simbólica, el cual se emplea en rituales de fuego (*yajñas*), ya que tiene «tres ojos». Dos de ellos son «ciegos», es decir, no pueden atravesarse para alcanzar la leche, mientras que el tercero, en el centro, se abre al interior del fruto. De modo semejante, **el tercer ojo es, fundamentalmente, la puerta que conduce a los mundos interiores**. Por lo tanto, este ojo permite llegar a conocerse a uno mismo con una profundidad que sobrepasa todos los métodos convencionales de psicoterapia, o cualquier método basado en el análisis con la mente discursiva.

Desarrollar el tercer ojo es una forma directa de expandir nuestro universo consciente y descubrir nuestros valores esenciales, para así poder desentrañar nuestro propio misterio. Además, es sencillo. Sencillo no necesariamente significa fácil; pero este trabajo no precisa de ninguna teoría complicada ni de discusiones prolongadas. Su dirección es esencialmente experiencial, dado que el propósito es claramente el de ser más. Y ser es la cosa más sencilla del mundo. Una constante preocupación mientras se redactaba el presente manual fue el relacionar la teoría con la experiencia, así como proporcionar técnicas y claves que permitieran que la percepción pudiera ser efectuada por uno mismo.

Los tres primeros capítulos están dedicados a introducirnos en los principales aspectos de la práctica. Los restantes capítulos son en cierto modo independientes de los demás, de forma que es posible leerlos en el orden que se sienta como más natural.

Antes de comenzar con la primera técnica, permítasenos exponer algunos consejos básicos respecto a los principios y metodología del trabajo.

1.1 No forzar, no concentrarse, únicamente estar consciente

No debería confundirnos el hecho de que nuestro propósito sea una nueva clarividencia o visión del Ser Superior. Verdaderamente, el Ser Superior ya está ahí, esperando en el fondo de uno mismo. No se va a «construir» el Ser Superior y su visión, sino que cada uno va a revelarla, o más bien a permitir que se revele por sí misma. El desarrollo espiritual es una lucha, ciertamente, pero la principal arma en esta lucha es dejarse llevar.

Con esta perspectiva de apertura, no es apropiado concentrarse, luchar o forzar. Si se hiciera así, ¿qué sucedería? Se estaría operando desde la mente ordinaria, esto es, desde dicha fracción de uno mismo con la que se piensa (la mente discursiva, que no cesa de hablar en el interior de la cabeza en todo momento). Todos hemos sido condicionados desde una temprana edad a hacerlo todo desde la mente. Por lo tanto, si tratamos de «hacer» la función de percepción, es probable que permanezcamos atrapados en la mente discursiva, un plano que es notablemente inadecuado para cualquier tipo de percepción espiritual.

Dejemos de hacer. Estemos completamente conscientes, pero solamente conscientes. Permitamos que lo que está escondido en las profundidades emerja y sea revelado a nuestra conciencia. No hagamos nada, dejemos que las cosas sucedan. Fluyamos con lo que venga.

En el mundo físico, cuando se desea algo hay que luchar para conseguirlo. Pero en los mundos espirituales todo está invertido, como si fuera el otro lado del espejo. Si se quiere algo, debe dejarse que llegue. Es una nueva habilidad que hay que desarrollar. Podría denominarse «dejarse llevar activamente» o «dejarse llevar creativamente». Es la capacidad de ser transparente y permitir que los estados de conciencia se revelen a través de uno mismo.

Limitándonos a estar conscientes, todo sucederá.

1.2 No visualizar, no imaginar, únicamente estar consciente

En el contexto de las técnicas Clairvision se aconseja que nunca debería tratarse de visualizar o imaginar algo. Si llegan a nuestra visión imágenes, luces, seres espirituales o cualquier otra cosa, es estupendo. Pero que no se inventen, que no se trate de inducirlas. No debe visualizarse activamente ningún modelo dentro del propio campo de conciencia.

Una de las razones para ello es: supóngase que viene un ángel, de los de verdad. Si se ha estado tratando de visualizar ángeles cada mañana durante unos cuantos meses, ¿cómo se sabrá si es un ángel verdadero o uno que se ha inventado?

El problema no reside en acceder a la percepción de imágenes o luces. Si se ponen en práctica las técnicas, las visiones llegarán. El problema real es, una vez lleguen las visiones, cómo discernir lo que es real de lo que es un capricho de la mente. Por tanto el consejo es: ¡seamos espontáneos! Nunca planifiquemos o tratemos de atraer una visión. Limitémonos a practicar las técnicas y entonces veremos qué es lo que viene. Esto hará más fácil llegar al nivel en que ya pueda confiarse en la propia visión.

Esta perspectiva no debería ser entendida como una crítica de los caminos que emplean la visualización o imaginación creativa. Son muchos los caminos. Lo que es verdadero en el contexto de un sistema en particular de desarrollo personal, no necesariamente es de aplicación a otros. En el estilo de trabajo Clairvision, la consigna simplemente es: «Seamos conscientes».

1.3 Confiemos en nuestra propia experiencia

Un buen punto a recordar es que, cuando no hay nada en que creer, ¡tampoco hay nada de que dudar! Puesto que no estamos tratando de inventar nada, no perderemos el tiempo preocupándonos por si estamos viendo o no lo que estamos viendo. Confiemos en nuestra propia experiencia.

Mantengámonos practicando de acuerdo con estos sobrios principios y la clarividencia florecerá, creciendo en precisión y fiabilidad. A medida que las percepciones comiencen a repetirse a sí mismas, se hará cada vez más fácil confiar en ellas.

1.4 No analicemos durante una experiencia

No debemos tratar de analizar tan pronto como algo ocurra. De otro modo se perderá inmediatamente la percepción, ya que se volverá de nuevo a la mente discursiva. Una de las claves para la percepción reside en el cultivo de una forma superior de quietud, de la capacidad de no reaccionar cuando algo tiene lugar en el propio interior.

Una vez concluya la experiencia tendremos tiempo de sobra para analizarla. De todos modos, el análisis o discusión de una experiencia no necesariamente conduce al máximo aprovechamiento de la misma. Las experiencias de conciencia son como semillas. Sólo cuando pondere sobre ellas en silencio y las asimile, madurarán en mayores realizaciones.

1.5 Protección psíquica

Normalmente, la mayor parte de las personas están psíquicamente desprotegidas, por dos razones principales. Primeramente, no son capaces de ver cuándo una energía negativa está a su alrededor ni tampoco cuándo se requiere precaución. En segundo lugar, no han sido entrenadas para sellar su aura y así hacerla impermeable a influencias externas cuando sea preciso.

El tercer ojo, al ser el órgano de la percepción sutil e intuición y el principal conmutador del cuerpo de energía, ofrece una respuesta verdadera a estos dos problemas.

En primer lugar, permite detectar cuándo el entorno energético es tal que se precisa prudencia.

En segundo lugar, debería quedar claro que nuestro método no solamente enseña cómo abrir el ojo, sino también a cerrar el aura. Desde las primeras técnicas, la vibración en el tercer ojo comenzará a despertar una densidad más elevada de energía protectora en el aura. Esto no se basa en la imaginación positiva o en la autosugestión, sino en la percepción tangible de una energía vibrante alrededor de uno mismo. No solamente será posible despertar dicha energía protectora durante la meditación, sino también en las situaciones más diversas de la vida diaria, tales como tomar un autobús, caminar por una calle atestada de gente o tratar con el jefe o con nuestros empleados.

Desarrollaremos ampliamente métodos de sellado del aura más sistemáticos en los capítulos 17, 18, 20 y 21 (protección). La capacidad de detectar líneas Ley y de tierra (capítulo 12) será asimismo de gran ayuda para establecer un entorno completamente protegido.

1.6 Práctica, práctica, práctica...

No creo que se adelante mucho con sólo leer los veintidós capítulos del presente libro. Tanto si eres joven como si eres mayor, estás sano o enfermo, la clave para el éxito en la búsqueda espiritual reside en tres palabras: práctica, práctica, práctica... En verdad, no es necesario retirarse de la actividad y meditar todo el tiempo para alcanzar un nivel elevado de prác-

tica espiritual. Este libro puede seguirse sin dedicar más de diez o veinte minutos diarios a los ejercicios de meditación. No obstante, se sugerirán determinadas prácticas para que se implementen durante las actividades cotidianas. Tratemos de convertirlas en hábitos, e incorporemos este trabajo en nuestro estilo de vida habitual tanto como nos sea posible.

Después de haber explorado muy diferentes caminos de autotransformación, uno a menudo llega a la conclusión de que no es tanto el método o el estilo de trabajo lo que importa, sino la realización interior que acarrea. Lo que marca la diferencia es la capacidad de persistir en el camino. Observando las vidas de los grandes maestros, uno descubre que ellos no necesariamente comenzaron desde un nivel elevado. A veces tuvieron que afrontar obstáculos mucho mayores que los que nos encontraremos en nuestro propio camino. Pero ellos perseveraron, perseveraron, perseveraron... hasta el punto que ningún obstáculo se les podía resistir, y entonces se abrieron ante ellos vastas iluminaciones. «Persistencia sobrenatural» es una de las cualidades más esenciales que puede desarrollar un buscador espiritual. Aquellos que parecen entrar en estados de conciencia elevados sin tener que pasar a través de disciplina espiritual alguna, generalmente son personas que han atravesado procesos largos e intensos en sus vidas anteriores. Sea cual sea el propio nivel, es mediante una constante atención a todos los aspectos de la práctica como se consigue que llegue el éxito.

De acuerdo con el *Evangelio de Felipe*: «aquellos que creen que primero morirán y después resucitarán están completamente equivocados. Si no reciben la resurrección mientras todavía están vivos, después de la muerte nada recibirán».

1.7 ¿Por qué retrasarse?

Comience las prácticas a medida que lea el libro.

En términos de autotransformación, mañana significa nunca.

Cualquiera que sea el progreso que pueda hacer, hágalo ahora mismo.

Dios conoce el tiempo perdido.

1.8 Juguemos con las técnicas

Si tantos sabios se han esforzado sobremanera para lograr la iluminación espiritual, es porque es la mayor alegría que uno puede conseguir en la Tierra. Si se ve la espiritualidad como una cosa triste y austera, en tal caso se está perdiendo el rumbo por completo. Los maestros más iluminados que me he encontrado eran hombres y mujeres que reían muchísimo. Así pues, por favor, sea realmente serio con las técnicas Clairvision: juegue con ellas. Si uno se implica y es tan serio como un niño cuando juega (y si se persevera), entonces las posibilidades de éxito son enormes.

1.9 Permanezcamos ecuánimes

Uno de los descubrimientos más fascinantes que resultan de entender los escritos de personas muy iluminadas es que dichas personas han visto el mundo de formas completamente diferentes.

En la tradición hindú, por ejemplo, tómense los *Jnanis* y Sri Aurobindo. En los trabajos de Sri Aurobindo, el mundo se presenta como la encarnación progresiva de una perfección divina. La muerte es una burla, y el Trabajo apunta a la inmortalidad física mediante la iluminación de la materia física. Para los *Jnanis*, por el contrario, la vida encarnada es un error fatal. En realidad, para los *Jnanis* todo el universo es un error, una especie de emanación transitoria, grosera y nauseabunda. Y el único propósito de la vida es coger un billete de ida de todo ello, tan rápidamente como sea posible.

Sri Aurobindo fue universalmente aclamado en India como uno de los yoguis más iluminados de todos los tiempos. Pero no se piense que los *Jnanis* son superficiales. Un *Jnana*-yogui como Nisargadatta Maharaj, por considerar un ejemplo reciente, ha impresionado profundamente a toda su generación, tanto de Oriente como de Occidente, por la inmensidad de sus estados de conciencia.

No existe ninguna salida fácil para este hecho: dependiendo desde dónde se esté observando, así se verá el universo y su finalidad, de modos completamente diferentes. Es importante ponderar este hecho, ya que me parece que es uno de los mejores antídotos contra el dogma. Cualesquiera que sean las propias visiones, no deben convertirse en una prisión. Siempre debe dejarse espacio para cambiar la propia mente y sistema de ver el mundo.

Para las personas que deseen comprometerse con la orientación de Clairvision, recomiendo en particular que se trabaje con dos corpus de doctrina completamente diferentes, tales como los de los gnósticos y los de Rudolf Steiner, por ejemplo. El motivo para esta elección es que ambos surgen de vastas iluminaciones, están llenos de sabiduría e información práctica relativa al camino de la alquimia interior y de la tradición esotérica occidental y, por último, aunque no por ello menos importante... ¡son totalmente irreconciliables en numerosos aspectos clave! Así que, si se desea operar con los dos sistemas, no hay otra elección que permanecer ecuánime respecto al valor de las concepciones mentales.

Una vez más, no es lo que se crea o lo que se haya leído lo que cambiará la propia vida espiritual, sino lo que pueda experimentarse directamente. De ahí el trabajo sugerido en el presente libro, el cual apunta a generar la capacidad de sintonizar y alcanzar la propia percepción de los mundos espirituales.

Capítulo 2

LOS MISTERIOS DE LA LARINGE

Al principio era el Verbo,
y el Verbo estaba en Dios,
y el Verbo era Dios.

JUAN 1:1

Tenía en su diestra siete estrellas,
y de su boca salía una espada aguda,
de dos filos.

APOCALIPSIS 1:16

2.1 Fricción en la garganta

Esta práctica consiste en respirar con una fricción en la parte posterior y más baja de la garganta mientras se mantiene la boca ligeramente abierta. La fricción es generada tanto durante la inhalación como en la exhalación, lo cual crea un sonido como una especie de «viento». No es ni un silbido ni un zumbido, ni ninguna otra forma de sonido cantado. El sonido es aproximadamente el mismo cuando inhalamos que cuando exhalamos. Si es posible, intentemos hacerlo en un tono bajo; así nos resultará más sencillo mantenerlo durante un período de tiempo prolongado. Pero antes de dar más indicaciones y consejos sobre la fricción en la garganta, aclaremos algunos aspectos.

No se trata de empezar a buscar una fricción perfecta en la garganta. Sólo hay que hacer una «especie» de sonido de fricción y dejar que con el tiempo se adapte por sí mismo.

Si tratamos de realizarlo a la perfección, probablemente acabaremos haciéndolo mal. (Esto mismo puede aplicarse a todas las técnicas de este libro.) Si intentamos ser demasiado exactos, se interpondrá nuestra mente. **¡Sólo hay que respirar con una vaga fricción en la garganta y todo irá bien!** Basta con leer las instrucciones que se dan más adelante y entonces podrá volverse a esta sección al cabo de unas cuantas semanas, para así descubrir con mayor precisión dónde se produce la fricción y de este modo ajustar los detalles.

Comentarios

Si desea tener una demostración inmediata, puede visitar la página Internet de Clairvision School (sección: Clairvision Knowledge Bank), donde encontrará un archivo con el sonido de la fricción en la garganta. Pero, recuerde: un vago sonido de fricción será suficiente para poder seguir los ejercicios de *Cómo despertar el tercer ojo.*

No importa si se respira por la nariz o por la boca, o por ambas al mismo tiempo, aunque la boca debería permanecer ligeramente abierta. En esta posición, la mandíbula inferior está suelta y relajada, lo cual genera una determinada condición de energía que puede ser suficiente en sí misma para inducir un estado de conciencia ligeramente alterado.

La fricción en la garganta es más cómoda y eficiente cuando proviene de la parte trasera de la garganta, no desde la boca y el paladar [área M en la figura; M: mitad de la boca], ni desde el área cercana a los dientes [área F; FF: parte frontal de la boca].

Si se estuviera realizando la fricción desde la mitad [M] o desde la parte frontal de la boca, el sonido tendría un tono más agudo y algo estridente, o incluso sibilante. Experiméntese y compárese cada uno de ellos.

La fricción correcta proviene de la laringe y de la parte más baja de la faringe, es decir, de la parte más baja de la parte trasera de la garganta [área L en la figura]. Así pues, el sonido correcto es un tono más bajo, profundo e interiorizado que si procediera de la parte frontal de la boca.

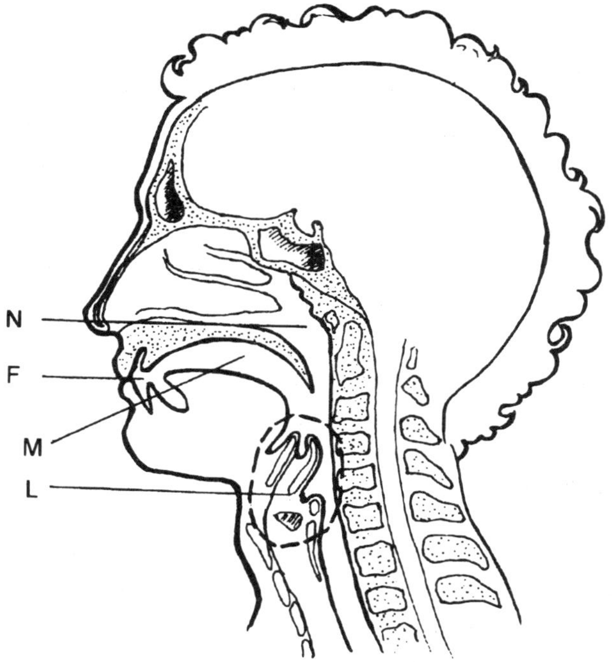

La fricción proviene del área L (laringe).

Otro posible error podría consistir en generar la fricción en la parte alta de la faringe (nasofaringe), esto es, en la parte trasera pero superior de la garganta, detrás de la cavidad nasal interna [área N en la figura]. En este caso, el cual es incorrecto, la fricción resonaría más en los senos nasales que en la garganta.

A menudo, cuando practiquemos la fricción en la garganta, podremos sentir una vibración en la laringe, tenue aunque distinguible, si tocamos suavemente la nuez de Adán con los dedos. (La Nuez de Adán es la protuberancia externa de la laringe en la parte superior de la mitad de la garganta; está más marcada en los hombres que en las mujeres.) Al principio esta vibración, que sentiremos con los dedos, a menudo se percibe con mayor claridad durante la inhalación que durante la exhalación, aunque se produzca el mismo sonido durante ambas.

¿Cuán profunda debe ser la respiración? La profundidad y el ritmo deben ser los normales. Al principio debe instalarse una respiración ligeramente más profunda, con el fin de generar una fricción más clara,

pero no se necesita hiperventilar: ésta técnica no pretende crear el tipo de respiración usado en el *rebirthing*. El propósito es activar la energía de la laringe a través de la fricción. El énfasis no está en respirar, sino en despertar la laringe de energía.

El propósito de la fricción en la garganta es reforzar la conexión con la «energía», un término que puede sonar vago al principio, pero que se hará cada vez más significativo a medida que se continúe trabajando en el tercer ojo. En cuanto se convierta en habitual la práctica de la fricción, bastará con sintonizar con el flujo de energía que la rodea, y automáticamente se ajustará la intensidad correcta de la respiración. Profundidad y ritmo variarán, pero la naturaleza de la energía es variar, y forma parte de nuestro propósito aprender a dejarnos llevar por la energía.

La acción energética de dicha respiración con fricción será intensificada en gran medida si el cuello está recto y vertical, alineado con el resto de la columna. Cuanto más perfecta sea la verticalidad del cuello, mayor poder se liberará en la laringe. Esto puede experimentarse como una intensificación repentina de la vibración, la cual tendrá lugar algunas veces cuando se mueva levemente el cuello al aproximarse éste a la verticalidad perfecta.

La boca estará sólo ligeramente abierta; pero aún es más importante estar seguro de que permanece abierta, y más concretamente que la mandíbula inferior esté relajada, así como que los dientes superiores e inferiores no se toquen.

Cuando se esté familiarizado con la vibración en el entrecejo (se presentará en el capítulo siguiente), conviene volver a este punto: trátese de practicar la fricción en la garganta con la boca ligeramente cerrada, y después con la boca levemente abierta, alternando las dos posiciones para sentir la diferencia en la energía. Se notará que, en cuanto la mandíbula inferior esté relajada y ligeramente caída, se generará una condición completamente diferente en la energía, la conexión con la vibración se intensificará y, en general, la apertura se favorecerá.

Obsérvese también que esta posición de leve apertura de la boca **no** tiene que forzar la respiración por la boca en lugar de por la nariz. Respírese por la nariz, por la boca, o por ambas al mismo tiempo, como resulte más natural.

Los principiantes a veces sienten que esta técnica reseca la garganta, o bien que la irrita ligeramente. Si así fuera, hágase la fricción en una zona más baja de la garganta. Los principiantes a menudo hacen la fricción en una zona demasiado alta de la garganta, cerca del paladar, lo cual irrita su garganta. En dicho caso, practíquese durante unos cuantos minutos varias veces al día y dicho inconveniente será pronto superado (puede usarse miel de buena calidad para suavizar y despertar la garganta). Con la práctica, esta fricción se mantendrá sin esfuerzo durante horas.

> Después de algunos días de practica, la fricción en la garganta se ajustará naturalmente por sí misma y desaparecerá cualquier sensación de irritación.

Hay que tener en cuenta que el núcleo de esta técnica se halla en la laringe, no en la respiración. No puede de ningún modo considerarse una práctica de hiperventilación, puesto que la respiración es exactamente la normal. Ni siquiera es un ejercicio de respiración propiamente dicho, ya que solamente se utiliza la acción mecánica del aire en la laringe, sin pretender conectar con el proceso de la respiración. La fricción se usa para crear una estimulación de la vibración en la laringe, pero en una etapa posterior de la práctica será posible despertar la misma vibración en la laringe sin hacer uso de la respiración.

¿Por qué la protuberancia de la laringe llamada nuez de Adán está más marcada en los hombres que en las mujeres? En inglés esta protuberancia se llama «Adam's apple» (manzana de Adán) y se dice que cuando Adán trató de tragar la manzana del árbol de la ciencia del bien y del mal, ¡ésta quedó atrapada en su garganta!

2.2 Propósito y efectos de la fricción en la garganta

La fricción en la garganta es un sonido de energía. Aquieta la mente y, cuando se domina, induce instantáneamente un estado de conciencia «sintonizado».

Una de sus muchas acciones es amplificar todo fenómeno psíquico. La forma en que se usará la respiración con la fricción en el capítulo siguiente, será conectándola con el área del entrecejo, para fortalecer nuestra conciencia del tercer ojo. En las prácticas posteriores, la fricción en la garganta se conectará con distintas estructuras del cuerpo de energía para así reforzarlas.

¿Qué significa «conectar»? Es una sensación o sentimiento que es más fácil de experimentar que de describir. Suponga que está tratando de conectar la fricción en la garganta con el área del entrecejo, por ejemplo. Al principio hay una conciencia simultánea de ambas. Entonces, automáticamente, tiene lugar una resonancia entre una y otra. El área del entrecejo parece vibrar junto con la fricción en la garganta: en ese instante se produce una «mezcla». La fricción en la garganta se combina con la sensación en el área del entrecejo. Hay una comunicación de energía entre la laringe y el tercer ojo. Esto es lo que significa «conectar».

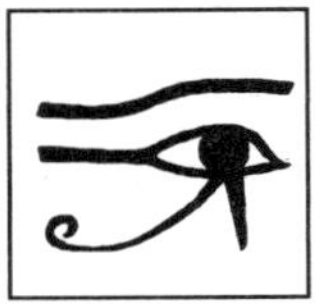

A continuación sucede una experiencia sencilla aunque fundamental: la percepción del tercer ojo se hace rápidamente más tangible e inequívoca. Este resultado es claro e instantáneo. El efecto de la fricción en la garganta es «dar forma», hacer que las cosas sean más sustanciales. Por lo tanto, cada vez que se conecte la fricción en la garganta con un chakra o con cualquier otro órgano de energía, dicho órgano se hará más perceptible. La laringe manifiesta las cosas, las revela.

Observaremos un efecto semejante cuando trabajemos con auras. Primero tendremos que fortalecer el espacio interior e iniciar el proceso de visión. Entonces, algunos ejercicios nos mostrarán cómo la percepción de los halos no físicos y las auras se estimula de forma instantánea cuando combinamos la fricción en la garganta con la visión (véanse los capítulos 5 y 7). Las luces y los colores aparecerán significativamente más «densos» y tangibles.

La fricción en la garganta puede emplearse también para establecer una conexión entre diferentes estructuras de energía. No sólo puede conectarse la fricción con el tercer ojo o con cualquier otro órgano de energía, sino que puede realizarse la conexión entre distintos órganos de energía, y unirlos mediante la fricción. Por ejemplo, en los capítulos en los que se trata acerca de las circulaciones energéticas, se trabajará estableciendo una conexión entre la energía de las manos y la del tercer ojo. O bien, en los capítulos en los que se trata acerca de la protección, se aprenderá a conectar el tercer ojo con las energías del vientre.

A medida que avancemos en este camino, descubriremos otras funciones milagrosas asociadas con la laringe; por ejemplo, la energía de la laringe es un excelente purificador, puede digerir toda clase de energías tóxicas. Desempeña también un papel fundamental en el metabolismo del néctar de la inmortalidad. Es recomendable no considerar la fricción en la garganta como una rutina, sino más bien como la búsqueda sagrada de los misterios de la laringe.

2.3 Los misterios de la laringe

En la literatura sánscrita se pueden encontrar algunas historias sorprendentes sobre la voz. De los *rishis*, o sabios de la antigua India, se decía que tenían extraordinarias habilidades, llamadas *siddhis*. Una de ellas era el *vac-siddhi* (*vac*, «voz»*)*, gracias al cual cualquier cosa que el *rishi* dijera se convertiría en realidad. Algunas veces, sólo con pronunciar una palabra, un *rishi* podía materializar un ejército completo y cambiar así el curso de la historia. De lo cual se seguía que la palabra pronunciada fuera considerada como sagrada e inalterable, lo cual en ocasiones era problemático. Por ejemplo, en el *Mahabharata,* el poema más extenso que se ha transcrito en la historia de la humanidad, los cinco hermanos Pandava participaron en un torneo en el que uno de ellos ganó como esposa a la princesa más bella. Al volver a casa, los hermanos anunciaron a su madre, la virtuosa Kunti: «Hemos vuelto con un tesoro». Entonces, bastante desafortunadamente, la madre exclamó: «Bien, pues que sea compartido entre los cinco», tras lo cual la princesa *tuvo* que convertirse en la esposa de los cinco hombres, turnándose con cada uno de ellos, y supuestamente sin mostrar preferencia hacia ninguno de ellos.

El poder creativo de la voz se expresa claramente en sánscrito, donde *vac*, «voz», es a menudo considerado como sinónimo de *Shakti*, que es la energía creativa, el poder de manifestación. En diversas tendencias de la antigua filosofía griega puede hallarse un concepto similar en *logos*. El significado primario de *logos* es «palabra», pero también significa principio creativo. Después, en el Evangelio de Juan (escrito originalmente en griego), el término *logos* se usa asimismo para caracterizar el principio creativo por el cual fue manifestada la creación: «Al principio fue el *logos* (Palabra o Verbo) y el *logos* estaba con Dios, y el *logos* era Dios» (Juan 2:1). Obsérvese que el primer libro del Antiguo Testamento a su vez presenta una imagen en la cual, en diversas etapas de la génesis del mundo, Dios usa el poder de la palabra para crear: «Y Dios dijo: "Hágase la luz". Y se hizo la luz» (Génesis 1:3). «Y Dios dijo: "Hágase un firmamento en medio de las aguas, y divídanse las aguas de las aguas"» (Génesis 1:6). «Y Dios dijo: "Tráiganse a la tierra las criaturas vivientes..."» (Génesis 1:24), y así sucesivamente.

En mi novela épica *Atlantean Secrets* [Secretos de la Atlántida], pueden encontrarse claras descripciones del misterioso poder de la voz que

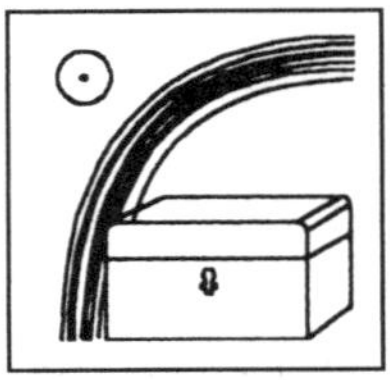

cultivaban los iniciados de la Atlántida, mediante el cual podían influir en la naturaleza, obrar sanaciones y lograr toda clase de hazañas milagrosas.[1] Rudolf Steiner, en sus enseñanzas, también nos ha dejado múltiples indicaciones relativas al poder de la voz. Un aspecto que él desarrolló particularmente es la polaridad entre la voz y los órganos generadores y, como consecuencia de ello, describe múltiples consecuencias concernientes a la evolución de la humanidad.

Aparte de las indicaciones de Steiner, ciertos hechos sencillos demuestran que existe una conexión entre la voz (y, por lo tanto, la laringe) y la energía sexual. Por ejemplo, en la pubertad, cuando se desarrollan los órganos sexuales, la voz de los muchachos cambia de tono debido a la acción de una hormona masculina llamada testosterona. En las mujeres, la alteración de la voz también puede observarse en la menopausia.

En astrología, el órgano de la voz está relacionado con el signo Tauro y los órganos sexuales con Escorpio. La polaridad entre los órganos sexuales y la laringe es indicada por la oposición entre ambos signos.

1. Podemos encontrar evocadoras descripciones del poder de la voz en el segundo volumen del *El Señor de los Anillos* de Tolkien, en el capítulo titulado «La voz de Saruman», así como en la novela *Dune* y en la película inspirada en ella.

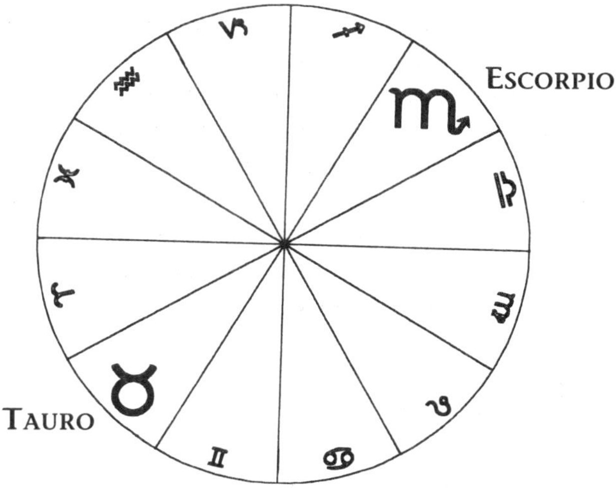

Eje Tauro-Escorpio en el zodíaco.

Tauro está regido por Venus; Escorpio por Marte. Venus y Marte forman una pareja, con funciones diametralmente opuestas.[2]

Otra conexión entre la voz y los órganos generadores puede encontrarse en el hebreo antiguo, donde una de las palabras para voz es *yediah*, cuya raíz es *yadah,* con el significado de «conocer». Y no es realmente una coincidencia el que la forma bíblica de referirse al encuentro sexual sea *yadah,* «conocer». Por ejemplo: «Y Adán conoció a Eva, su mujer; y ella concibió, y nació Caín...» (Génesis 4:1).

En acupuntura, el punto *qi chong* (estómago 30), localizado a un lado del hueso púbico, muestra, entre uno de sus síntomas, que la garganta se irrita tras un encuentro sexual. En la medicina tradicional china pueden hallarse diversas conexiones entre la energía sexual y la garganta. Por ejemplo, de entre todos los órganos, se dice que el riñón es el que almacena la energía sexual.[3] Y en la garganta se encuentran las amígdalas, las cua-

2. Para un estudio más detallado de esta oposición, véase mi libro *Fuerzas Planetarias, Alquimia y Sanación 7.7.*
3. En la medicina tradicional china, los órganos son considerados algo más que meras piezas de carne. A cada uno de ellos se le atribuyen varias funciones psicológicas, e incluso espirituales. De ahí el uso del singular «riñón», el cual es el órgano espiritual del que los riñones son sólo una contrapartida física.

les tienen forma de riñones. Cuando hay una liberación de «fuego» por el riñón, como resultado puede producirse una inflamación de la faringe (faringitis) o de las amígdalas (amigdalitis).[4]

Pero volvamos a Steiner y examinemos sus visiones acerca del futuro del órgano de la voz humana.[5] Steiner consideraba —dentro de la tendencia de la evolución humana— que la importancia de ciertas partes del cuerpo se está desvaneciendo lentamente, mientras que otros órganos desempeñarán una función cada vez más esencial en el futuro. Los órganos sexuales pertenecen a la primera categoría, mientras que la laringe pertenece definitivamente a la segunda.

Steiner ha mencionado con frecuencia que hacia la mitad de Lemuria (la época que precedió a la Atlántida), tuvo lugar un evento crucial en la historia oculta de la humanidad. Hasta entonces, la libido de los seres humanos estaba todavía dirigida por entero a la procreación, de modo que cada ser humano era capaz de generar descendencia por y de sí mismo; esto es, todos éramos hermafroditas. Un solo ser humano podía dar a luz a otro ser, sin precisar ser fecundado por nadie. Obsérvese que el concepto de que los seres humanos primordiales eran hermafroditas no sólo se encuentra en Steiner, sino también en mitos de tradiciones muy diversas.

Asimismo, Steiner describe cómo, en medio de alteraciones cataclísmicas del planeta Tierra, los seres humanos perdieron la mitad de su energía procreadora. Dejaron de ser hermafroditas: los sexos fueron separados. Cada ser humano únicamente retuvo la mitad de la energía procreadora y, desde entonces, tuvo que encontrar a alguien del otro sexo para poder tener descendencia. ¿Qué le sucedió a la otra mitad de la energía procreadora, la que ya no estaba disponible para la procreación? De acuerdo con Steiner, fue reorienta hacia una función diferente: sostener el Ego,

4. Obsérvese que inflamación significa literalmente «encenderse en llamas». Esto nos indica que los médicos de la antigüedad solían percibir la acción de una energía ardiente tras el fenómeno de la inflamación.
5. Véase, por ejemplo, *Cosmic Memory*, capítulo 6 (La División de los Sexos), o *The Foundations of Esotericism*, conferencia 23 (dada en Berlín el 25 de octubre de 1905).

o Ser Superior.[6] Hasta entonces, los seres humanos habían vivido como seres amorfos, completamente desconectados de su Ego. Y fue mediante la redirección de la mitad de su fuerza sexual como se estableció el comienzo de una conexión con el Ego. Se convirtieron en seres espirituales.

Esta visión sugiere un modo interesante de ver la relación entre la energía sexual y la espiritualidad, así como la sexualidad en general. Por ejemplo, presenta el instinto sexual como una búsqueda de la «mitad perdida». Y, al mismo tiempo, sugiere que la mitad perdida no va a ser encontrada fuera, en la unión con otro ser humano, sino mediante la comunión completa con el propio Espíritu. También nos sugiere que la energía sexual y la energía que nos permite conectar con el Espíritu son fundamentalmente de la misma naturaleza, y que esta última no es otra cosa que una forma refinada y reorientada de la primera. Esta concepción encaja bastante bien con los sistemas Taoístas de alquimia interior, en los cuales se trabaja refinando y transmutando la energía sexual para, así, generar el embrión de inmortalidad, el cuerpo sutil en el que la plenitud del Ser Superior pueda ser permanentemente experimentada.

Pero volvamos a la voz. Después de que los seres humanos tuvieran la mitad de su energía sexual reorientada, hacia la mitad de la época lemur, Steiner describe cómo aparecieron algunos órganos nuevos en el cuerpo humano. La laringe fue uno de ellos, lo cual establece una conexión directa entre la energía sexual transformada y espiritualizada y la laringe: mientras la energía sexual de los seres hermafroditas estaba al ciento por ciento dirigida a la procreación, no pudo formarse la laringe. Una vez que parte de la energía sexual fue refinada para comenzar a alcanzar el Espíritu, empezó a desarrollarse la laringe.

Ahora bien, si tratamos de entender la función presente de la laringe, veremos que mediante la voz expresamos nuestros pensamientos y nuestras emociones, lo cual es un modo de darles una forma más defini-

6. En esta etapa temprana del trabajo, para simplificar consideraremos que los términos Ego, Ego Superior y Ser Superior son sinónimos. Más adelante se introducirán distinciones precisas, tales como las descritas en *Clairvision Language* (Lenguaje Clairvision), un manual regularmente puesto al día que puede descargarse del Internet Website de Clairvision School.

da. Tan pronto como se comiencen a practicar los ejercicios que se describen en los primeros capítulos del presente libro, se hará evidente que la fricción en la garganta hace que el tercer ojo sea más tangible, como si le diera forma. Se sintonizará con este centro y, tan pronto como se comience a efectuar la fricción en la garganta, el tercer ojo será inmediatamente percibido con más claridad, más intensamente.

Steiner predijo que, en el futuro de la humanidad, la capacidad de la laringe para dar forma llegará a ser excepcional, y que el poder creativo de la palabra se manifestará incluso en el plano físico: sólo con decir una palabra, se materializará el objeto correspondiente. Aunque las implicaciones parezcan asombrosas, el concepto no es, después de todo, diferente del *vac-siddhi* o poder creativo de la palabra que —de acuerdo con los textos sánscritos— los antiguos *rishis* hindúes dominaban a la perfección. Esto nos sugiere que los seres humanos están adquiriendo gradualmente la capacidad de crear, similar a la de los Elohim del Antiguo Testamento. En otras palabras, presenta a los seres humanos como dioses creadores en la manifestación, un tema que discurre a través de toda la tradición esotérica occidental, comenzando por el Génesis, cuando Adán, habiendo comido del árbol de la Ciencia del Bien y del Mal, oyó al Elohim exclamar: «Contempla, el hombre se ha convertido en uno de nosotros» (Génesis 3:22). Todas estas consideraciones acerca de la laringe nos conducen a pensar que pueda haber algún significado simbólico oculto detrás de la fábula de la nuez de Adán (en inglés y otras lenguas llamada «manzana de Adán»), la cual era un trozo de la fruta del árbol de la ciencia del bien y del mal que se quedó atascada en su garganta.

Curiosamente, Steiner previó un paso crucial en la evolución a largo plazo de la laringe: cuando la fuerza sexual haya sido completamente transmutada, la función procreadora ya no será nunca más realizada por los órganos sexuales, sino por la laringe. Los seres humanos habrán ganado entonces la capacidad de hacer que sus niños vengan por la palabra.[7]

7. Steiner, Rudolf, *Cosmic Memory*, capítulo 18, «The Fourfold Man of Earth», varias ediciones.

Otra de las visiones de Steiner, que es también bastante coherente con otras fuentes de la tradición esotérica occidental, alude a que, con la transmutación final de la energía sexual en el poder creador de la voz, llegará el fin de la muerte: la inmortalidad física. El final de los órganos sexuales implica el fin de la separación de los seres humanos en dos sexos. En el *Evangelio de Felipe*, uno de los evangelios gnósticos más interesantes, se afirma inequívocamente que, si «la mujer» no hubiera sido separada «del hombre», ella no tendría que morir con «el hombre», y es la separación de los sexos la que causó el principio de la muerte.[8] El mismo texto, además, indica que mientras Eva estuvo en Adán, no existía la muerte. Precisamente cuando fue separada de Adán, la muerte comenzó. Si «el hombre» llega a ser completo otra vez, será el final de la muerte.[9]

Esto puede ponerse en paralelo con el *Evangelio de Tomás*, en el que Jesús dice a sus discípulos que es haciendo de los dos uno como ellos llegarán a ser los hijos del hombre y mover montañas, diciendo: «¡Montaña, muévete!»[10]

Entonces la «Palabra perdida», sobre la cual se basa la tradición masónica, habrá sido recobrada, y el Templo será reconstruido para siempre.

Los alquimistas a menudo definían su arte como una forma de acelerar los procesos naturales de evolución de la naturaleza. Por ejemplo, ellos consideraban que todos los metales estaban en vías de convertirse en oro, y que transmutar los metales básicos en oro no era otra cosa que lograr en un corto período de tiempo lo que de otro modo a la naturaleza le hubiera costado mucho tiempo de conseguir. Habrá más ocasiones, en éste y en otros libros del *Clairvision Corpus*, de volver a considerar el significado interno del oro de los alquimistas. Según ellos, su oro no era «oro común». En esta etapa inicial, podríamos emplear este concepto de «aceleración» para definir la alquimia interna: la alquimia

8. El Evangelio de Felipe, traducido al inglés por Wesley W. Isenberg en *The Other Bible*, Harper and Row, 1984, p. 95. Este Evangelio Gnóstico es uno de los cincuenta y dos textos milagrosamente descubiertos en 1945, enterrados en jarras de cerámica en el desierto de Nag Hammadi, Egipto.
9. *Ibid.* p. 94.
10. *Ibid.* p. 307. Véase también Mateo 21:21 y Marcos 11:23.

interna apunta a conseguir en este momento transformaciones que la humanidad, siguiendo su curso natural de evolución, únicamente completará mucho más adelante.

La fricción en la garganta se ha diseñado para conseguir una transformación alquímica de la laringe y poder comenzar a extraer su poder creador. En concreto, en el estilo Clairvision de alquimia interna la laringe se emplea con profusión para dar forma y «densificar» diversas estructuras del cuerpo de energía, tal como se comenzará a experimentar mediante las prácticas del capítulo 3.

2.4 El zumbido y la magia de las abejas

• Siéntese en una posición de meditación, con la espalda muy recta. Hágase consciente de la parte cervical de la espina dorsal, en el cuello, y busque una posición perfectamente vertical, alineada con el resto de la espalda.

• Mantenga los ojos cerrados.

• Hágase consciente de la laringe.

• Comience a entonar un zumbido continuo, haciendo vibrar la garganta. Haga el sonido mientras exhala e inhala. Haga inhalaciones cortas y exhalaciones prolongadas.

• Permanezca consciente de la vibración física que se genera en la laringe debida al zumbido.

• Continúese la práctica durante unos cuantos minutos. Entonces, permanezca quieto y en silencio durante algunos minutos más, sintiendo únicamente la vibración en la garganta.

Comentarios

Esta técnica puede ser bastante intoxicante. Si se practica durante un tiempo suficiente, inducirá un estado de conciencia que estimule ligeramente. Este efecto se refuerza enormemente si se está al mismo tiempo consciente del tercer ojo, de acuerdo con los principios que se desarrollarán en el capítulo siguiente.

Una forma de practicar este ejercicio es haciendo que el zumbido se parezca al de una abeja. Entonces la práctica se convierte en la técnica *bhramarin* del hatha-yoga.[11] Si la encuentra difícil, no tiene por qué preocuparse. Cualquier clase de zumbido servirá, siempre que se cree una vibración tangible, la cual podrá notarse poniendo los dedos sobre la protuberancia de la laringe.

Las abejas, grandes expertas en el zumbido, son pequeñas criaturas superiormente alquímicas. Es fácil observar su conexión con la energía sexual de las plantas. Por ejemplo, ayudan a que muchas plantas se reproduzcan mediante el polen (el equivalente al semen de la planta) que transportan de una planta a otra. Toman el néctar de las partes reproductoras de las plantas y lo transforman en miel.

La miel es una sustancia destacable en muchos aspectos. Se mantiene durante años sin proceso de conservación alguno; un tiempo muy prolongado, en especial si se compara con la duración de la vida de una abeja obrera, que es de uno a dos meses. De este modo, las abejas toman un producto relacionado con la sexualidad y lo transforman en una sustancia imperecedera. Esto, por supuesto, nos recuerda a los procesos alquímicos, mediante los cuales la fuerza sexual es transmutada, los cuales culminan en la formación del cuerpo de inmortalidad. A un nivel más simple, la jalea real, otro producto de la colmena que es muy buscado, está considerado como una sustancia que aporta longevidad.

La miel, curiosamente, siempre ha sido considerada un excelente remedio para la garganta, y las abejas un símbolo de la elocuencia. En hebreo, una de las palabras para voz es *dibur*, la cual procede de la raíz *daber*, que genera el verbo *ledaber*, «hablar». Y abeja es *dvora*, que procede de la misma raíz (el nombre Deborah proviene del hebreo *dvora*, «abeja»).

---

11. Obsérvese que, así como este ejercicio de zumbido puede calificarse como bastante similar al *bhramarin*, de ningún modo puede la fricción en la garganta presentada en este capítulo ser comparada a la respiración *ujjayin* del hatha-yoga. *Ujjayin* debe practicarse con la boca cerrada, mientras que un aspecto esencial de nuestra fricción es que se realiza con la mandíbula inferior relajada y por tanto la boca ligeramente abierta. *Ujjayin* implica respiraciones largas y lentas y, en su forma completa, retenciones de la respiración; nuestra fricción se efectúa con el ritmo e intensidad usuales de nuestra respiración, y asimismo sin ninguna retención de la respiración. Pero, sobre todo, *ujjayin* es considerada en hatha-yoga como un ejercicio de respiración, *pranayama*, mientras que en nuestro método la respiración es en sí misma irrelevante y lo que se está buscando es la acción específica en la laringe.

Capítulo 3

EL DESPERTAR DEL TERCER OJO

3.1 ¿Qué es el tercer ojo?

El tercer ojo es la puerta que abre al espacio de la conciencia y a los mundos interiores. También es el principal órgano para gobernar y poder despertar el cuerpo de energía. Así pues, en la práctica el tercer ojo actúa como un «conmutador» que puede activar frecuencias más elevadas del cuerpo de energía y, en consecuencia, conducir a estados de conciencia más elevados.

Desde un punto de vista terapéutico, la experiencia profesional me ha mostrado que numerosos pacientes se sentían mejor cuando conectaban con el tercer ojo, independientemente de la naturaleza de sus problemas. Debido a su función de conmutador, tan pronto como se activa el tercer ojo tiende a iniciarse el movimiento de diversas corrientes de energía, lo cual supone el ajuste automático de un gran número de desórdenes físicos y emocionales, un proceso que podría definirse como una especie de autoacupuntura. Además, incluso el proceso inicial del despertar del tercer ojo tiende a ponernos en contacto con los planos más profundos de la personalidad, lo cual por sí mismo supone una importante acción terapéutica. Por supuesto, no estoy sugiriendo que sea suficiente conectar con el tercer ojo para sanarlo todo, aunque el potencial de este centro es tan grande que no me sorprendería que en las próximas décadas se desarrollen cada vez más las «terapias del tercer ojo».

Desde un punto de vista espiritual, tanto en la tradición cristiana como en la hindú se encuentran textos que comparan el cuerpo con un templo. Si pretendiéramos desarrollar dicha analogía, equipararíamos al tercer ojo con el portal del templo. Cruzando dicho portal se pasa de lo profano a lo sagrado, del estado donde se lee y se piensa acerca de la vida espiritual al estado en que se comienza a experimentar. El tercer ojo siempre ha sido considerado por quienes buscan conocerse a sí mismos como una de las joyas más preciosas; de ahí la piedra preciosa que se coloca en la frente de las estatuas de los budas.

En este capítulo describiremos cómo comenzar a establecer una conexión con el tercer ojo (práctica 3.2), así como una técnica de meditación (3.7) mediante la cual se puede explorar y desarrollar aún más este centro.

3.2 Primera apertura

Advertencia previa a la práctica de apertura

Esta práctica de apertura se ha diseñado para dar una primera «pista» del tercer ojo, mediante el despertar de una cierta sensación en el entrecejo. Se ha pensado para que sea puesta en práctica una sola vez, o bien unas cuantas veces durante un corto período de tiempo. A partir de entonces, el trabajo en el tercer ojo se continuará mediante la práctica de meditación indicada en el apartado 3.7, así como con las demás prácticas que contiene el presente libro.

Un buen modo de comenzar es elegir un día en el que no se tenga nada que hacer, por ejemplo al principio de un fin de semana, y enfocarse intensamente en las prácticas. Después de este fuerte impulso inicial será más fácil seguir con las restantes.

Las prácticas pueden efectuarse a solas o con amigos, en cuyo caso la energía será más intensa. El mejor día del mes para empezar es el inmediatamente anterior a la luna llena. Sin embargo, no hay que preocuparse en exceso por el calendario, ya que lo principal es hacer, más que esperar a que llegue el momento perfecto.

Se recomienda vestir ropas de colores claros, preferiblemente blancas. Evítese vestir de negro.

Debe recordarse que se está tratando con percepciones sutiles. No cabe esperar que la vibración sea sentida como una daga en la frente. Aun en el caso de que solamente se sienta una vaga titilación o presión en el entrecejo, es más que suficiente para comenzar el proceso. Todas las demás prácticas del libro contribuirán a intensificar y desarrollar la percepción inicial.

Recuérdese: ni imaginación ni visualización. Permítase que las cosas lleguen por sí mismas. Una tenue vibración ya está presente en el entrecejo de todo el mundo. El propósito es revelar esta vibración natural, para más adelante cultivarla.

Léanse detenidamente las instrucciones que se presentan en el siguiente apartado, preferiblemente unas cuantas veces antes de ponerlas en práctica.

Preparación

• Elija una habitación tranquila donde nadie pueda interrumpir durante al menos una hora. Esta práctica puede realizarse junto con amigos —no es necesario hacerla a solas—, pero no debería estar presente en la habitación nadie que no esté realizándola.

• Enciéndanse velas alrededor de la habitación.

• Despréndase del cinturón, corbata u otras prendas restrictivas.

• Quítese el reloj de pulsera.

• Túmbese en el suelo, sobre una alfombra, sábana o manta delgada. Los brazos no deben cruzarse, sino yacer a ambos lados del cuerpo. Es recomendable que las palmas de las manos miren hacia arriba.

• Las piernas no deberían cruzarse.

• Cierre los ojos. Manténgalos cerrados hasta el final de la práctica.

• Relájese durante 2-3 minutos.

• Hágase el zumbido durante 5-10 minutos (apartado 2.4).

• Fase 1

Hágase consciente en la garganta. Comience a respirar con la fricción en la garganta, tal como se explicó en el capítulo precedente (apartado 2.1).

• Hágase consciente de la vibración generada en la laringe por la fricción en la garganta.

• Únicamente se trata de estar consciente, sin ninguna concentración en particular.

• Fluya con la energía. Si aparecen algunos movimientos en el cuerpo o en la conciencia, permita que sucedan.

• Continúe durante 5-10 minutos, respirando con la fricción en la garganta y siendo consciente de la vibración en la laringe.

• *Fase 2*

Mantenga la respiración con la fricción en la garganta.

En lugar de ubicar la conciencia en la laringe, hágase ahora consciente de la zona del entrecejo.

No hay que concentrarse. Si se «aferra» al área del entrecejo con una atención excesiva, el proceso no podrá revelarse. Flúyase con la energía. Sígase lo que llega espontáneamente. Si la respiración cambia con naturalidad y se hace más intensa, debe entonces seguirse dicha tendencia natural de la respiración, o cualquiera que se manifieste. No obstante, hay que asegurarse de que se está manteniendo al menos alguna fricción en la garganta durante las primeras 5 fases de la práctica.

Permanezca «sólo consciente» del entrecejo, respirando con la fricción en la garganta durante 5 minutos. Para esta práctica no es preciso controlar el tiempo con precisión, por lo que no hay necesidad alguna de mirar el reloj.

• *Fase 3*

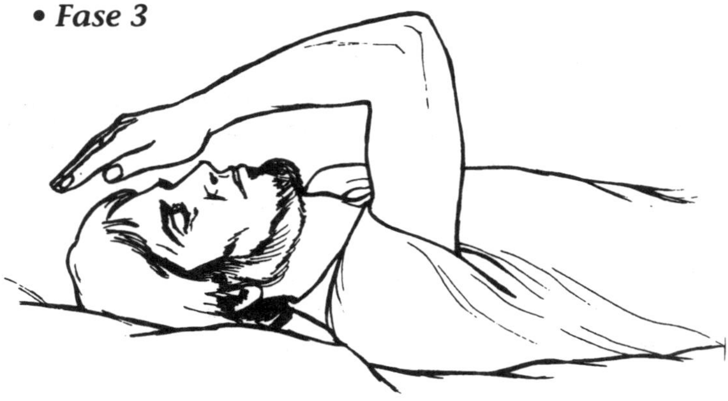

Coloque la palma de la mano enfrente del área del entrecejo, sin que la mano toque la piel, a una distancia de unos 3-5 centímetros.

Obsérvese que la mano no toca la piel.

Durante algunos minutos permanezca inmóvil en el suelo con los ojos cerrados, mientras respira con la fricción en la garganta, consciente del entrecejo y con la palma de la mano a unos 3 centímetros por encima de dicha zona.

• *Fase 4*

Mantenga la mano frente a sí mismo, o bien vuélvala al costado, según prefiera. Permanezca con los ojos cerrados, respirando con la fricción en la garganta, consciente del área del entrecejo.

Comience a esperar la aparición de una vibración en el entrecejo, la cual puede tomar diferentes aspectos: o bien una clara vibración o picor, o incluso una presión bastante difusa, una sensación de peso o de densidad, en el área del entrecejo.

No hay que esforzarse. Permanezca tranquilo, ya que hay que permitir que las cosas sucedan naturalmente.

Recuerde que los ojos deben permanecer cerrados durante todas las fases de esta práctica.

• *Fase 5*

Tan pronto como perciba la más leve sensación de vibración o picor, presión, pulsación, peso o densidad, debe proceder del siguiente modo: conecte la fricción en la garganta con la sensación del entrecejo.

Conectar significa estar simultáneamente consciente, tanto de la fricción en la garganta como de la vibración (o picor, densidad, presión...) en el área entre las cejas. Conforme se procede de este modo, la conexión entre la energía de la fricción en la garganta y el tercer ojo se va percibiendo cada vez con mayor claridad.

A medida que se combina con la fricción en la garganta, cambiará la vibración y se hará más sutil a la vez que más intensa.

Si se siente vibración o picor en cualquier otra parte —por ejemplo en toda la frente, los brazos, o incluso en todo el cuerpo— no hay que prestar atención a la misma. Se trata de permanecer consciente de la vibración (o densidad, presión...) en el área entre las cejas.

Continúe con la realización de esta fase durante unos 10 minutos, fortaleciendo la vibración en el entrecejo mediante la conexión con la fricción en la garganta.

Recuérdese que no hay que imaginar ni visualizar nada. Se trata de fluir con lo que venga.

• *Fase 6*

Interrumpa la fricción en la garganta.

Ya no hay que enfocarse en la vibración.

Permanezca con los ojos cerrados, consciente únicamente del área del entrecejo durante otros 10 minutos (o, preferiblemente, algo más).

Hay que estar absolutamente inmóvil, sintiendo la energía en torno a uno mismo. Cuanto más inmóvil se esté, más intensa será la sintonía.

Obsérvese si puede percibirse alguna sensación de luz o de colores en la zona del entrecejo.

Comentarios

No hay que concentrarse o «aferrar» el área del entrecejo, sino mantener una atención muy suave en dicha área. Con una concentración excesiva únicamente se conseguiría bloquear el proceso. No se trata de «hacer», sino de predisponerse a que las cosas sucedan por sí solas.

Enfocarse en el área del entrecejo quiere decir, sencillamente, estar consciente de dicha área, y **no** —por el contrario— dirigir los globos oculares como si se tratara de observarla. En el caso de que se efectuaran dichos movimientos con los ojos, se originaría una tensión que se interpondría y distorsionaría el curso natural de la experiencia. Es decir, no hay que dirigir los ojos hacia ningún punto en particular. Este comentario se hace extensible a las demás prácticas contenidas en el presente libro.

Al principio es normal experimentar una vibración (o presión, densidad...) en otras zonas de la frente o de la cara. Cuando esto ocurra, no debe prestarse atención a dicha vibración, sino enfocarse en la vibración del entrecejo, conectándola con la fricción en la garganta. Con la práctica, todo será sencillo.

Si se practica con amigos debe comprobarse que no se está tocando a nadie, al objeto de evitar transferencias indeseadas de energía.

Si la experiencia se hace excesivamente intensa, lo único que hay que hacer es abrir los ojos, con lo cual se volverá al estado normal de conciencia.

> ***Primera apertura: sinopsis de la práctica***
> **Tumbarse en el suelo y relajarse.**
> 1) **Fricción en la garganta + conciencia en la laringe.**
> 2) **Fricción en la garganta + conciencia en el entrecejo.**
> 3) **Como en *2*) + palma de la mano frente al tercer ojo.**
> 4) **Fricción en la garganta + buscar la vibración, picor, presión, densidad... en el área del entrecejo.**
> 5) **Conectar la fricción en la garganta con la vibración en el entrecejo.**
> 6) **Quietud absoluta, conexión con la energía en torno a uno mismo.**

3.3 Experiencias varias

En el capítulo 10 puede consultar un resumen de las experiencias más frecuentes que suelen ocurrir cuando se empieza a trabajar con el tercer ojo de acuerdo con los principios y técnicas desarrolladas en el presente libro.

En lo que concierne a esta primera apertura, lo único que importa es la vibración (o picor, densidad...) en el área entre las cejas y la luz, si es que se perciben. La mejor actitud es no prestar atención a ninguna otra manifestación que pueda ocurrir mientras se ejecuta dicha práctica.

Cuando se trabaja con el tercer ojo y con energías etéricas, especialmente al principio, pueden tener lugar otras manifestaciones menores como el picor, o incluso sacudidas en diferentes partes del cuerpo, o bien imágenes que se instalan de repente en la conciencia. Permítase que vayan y vengan, ya que no tienen demasiado significado. Limítese a seguir la técnica como si nada sucediera.

Puede ocurrir que la vibración, el picor, la densidad o la luz que se sienta en el entrecejo sean bastante intensos; pero realmente no importa si son un tanto tenues o borrosos. Como se verá más adelante, la intensidad de la energía puede variar mucho de un día a otro para una misma persona; y bien puede ser que se haya intentado la «primera apertura» en un día de baja intensidad energética. Sin embargo, con independencia de lo tenues que puedan ser dichas cualidades, son el primer hilo, y en el transcurso de este libro se irá introduciendo de forma gradual una técnica sistemática para transformarlas en una percepción clara del tercer ojo.

3.4 Referencias experienciales

vibración ⟷ etérico (fuerza vital)
colores, luz ⟷ astral
luz púrpura ⟷ espacio astral

A medida que se practiquen las diversas técnicas que trabajan con el tercer ojo, podrá principalmente encontrarse con tres tipos de experiencias en el área del entrecejo: 1) vibración, 2) colores y luz, 3) luz púrpura. La primera indica una activación del plano etérico, la segunda del astral y la tercera —la percepción de la luz púrpura— indica que se ha establecido una conexión con el espacio astral (los términos «etérico» y «astral» serán desarrollados más adelante con amplitud).

Por supuesto, estas indicaciones son excesivamente simples como para poder ser exactas. Pero, desde un punto de vista experiencial, proporcionan una referencia útil para facilitar la búsqueda del propio camino en la etapa inicial.

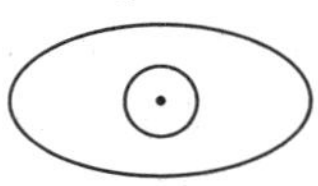

1) Vibración, picor, sensación de presión, peso o densidad, tienen el mismo significado cuando se sienten en el entrecejo. Indican que se ha activado algo en la parte etérica del tercer ojo. El cuerpo etérico es el plano o estrato donde se contiene la fuerza vital, equivalente al prana de la tradición hindú o el qi de la medicina tradicional china. (El tercer ojo no es un órgano físico, sino que es predominantemente etérico y astral.)

La vibración (o cualquiera de sus equivalentes, como picor, pulsación, presión, peso, densidad...) es la sensación por la que se percibe el etérico. Siempre que se sienta en cualquier parte del cuerpo, indica que el etérico está activado en dicha zona. Por consiguiente, la percepción de la vibración en el entrecejo no es otra cosa que la percepción de la parte etérica del tercer ojo.

Dado que el picor, presión, densidad o peso tienen más o menos el mismo significado, para mayor sencillez, nos referiremos a todas ellas en conjunto con una sola palabra: vibración. Por lo tanto, siempre que se lea «vibración» en el presente libro, se debe interpretar que nos estamos refiriendo a todo el conjunto de sensaciones citado. Por ejemplo, «construir la vibración en el entrecejo» significaría construir la modalidad que sea más natural en uno mismo: vibración, presión, densidad... En cualquier caso, transcurrido cierto tiempo, la vibración se percibirá como si fuera todas las modalidades citadas a la vez.

Hay diferentes niveles de vibración, al igual que existen diferentes niveles de energía etérica, unos más sutiles que otros. La intensidad de la vibración puede variar de un día a otro. Además de las variaciones cuantitativas, también la cualidad de la vibración tiende naturalmente a diferir de un día a otro. En consecuencia, es importante no apegarse a ninguna modalidad, sino fluir con lo que venga cada día. Al cabo de algún tiempo, la experiencia se hará más estable y los movimientos de la energía estarán en mayor medida bajo control.

2) El segundo tipo de experiencia que puede tener lugar en el entrecejo es la de luces (no físicas) de varios tipos, desde una vaga neblina, nube o brillo hasta colores y formas organizados. Estas variadas manifestaciones pueden considerarse como equivalentes, e indican que algo se está activando en la parte astral del tercer ojo. Para simplificar, nos referiremos a todas ellas con el término «luz». Así, cada vez que se lea «luz» en el presente libro, implica que nos estamos refiriendo al conjunto de manifestaciones mencionado (neblina, colores, formas luminosas, puntos brillantes, brillos...). Elíjase la que llegue con más natura-

lidad a uno mismo, permitiendo que se vaya refinando gradualmente hasta convertirse en una luz cada vez más brillante.

El cuerpo astral es el plano de la conciencia mental y de las emociones. La ecuación «luz (no física) = astral» no es absoluta, ya que ciertas frecuencias elevadas de luz provienen de planos muy por encima del astral. Pero, como pronto se aprenderá a discernir, las luces y colores que normalmente aparecen en el entrecejo cuando se «activa» el tercer ojo son un claro indicador de que la parte astral del tercer ojo se está activando.

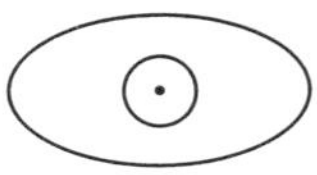

3) La luz púrpura es a menudo percibida como el fondo de las otras luces o formas de color y da la sensación de una extensión o espacio que se extiende frente al tercer ojo. Cuanto más profundamente se contacte la luz púrpura, más se percibirá como un espacio que no solo está enfrente sino también alrededor de uno mismo. Este espacio se corresponde con lo que los esoteristas denominan «espacio astral».

Este espacio de conciencia no siempre se percibe como púrpura, sino también como azul oscuro e incluso negro. Lo que más importa es la sensación de espacio, independientemente del color de fondo que se perciba. Por lo tanto, emplearemos el término «espacio» para indicar la extensión oscura al fondo del tercer ojo, sea cual sea su color.

Obsérvese que la percepción del espacio púrpura es bastante sencilla; muchas personas lo han experimentado —particularmente durante la infancia— sin haberse dado cuenta de su verdadera naturaleza.

3.5 Cuando no se siente ninguna vibración

A continuación se exponen unas cuantas indicaciones para quienes no puedan sentir ninguna vibración en el entrecejo mientras realicen los ejercicios.

Es posible, y no es infrecuente, que la vibración esté, pero que no se registre. Puede que se esté esperando algo extraordinario o muy intenso. Tal vez sea demasiado simple. De hecho esta vibración ha estado siempre en el entrecejo y nunca se le ha prestado la atención suficiente.

Puede que se esté bloqueando el proceso por practicar con vehemencia. Asegúrese de que no hay concentración, permítase que las cosas sucedan por sí mismas. No hay que buscar la vibración, hay que dejar que venga. Continúe con la práctica, insista; pero con el espíritu de dejarse llevar.

Hay otra razón por la que no se sienta ninguna vibración: tal vez se esté teniendo luz en lugar de vibración. Recuérdense las referencias:

vibración ⟷ etérico
luz ⟷ astral

Si se está percibiendo luz en alguna de sus formas (desde un simple haz borroso y desdibujado hasta un maravilloso espacio púrpura, pasando por diversos tipos de colores y formas), en ese caso se está ya en el astral, y, por lo tanto, ya no se está en el etérico. No se puede (al principio) estar dentro y fuera de la casa al mismo tiempo. Por consiguiente, si se está teniendo luz, es bastante posible haber soslayado el nivel de la vibración. En tal caso, continúe la práctica con la luz en lugar de con la vibración. Según el plan de meditación que se sigue en el presente libro (apartado 3.7), esto supone pasar de la fase 2 a la fase 3. No hay que preocuparse por la vibración, sino conectar la vibración en la garganta con la luz.

Después de haber efectuado estas prácticas con cientos de estudiantes de Clairvision School, nunca he visto a nadie que no lograra sentir la vibración al cabo de unas cuantas prácticas. Síganse los *Oxyrhynchus Sayings of Jesus*, donde se habla acerca de aquellos cuya búsqueda no cesa hasta que encuentran, «y cuando encuentren se quedarán atónitos».[1] Persevere, persevere, persevere... y todo llegará.

3.6 Otros comentarios acerca del tercer ojo

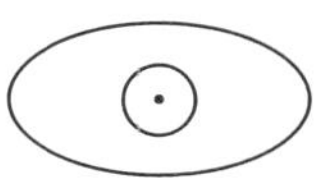

Es práctico considerar el tercer ojo como si fuera un parche o moneda grande en el centro de la frente (área del entrecejo). En realidad, el tercer ojo es más bien como un túnel o tubería que va desde el área del entrecejo hasta el hueso occipital, en la parte posterior de la cabeza.

1. Hapfold, E.C., *Mysticism, a Study and an Anthology*, Penguin Books 1986, p. 195. El *Oxyrhynchus Sayings of Jesus* está contenido en dos papiros muy cortos descubiertos en Egipto en 1897 y 1903.

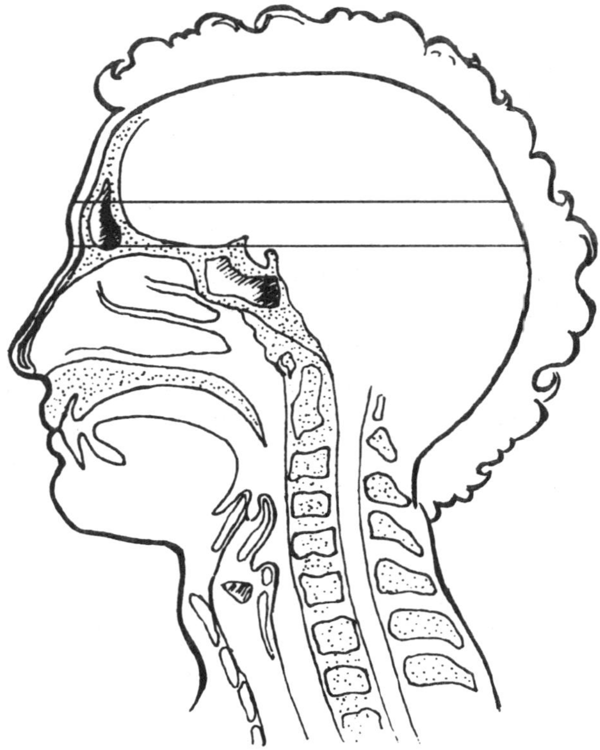

El túnel del tercer ojo.

A lo largo de dicho túnel se disponen varios centros de energía, mediante los cuales se puede conectar con diferentes mundos y áreas de conciencia. Esto explica por qué distintos sistemas pueden «ubicar» el tercer ojo en sitios diferentes: cada uno elige uno de los centros de energía que se emplazan a lo largo del túnel como punto de referencia, o incluso, a veces, una estructura de energía adyacente al túnel del tercer ojo.

Otro punto importante que conviene tener en cuenta es que el tercer ojo no es físico. La parte más material del tercer ojo es una estructura de energía que se integra en el cuerpo etérico, o plano de la fuerza vital. El cuerpo etérico tiene múltiples conexiones con el cuerpo físico y, por lo tanto, el tercer ojo, al ser el «conmutador principal» del cuerpo etérico, está asimismo estrecha-

mente conectado a ciertas estructuras del cuerpo físico, como por ejemplo las glándulas pituitaria y pineal.

Sin embargo, sería simplista decir que el tercer ojo es la glándula pituitaria o la glándula pineal, cosa que se afirma en ciertos libros. Como se ha explicado anteriormente, el túnel del tercer ojo no es físico. El tercer ojo impacta su energía en varias estructuras del cuerpo físico, incluyendo el seno frontal, los nervios ópticos y sus ramificaciones, los nervios de la placa cribiforme del hueso etmoides, las glándulas pituitaria y pineal, algunos de los núcleos en el centro del cerebro, los ventrículos del cerebro y otras más.[2] Sería en exceso simplista y limitador tomar una de estas estructuras y etiquetarla como «tercer ojo». Insistimos una vez más en que el tercer ojo no es físico, sino que es un órgano de energía. Puede establecer conexiones privilegiadas con determinadas estructuras físicas, aunque no debe limitarse a ninguna de ellas.

Al principio no hay que preocuparse de ninguna otra parte del túnel, sino estar consciente en el entrecejo. Hay que empezar en algún punto, y este centro en particular, en el área entre las cejas, posee la gran ventaja de crear una energía protectora alrededor del aura tan pronto como es activado. Más adelante se hará la introducción a otros centros del «túnel».

Así pues, en el presente libro, **siempre que hablemos «del ojo» nos estaremos refiriendo al área del entrecejo (entre las cejas)**. Lo cual, por supuesto, no implica que el entrecejo sea el tercer ojo en su totalidad. Aunque, en las etapas iniciales de aprendizaje, es el área que se usará y desarrollará como conmutador principal, el lugar donde se permanecerá consciente constantemente. Si se tienen sensaciones en otras áreas de la cabeza no debe tratarse de suprimirlas, ni tampoco conviene prestarles atención todavía. Manténgase el foco en el entrecejo.

---

2. A los ventrículos del cerebro no se les atribuye un papel principal en la neurofisiología actual. Pero para la investigación clarividente parecen tener un papel clave en la articulación de la conciencia humana con el espacio cósmico. Predigo que, en algún momento, se efectuarán algunos descubrimientos científicos inesperados relacionados con la actividad química y física que tiene lugar en los ventrículos y el líquido cerebroespinal.

3.7 Meditación en el tercer ojo

Ahora comenzaremos con nuestra principal técnica de meditación. Los estadios iniciales de este proceso de meditación no pretenden la proyección a estados de trascendencia espectaculares, sino trabajar en la construcción sistemática del tercer ojo, para más adelante lograr el verdadero silencio interior. Como se analizará en el capítulo 9, relativo a la toma de conciencia, uno de los principios de nuestra aproximación es que uno no puede luchar «mentalmente contra la mente», no puede forzarse a la mente a permanecer en silencio. Pero puede construirse una estructura que trascienda la mente, desde donde ésta pueda dominarse.

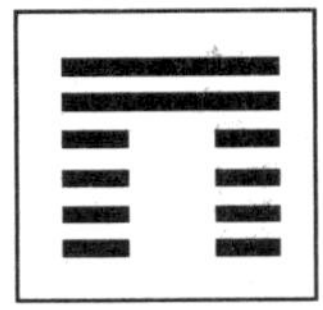

En tal sentido, el tercer ojo puede ser comparado a una torre de control, semejante a la del vigésimo hexagrama del *I Ching*. Las primeras fases de este proceso de meditación pretenden la estructuración del tercer ojo y su integración en el propio sistema, tan tangiblemente como se pueda.

Las fases 4 y 5 tratan del espacio interior y de los vórtices misteriosos. Durante las primeras semanas de la práctica, para simplificar, puede decidirse obviar la fase 5 (el vórtice), yendo directamente desde la fase del espacio a la «no-técnica», o meditación propiamente dicha, cuando se está «solamente consciente» por encima de la cabeza.

Preparación

Quítese los zapatos, el cinturón, la corbata y el reloj.

Siéntese en el suelo con las piernas cruzadas, o en una silla, con la espalda vertical. No es preciso estar en el suelo; pero la espalda ha de estar muy recta y vertical. Si se está sentado en una silla es preferible no apoyarse en el respaldo, de modo que se permita el libre flujo de las energías.

• *Meditación, fase 1: la laringe de energía*

Cierre los ojos. **Mantenga los ojos cerrados hasta el final de la meditación.**

Comience respirando con la fricción en la garganta (apartado 2.1).

La respiración con la fricción genera una vibración en la garganta. Hágase consciente de la vibración en la laringe. Utilice la fricción en la garganta para intensificar la vibración en la laringe.

La vibración en la garganta se compone de dos partes: una física, creada por una acción mecánica de la respiración, y otra más sutil, como un picor, que puede percibirse aún después de interrumpir la respiración con la fricción en la garganta.

Emplee la fricción en la garganta para intensificar la sensación de picor no física.

Ajuste la posición de la columna. Busque la verticalidad absoluta. Alinee el cuello con el resto de la espalda en busca de una postura perfectamente vertical. Asegúrese de que la cabeza, el cuello y el resto de la espalda están perfectamente alineados y verticales.

Observe cómo se intensifican la vibración en la laringe y el flujo de energía en la garganta cuanto más próximo se está a la postura de perfecta verticalidad.

Cultive la quietud.

• *Meditación, fase 2: vibración en el ojo*

Siga respirando con la fricción en la garganta; pero deje que descienda la conciencia de la garganta. Hágase consciente de la vibración en el entrecejo.

Conecte la vibración en el ojo (es decir, en el entrecejo) con la fricción en la garganta.

Si no se está lo bastante seguro de lo que significa «**conectar**», limítese a permanecer consciente de ambos centros al mismo tiempo: la respiración con la fricción en la garganta y la vibración en el entrecejo. Pronto se evidenciará el hecho de que hay una cierta interacción entre la garganta y el ojo. Esto es lo que significa conectar.

☿

La fase 2 consiste en usar la fricción en la garganta como un amplificador, para cultivar y acrecentar la vibración en el ojo.

Si se puede elegir entre una densidad pesada o un picor sutil, es preferible quedarse con este último. Evite la sujeción de la mente. Mantenga la ligereza de la experiencia .

• *Meditación, fase 3: luz en el ojo*

Mantenga la fricción en la garganta. (Los ojos permanecerán cerrados hasta el final de la meditación.)

Haga descender la conciencia de la vibración. Empiece a buscar en el entrecejo una niebla o neblina, o un brillo, o cualquier tipo de luz o color. Todas ellas pueden integrarse como diferentes modalidades de «luz», lo cual, naturalmente, en el contexto del presente libro, no hace referencia a una luz física sino espiritual, la cual es percibida con los ojos cerrados.

Un principio esencial del trabajo es:

> **¡No trate de ver la luz, trate de sentirla!**

Recuerde, no hay que imaginar ni visualizar, solamente hay que tener conciencia de lo que está frente a uno mismo.

Tan pronto como se perciba alguna de esas modalidades de luz (neblina, brillo, color...), aunque sea vagamente, conecte con la fricción en la garganta. Así como en la fase 2 se conectaba la fricción con la vibración en el entrecejo, ahora se está conectando la fricción con la luz. En vez de amplificar la vibración, ahora se trabaja para amplificar la luz.

A medida que se avanza en la práctica se percibirán partes de la luz cada vez más brillantes. Se ha de descender paulatinamente la conciencia de las partes más neblinosas para enfocarla en las más brillantes. Conecte la fricción amplificadora con las partes más luminosas de la luz.

Es frecuente la experiencia de minúsculas partículas brillantes de luz, esparcidas por el espacio frente a uno mismo, moviéndose aleatoriamente en todas direcciones. Conforme se conecte la fricción con dichas partículas luminosas, algunas de ellas entrarán en uno mismo e irán directamente al corazón, alimentándolo con una energía preciosa.

• *Meditación, fase 4: conciencia en el espacio*

Permanezca en el ojo, entre las cejas.

En lugar de enfocarse en la propia luz y en sus partículas brillantes, hágase consciente del fondo de la luz. La penumbra o luz púrpura al fondo de todos los colores dará una sensación de espacio, el cual se extiende frente a uno mismo.

El espacio puede aparecer como púrpura, azul oscuro o incluso únicamente oscuro. Más que su color, lo que importa es la sensación de extensión.

Limítese a permanecer consciente en el espacio. Déjese absorber en él.

En este punto la fricción en la garganta puede disminuirse o incluso interrumpirse. Reanude la respiración con fricción si la mente divaga con pensamientos.

• *Meditación, fase 5: pivotando en el espacio*

Comience a pivotar en el espacio frente a sí mismo, haciendo espirales hacia delante y en el sentido de las agujas del reloj, como si estuviera cayendo hacia delante en un túnel.

Pivote como si estuviera atrapado en un vórtice o remolino.

El vórtice está ahí, en el espacio, esperando. No debe tratar de inventarse un movimiento en espiral. Más bien se trata de dejarse tomar por el vórtice y ser arrastrado por su movimiento natural.

A medida que se gira, a veces cambiarán las cualidades y el color del espacio, como si fuéramos proyectados a un área completamente distinta. Únicamente se trata de ir reconociendo las diversas sensaciones y sentimientos y continuar con el vórtice.

De vez en cuando —o incluso constantemente si se desea— puede emplearse la fricción en la garganta para amplificar el efecto del vórtice.

• *No-técnica*

Deje marchar cualquier conciencia de la respiración, del ojo, del espacio...

Hágase consciente únicamente por encima de la cabeza.

No haga nada, no busque nada, esté «sólo consciente».

Ni siquiera esté consciente de sí mismo: únicamente consciente.

Permanezca extremadamente inmóvil.

Practique el arte de perder el control.

Permita que la conciencia despegue, por encima de la cabeza.

• *Vuelva y finalice la meditación*

Vuelva a estar consciente en el entrecejo.

Escuche los sonidos del entorno.

Hágase consciente del cuerpo. Efectúe unas cuantas inhalaciones prolongadas.

Emplee cuanto tiempo desee para volver por completo, y entonces chasquee los dedos de la mano derecha y abra los ojos.

Comentarios, fase 1 (vibración en la laringe)

No importa si al principio se encuentra difícil separar la vibración física de la no física. Es suficiente con tener un vago sentido de la vibración, tanto de la física como de la no física, para que el proceso siga su curso. De cualquier modo, si se tratara de ser en extremo preciso, la mente probablemente se interpondría en el camino y bloquearía el proceso.

Todo cuanto se relaciona con la vibración probablemente quedará más claro después de leer los capítulos 4, 6 y 8 y practicar las técnicas de las circulaciones energéticas.

Al principio sirve de ayuda colocar la mano cerca de la garganta, a 2-3 centímetros de distancia, al objeto de aumentar la sensación de energía en dicha área. Con el tiempo, ello ya no será necesario.

Para esta práctica, así como para cualquier trabajo en la laringe de energía, es crucial que el cuello esté tan vertical como sea posible.

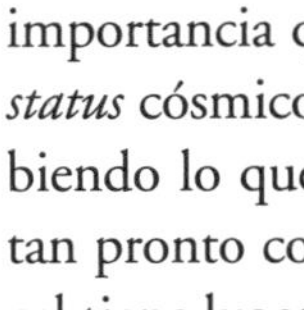

¿Cuáles son las diferencias más obvias que pueden observarse entre los cuerpos de los animales y los de los seres humanos? Una diferencia importante es que la columna vertebral humana es vertical, mientras que los animales suelen vivir en posición horizontal. Asimismo, en los animales con laringe, ésta no es vertical. Esto nos da una pista acerca de la importancia que tiene la verticalidad para que la laringe pueda alcanzar su *status* cósmico en conexión con el Espíritu. Puede hallarse otra pista percibiendo lo que sucede cuando se efectúa la primera fase de la meditación: tan pronto como se consigue una posición del cuello absolutamente vertical tiene lugar una intensificación súbita de la vibración en la laringe.

—Comentarios, fase 2 (vibración en el ojo)

La laringe de energía actúa como amplificador y moldeador (da forma). Al conectarse el área del entrecejo con la fricción en la garganta, se trabaja en el fortalecimiento del tercer ojo.

Respecto a la experiencia, cabe decir que la intensificación de la vibración en el tercer ojo que tiene lugar tan pronto como se conecta con la fricción en la garganta, indica que está teniendo lugar la acción de la laringe.

Como se ha explicado anteriormente, la vibración puede asimismo sentirse como una picazón, una presión, una densidad... Esta fase es el trabajo de construcción del plano etérico del tercer ojo.

—Comentarios, fase 3 (luz en el ojo)

Al principio, conectar la luz en el ojo con la fricción de la garganta simplemente significa sentir ambos de modo simultáneo. Entonces, se produce automáticamente un intercambio entre los dos, por el cual la energía generada por la fricción en la garganta se comunica con la parte del (tercer) ojo que percibe la luz. En la práctica, la experiencia es bastante simple: la fricción parece que «alimente» la luz, haciéndola más tangible y brillante, lo cual es otro ejemplo de cómo la laringe puede usarse para «dar forma».

La mayor parte de los estudiantes que creen que no pueden ver la luz, en realidad la ven; pero no la reconocen. Se ha de aceptar que, al principio, la sensación de luz puede ser débil, como un haz algo borroso o difuso, por ejemplo. Pero incluso este tenue brillo es el primer hilo. Emplee el efecto amplificador de la laringe para desarrollarlo. Practique, practique, practique... y el humilde brillo se transformará en una luminaria.

—Comentarios, fase 4 (el espacio)

Una experiencia corriente cuando se alcanza la percepción del espacio púrpura es la de un sentimiento de inmenso desahogo en el corazón, como si de repente se hubiera liberado un peso enorme. Tan pronto como se contacta el espacio interior, el corazón se siente inmensamente más ligero. Algunas explicaciones de este hecho podrán encontrarse en el apartado 3.10.

Comentarios, fase 5 (el vórtice)

El sentido de las agujas del reloj no debe tomarse como algo sistemático y obligatorio. Como siempre, se ha de seguir la energía del instante, ya que algunas veces es posible que se pivote hacia atrás o en dirección contraria a la de las agujas del reloj. Sin embargo, cuando ningún viento o corriente en particular nos lleve hacia atrás, es preferible moverse hacia delante y en el sentido de las agujas del reloj.

El vórtice es tanto un remolino como un túnel al mismo tiempo. Es preferible no tener ideas preconcebidas acerca de cómo aparecerá, sino dejar que la percepción emerja gradualmente por sí misma.

Pivotar en el espacio conduce a la elaborada ciencia de los vórtices, mediante la cual se puede viajar lejos en el espacio y en el tiempo. Introduce una forma de viajar en la que el propósito no es proyectarse fuera del cuerpo, sino sumergirse internamente con tal profundidad que ya no hay nada de que escaparse. El efecto vórtice, el cual conduce de un espacio-tiempo a otro, se utiliza con profusión en ISIS, las técnicas Clairvision de regresión.

Hay que aproximarse al vórtice con gran respeto y reverencia, como si nos acercáramos a un arcángel muchos eones mayor que nosotros, y el vórtice nos introducirá en extraordinarios misterios.

Pensamientos durante la meditación

Si emergen pensamientos durante la meditación no hay que prestarles atención, hay que limitarse a seguir con el proceso. Pronto se notará que una fuerte vibración en el entrecejo tiende a aquietar la mente y reducir de forma significativa su continuo flujo de pensamientos. Por tanto, no se precisa luchar «mentalmente» contra los pensamientos. Basta con no enfocar la atención en ellos. Cada vez que un pensamiento distraiga, basta con volver al tercer ojo y continuar el ejercicio. Persevérese en el proceso y, a medida que se desarrolle el tercer ojo, los pensamientos serán, cada vez más, un problema menor.

A partir de cierto nivel de desarrollo, el tercer ojo proporciona la capacidad de escaparse por completo de la mente y, por consiguiente, de los pensamientos, a propia voluntad.

Cuando el nivel de los pensamientos llega a ser molesto, pueden aquietarse a menudo mediante la intensificación de la fricción en la garganta, la cual tiene el efecto de reforzar la vibración en el ojo. Pero recuérdese que en nuestra meditación el propósito no es mantener la mente silenciosa —un ejercicio notablemente desesperanzador—, sino desarrollar el tercer ojo. Cuando esto se ha logrado, los pensamientos ya no importarán nunca más.

Sinopsis de la meditación del tercer ojo

• *Preparación*

Siéntese con la espalda recta y vertical.

1) Fricción en la garganta + vibración en la laringe.
2) Fricción en la garganta + vibración en el entrecejo.
3) Fricción en la garganta + luz en el entrecejo.
4) Espacio.
5) Pivotar en el espacio: el vórtice.

• *No-técnica*

Sólo estar consciente por encima de la cabeza.

• *Tiempos sugeridos para cada fase*

• Para una meditación de 30 minutos: 5 minutos para cada una de las cinco fases, más 5 minutos por encima de la cabeza.

• Para una meditación de 60 minutos: Fase 1, 5 minutos. Fase 2, 10 minutos. Fase 3, 10 minutos. Fase 4, 10-15 minutos. Fase 5, 15-20 minutos. Más 5 minutos por encima de la cabeza.

• Para una meditación de 10 minutos: tómense unos dos minutos para cada fase.

La fase 1 no debe obviarse nunca, incluso aunque el tiempo disponible sea escaso, dado que es un componente esencial del proceso.

3.8 Práctica: más zumbido

Esta técnica emplea el zumbido que se practicó en el apartado 2.4. Siéntese con la espalda recta y vertical y hágase consciente en la garganta.

Repita las fases 1, 2 y 3 de la meditación del tercer ojo, aunque haciendo un zumbido en lugar de la fricción en la garganta.

Déjese sumergir en el espacio, tal como se vio en las fases 4 y 5, empleando el zumbido de vez en cuando para penetrar en el espacio con más profundidad.

Comentario

Estos zumbidos proporcionan un medio poderoso para proyectarse en el espacio. No dude en recurrir a los mismos en cualquier ocasión en que los pensamientos o actividades mentales molesten o se interpongan durante la meditación.

3.9 Cómo organizar la práctica

Durante los primeros días de práctica haga tanta meditación como le sea posible, repitiendo la práctica de la primera apertura (apartado 3.2) y usando la meditación del tercer ojo (apartado 3.7), así como su equivalente con el zumbido (apartado 3.8) y cualquier otra técnica contenida en el presente libro. Este fuerte impulso inicial hará que sea más fácil seguir el resto del proceso.

A partir de entonces, un buen método de proceder es dedicar algún tiempo todas las mañanas a la práctica de la meditación del tercer ojo (3.7) y otros ejercicios. Por ejemplo, medite durante unos 20-30 minutos y entonces practique los ejercicios de circulaciones energéticas (capítulos 4, 6 y 8) durante 10 minutos, las técnicas de visión (capítulos 5 y 7) durante 10 minutos, y las técnicas de protección (capítulos 18 y 20) durante 10 minutos. Haga una práctica nocturna (capítulos 13, 14 y 15) cada noche antes de dormir, y quizá también por la tarde o al comenzar la noche, por ejemplo si se está cansado al llegar a casa después del trabajo.

Si se dispone de más tiempo, ciertamente es posible, y beneficioso, dedicar largos períodos a los ejercicios. Aunque debería quedar claro que las técnicas Clairvision se han diseñado para personas que viven en el mundo, y no invitan a retirarse de las actividades cotidianas, sino a comenzar a realizarlas con una nueva conciencia, tal y como se analizará en el capítulo 9.

El secreto del éxito no consiste en pasar largas horas meditando, sino en incorporar cada vez más estas prácticas en las actividades cotidianas. La piedra angular de nuestro método es mantener una conciencia permanente en el tercer ojo (en el área entre las cejas), con independencia de lo que se esté haciendo (aparte de dormir). Lo cual no se refiere a la luz o el espacio, que deben dejarse para los momentos de meditación, sino a mantener constantemente una conciencia de la vibración en el entrecejo. Así se alcanzará un doble propósito: por una parte, se estará gradualmente más presente en las propias acciones, más centrado; y, por otra, el tercer ojo se nutrirá de dicha conciencia y se desarrollará como un centro de energía poderoso. Todas las técnicas contenidas en el presente libro pueden considerarse como ocasiones para cultivar una nueva conciencia. El primer y principal beneficio de nuestras técnicas de visión es que al llevarlas a cabo hay que permanecer **consciente** y **presente** en el área entre las cejas.

Si dispone de escaso tiempo, puede seguirse el proceso indicado (técnica 3.7) de meditar tan sólo 5-10 minutos cada mañana, e incorporar las restantes prácticas en las rutinas diarias, pero dichos 5-10 minutos de meditación matutina son esenciales para el desarrollo del tercer ojo. Si la «agenda» es tal que el período de práctica es por la tarde en vez de por la mañana, debe tratar de mantenerse a ultranza este rato de meditación matutina, ya que ello asegura la reconexión del tercer ojo, modificándose por completo la energía para el resto del día.

Independientemente de la modalidad que se decida adoptar para la práctica, recuérdese que esta parte del camino tiene que ver con la construcción del cuerpo sutil, por lo que, cuanto más se practique antes se concluirá el edificio.

3.10 Los misterios del espacio

Mientras se practica ISIS, las técnicas Clairvision de regresión, no es raro volver a experimentar la condición del embrión durante los días que siguen a la concepción.[3] El feto puede sentirse «bañándose» en el espacio

3. Véase *Regression, Past-Life Therapy for Here and Now Freedom*, del mismo autor.

púrpura. El espacio púrpura lo rodea por completo, como si fuera un mar. El embrión es diminuto y el espacio alrededor da la sensación de ser inmenso. Dicho espacio no es distinto del espacio púrpura que se percibe en el tercer ojo, durante las fases cuarta y quinta de la meditación del tercer ojo.

Para el embrión, el espacio está fuera y alrededor de sí mismo, pero para nosotros el mismo espacio está dentro. Para entrar en el espacio, uno se ha de retirar hacia dentro y atravesar el portal del tercer ojo. En los *Upanishads*, el ser humano es comparado con una ciudad con diez puertas.[4] Nueve de dichas puertas abren hacia fuera y sólo una hacia dentro. Las nueve exteriores son los dos ojos, las dos orejas, las dos fosas nasales, la boca, el ano y el órgano generador. La décima puerta es el tercer ojo o *ajna-chakra*, el cual no está abierto al mundo externo, sino al espacio interior.

Así que, lo que estuvo fuera para el embrión, ahora está dentro para nosotros. Durante el proceso embrionario por el que se construye el feto tiene lugar una interiorización del espacio astral. Es una inversión fascinante, mediante la cual el interior se convierte en exterior y el exterior se convierte en interior. Y en la muerte sucede todo lo contrario: lo individual se reintegra en el espacio.[5]

Esto nos conduce a un entendimiento más profundo de la palabra «existencia», empleada para describir el período de vida en la Tierra. En latín *ex* significa «fuera» y *sistere* significa «tomar posición». Existencia, por lo tanto, significa tomar posición fuera, esto es, salir del espacio. Existir es la salida temporal del espacio que se experimenta entre el nacimiento y la muerte.

Ahora puede entenderse la sensación de alivio y desahogo que se siente en el corazón cuando uno se sumerge en el espacio púrpura durante la meditación. Es como si de repente el corazón fuera liberado de todas las

---

4. Véase *Śvetaśvatara-Upanisad* 3:18, y *Bhagavad-Gita* 5:13. El *Katha-Upanisad* añade dos puertas: el ombligo y la parte superior de la cabeza (*brahma-randhra*).

5. Obsérvese que la inversión no solo tiene lugar entre el interior y el exterior. Otra modalidad puede observarse en el hecho de que el niño se posiciona cabeza abajo en el útero. Tan pronto como el pequeño sale fuera del útero y pasa desde el espacio astral al espacio físico, ha de invertir dicha posición y comenzar a trabajar para mantener erguida su cabeza.

presiones de las distintas encarnaciones vividas, de todos los problemas de la existencia (¡suficiente para sentirse mucho más ligero!). Uno de los resultados de la iniciación es establecer una conexión permanente con el espacio sin perder el anclaje con la Tierra. Se puede disfrutar de la paz del espacio cósmico y, al mismo tiempo, permanecer plenamente implicado en las actividades diarias. Pasado un determinado nivel, esta alegre ligereza se queda para siempre en el corazón, sin importar lo que pueda suceder fuera.

Debe quedar patente que el propósito del estilo de trabajo de Clairvision no es sacar al individuo fuera de la encarnación para llevarlo a un paraíso flotante y feliz, sino prepararlo para el trabajo de alquimia interior, la transformación de la sustancia íntima de sus cuerpos. El propósito es conseguir la iluminación aquí y ahora, en medio del embrollo cósmico que es la vida moderna. Paradójicamente, conectando con el espacio se crea una libertad interior que nos permite estar en el mundo de una manera más plena.

Capítulo 4

CIRCULACIONES ENERGÉTICAS: ¡QUE FLUYA LA ENERGÍA!

4.1 Circulaciones energéticas

Bajo la denominación de circulaciones energéticas se agrupan diversas técnicas cuyo objetivo es despertar y limpiar el cuerpo de energía o etérico. La energía etérica, o fuerza vital, es idéntica al prana de la tradición hindú y al qi de la medicina china tradicional. Nuestro primer propósito será alcanzar una percepción tangible de dicha energía.

Mientras circula por todo el cuerpo etérico, la fuerza vital sigue ciertas líneas de energía, llamadas «meridianos» por la medicina china y *nadis* en sánscrito. Trabajaremos con algunos meridianos, esforzándonos por sentir el flujo de la energía a lo largo de los mismos.

Una etapa más avanzada, aunque esencial, consistirá en aprender a mover conscientemente la energía por dichos canales.

A medida que se desarrolle dicha capacidad, el estudiante será capaz de corregir distintos problemas de salud. Se hará obvio que el funcionamiento correcto del cuerpo físico depende, en gran medida, del adecuado flujo y equilibrio de las circulaciones del cuerpo etérico.

Conforme el cuerpo etérico gane fuerza a través de las prácticas, adquirirá una gran resistencia a las energías negativas. Y, cuando una energía no deseada sea percibida por uno de los canales, será posible expelerla conscientemente, del mismo modo que puede sacarse un guijarro de una manguera actuando sobre la corriente de agua. Dicha habilidad asegurará un elevado nivel de protección energética y demostrará ser de gran ayuda para quienes estén implicados en la propia transformación o bien practiquen la sanación.

En una etapa posterior, la alquimia interior trata la apertura del canal de energía más esencial, localizado en el centro del cuerpo. El canal central asciende desde la raíz del tronco (el perineo, entre el ano y los órganos genitales externos) hasta la parte superior de la cabeza, y más arriba aún. Éste camino es la «vara de trueno» *(thunderwand)* el camino de la serpiente-fuego de la tradición esotérica occidental, idéntico al *sushumna* del kundalini-yoga. Uno de los propósitos de las circulaciones energéticas es la preparación para el trabajo en este canal maestro. Las circulaciones energéticas nos entrenan a mover la energía etérica conscientemente. Por lo tanto, en vez de tener que «imaginar» un flujo en la vara de trueno, seremos capaces de instalar una circulación de energía apropiada.

4.2 Práctica: agitación conectada

- ***Fase 1***
  Agitación

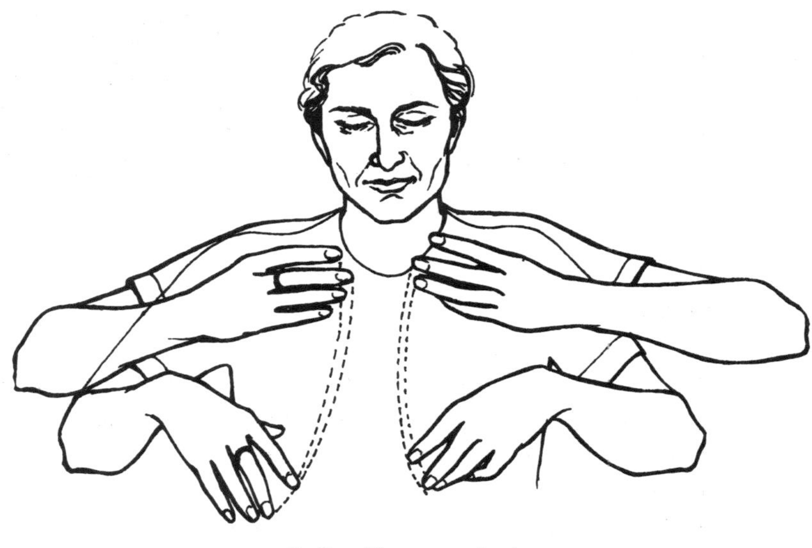

Agitación conectada.

Siéntese con la espalda recta, preferiblemente sobre una colchoneta en el suelo; también puede estar en una silla.

Si está en una silla, evite apoyar la espalda contra el respaldo.

Mantenga los ojos cerrados durante todo el ejercicio.

Agite las manos rápida y vigorosamente durante 10-20 segundos.

Permanezca entonces sin moverse, con las palmas hacia arriba. Para conseguir el máximo efecto, evite descansar las manos sobre las rodillas, o en los brazos de la silla (véase la figura).

Hágase consciente de la vibración en las manos.

• *Fase 2*
Vibración en el ojo, vibración en las manos

Repita la etapa 1: agite las manos; después, permanezca sin moverse con las palmas hacia arriba.

Hágase consciente de la vibración en las manos.

Hágase consciente de la vibración en el ojo (en el entrecejo).

Preste atención durante unos segundos a la vibración en el ojo. Entonces hágase de nuevo consciente a la vibración en las manos durante unos cuantos segundos. Después, vibración en el ojo otra vez... Vaya de una a otra varias veces.

Luego hágase consciente de la vibración en el entrecejo y en las manos al mismo tiempo.

• *Fase 3*
Fricción

Repita la fase 1: mueva las manos durante 10-20 segundos. Permanezca inmóvil con los ojos cerrados y las palmas hacia arriba. Hágase consciente de la vibración en el ojo y en las manos a la vez. Continúe con esta percepción durante un minuto.

Justo entonces, empiece a respirar con la fricción en la garganta, tal como se describe en el capítulo 2. Conecte la fricción en la garganta con la vibración en el ojo y en las manos a la vez. Continúe la práctica durante 1-2 minutos. Observe la cualidad del cambio en la vibración.

—Comentarios

A resultas de esta práctica puede surgir un completo abanico de experiencias. Un punto esencial es darse cuenta que hay una modificación, tanto en las manos como en el ojo, tan pronto como se comienza la fricción. La vibración se convierte en más y más intensa, más tangible, y al mismo tiempo se vuelve más sutil.

La fricción en la garganta no solamente intensifica la vibración, sino que también ayuda a conectar el ojo con los centros de energía de las palmas de las manos. Con frecuencia, se puede sentir un triángulo de energía que conecta el ojo y las palmas de las manos.

• *Fase 4*

Conexión

Agite las manos durante unos cuantos segundos. Permanezca inmóvil, con las palmas hacia arriba. Sienta la vibración en el ojo y en las manos.

Comience a respirar con la fricción en la garganta. Conecte la fricción con la vibración en el ojo y en las manos. Observe los cambios en la vibración que ocurren automáticamente debido a la fricción.

Ahora intente sentir la conexión entre las manos y el ojo.

Emplee la fricción en la garganta para ampliar esta conexión.

¿Qué puede sentirse exactamente entre las manos y el ojo?

¿Aparte de la sensación, puede «verse» algo (con los ojos cerrados)?

¿Cómo cambia la energía en las manos mientras se intensifica la conexión con el ojo?

—Comentarios

La percepción de la conexión de energía entre el ojo y las manos a menudo se acompaña por la percepción de un triángulo de luz. En un nivel de entrenamiento más avanzado, este triángulo ejercerá una función muy importante en ciertas prácticas clave de alquimia interior.

Es importante recordar nuestra regla básica: no imaginar; no visualizar. Fluir con lo que llegue. Desarrollar lo que hay, no hacer nada. Si sólo se puede sentir un ligero picor en las manos, trabaje para desarrollarla con la fricción en la garganta y mediante la ejecución regular de las demás técnicas contenidas en el presente libro.

A medida que se practique este ejercicio y los siguientes, se hará evidente que dichos ejercicios generan un gradual refinamiento de lo que fluye en las manos. Cuanto más se conecte la vibración en las manos con la conciencia en el ojo, más sutil y más cualidades sanadoras tendrá. Éste es el primer paso en el desarrollo de las manos de un sanador.

4.3 Práctica: frotamiento conectado

Siéntese con la espalda recta.

Frote las manos vigorosamente una con otra durante unos 20 segundos, o algo más.

Permanezca inmóvil con las palmas hacia arriba. Deje pasar unos cuantos segundos, observando la cualidad de la vibración en las manos y en el ojo.

En ese momento, comience a respirar con la fricción en la garganta. Conéctela a la vibración en las manos y en el ojo. Esté consciente de los sutiles cambios que tienen lugar en la vibración de las manos debido a la fricción.

Conecte la vibración en el ojo con la vibración en las palmas. Emplee la fricción en la garganta para intensificar dicha conexión. Sienta cómo la vibración en las manos se hace cada vez más refinada.

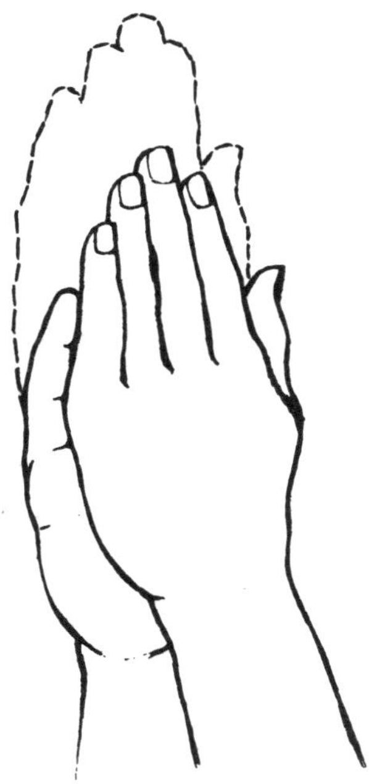

Comentarios

Aparte del trabajo de percepción, quienes realicen masaje o cualquier otra forma de sanación con las manos, se beneficiarán de realizar este ejercicio al comienzo de sus sesiones.

Mientras se practique la circulación de energía, siempre hay que prestar atención al hecho de que la calidad de la energía que fluye a través de las manos depende de la calidad de la vibración en el ojo, y de la conexión entre ambas. Cuanto más sutil es la vibración en el ojo, más refinada es la energía que fluye en las manos. Una modalidad poderosa de curación, para uno mismo y para los pacientes, consiste en sintonizar una vibración en el ojo lo más elevada posible y transmitirla mediante las manos.

4.4 Vibración = etérico

Fundamentalmente, el etérico es el estrato de la vibración: en cualquier momento en que se sienta la vibración, se está sintiendo el etérico. Esta afirmación es demasiado simple como para ser completamente cierta, y más adelante podrán discernirse ciertas frecuencias etéricas de luz o vibración astral. Pero, al principio, la ecuación «vibración = etérico» constituye una excelente referencia para dar sentido a las propias experiencias. Por ejemplo, sentir vibración en las manos indicará que la fuerza vital etérica se ha puesto en marcha en las manos. Sentir la vibración en el entrecejo indicará que la capa etérica del tercer ojo está activada..., y así sucesivamente, en cualquier parte del cuerpo, o incluso fuera de los límites del cuerpo. Pues lo etérico no sólo permea el cuerpo físico, sino que también se extiende más allá del mismo, en proporciones que pueden variar en función de diversos factores internos.

Cuando la vibración en las manos, o en cualquier otra parte del cuerpo, parezca hacerse más sutil, esto indica que nos estamos aproximando a un plano más profundo y sutil del cuerpo etérico.

Al principio se usa una estimulación física para despertar la percepción de la vibración etérica. Más adelante será posible conseguir la misma vibración sin frotar, ni usar ninguna otra clase de estimulación física. La vibración llegará desde dentro.

Por lo tanto, cabe insistir en que, en estas primeras etapas de la práctica, no hay que preocuparse demasiado por si la vibración es física, etérica o imaginaria; confíese en la experiencia. Una prueba muy directa de la naturaleza no física de la vibración consistiría en cortar la mano física y darse cuenta de que todavía se siente la misma vibración, como en el síndrome de la extremidad amputada fantasma...

Otra indicación de la naturaleza no física de esta vibración será que se sentirá en todas las partes del cuerpo sin ninguna frotación ni forma física alguna de estimulación. Se sentirá alguna vez más allá de los límites del cuerpo físico, primero alrededor de uno mismo, y después en objetos cada vez más distantes. La percepción de la vibración etérica estará entonces separada de cualquier otra sensación física.

En cualquier caso, es importante recordar que en la aproximación de Clairvision no hay nada en que creer (y, por lo tanto, nada de que dudar). **No importa lo que se cree, sino lo que se percibe.** Hay un enfoque constante hacia la experiencia directa. Apréndase a percibir esta vibración energética, y entonces decídase cómo y qué entender.

• ¿Se aprecia que, cuando se despierta la vibración en las palmas de las manos, parece producirse simultáneamente una intensificación de la vibración en el ojo? La vibración en el ojo parece haberse convertido en más tangible o densa, como de una frecuencia más rápida; de cualquier modo, se percibe más claramente. Este efecto tan importante será más ampliamente tratado al principio del capítulo 6.

4.5 Consejos generales respecto al trabajo en los meridianos

• Practique como si estuviera inventando la acupuntura. El método de la circulación de energía proporciona todos los elementos necesarios para hallar la localización real de las circulaciones de la energía etérica en el cuerpo humano. No hay que dar por sentada ninguna de las vías anatómicas tradicionales de los meridianos. De todas maneras, no todos los libros de la antigua China coinciden en la localización precisa de diversas ramas en particular. El mapa del cuerpo etérico que será utilizado en el tercer milenio está todavía por determinar. ¿Por qué no elaborarlo uno mismo?

• Para frotar, use el puente de la palma, justo al lado inverso de los nudillos. Puede sentirse una línea de energía a lo largo de los montículos de la mano, por debajo de los nudillos y en la base de los dedos. Haga

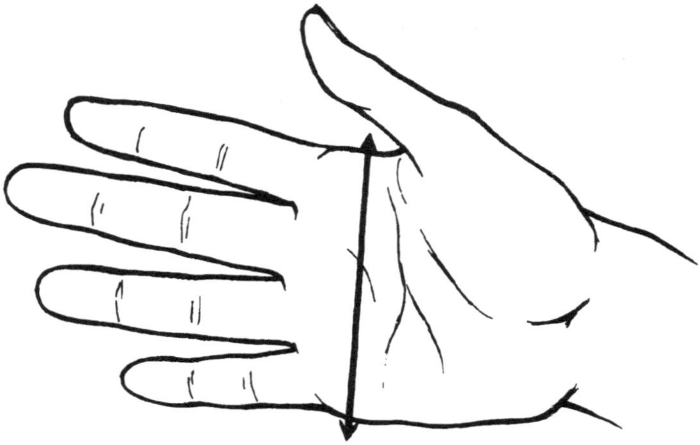

El puente de la mano

que la mano esté plana y firme. Aplique esta línea de la mano sobre la línea del meridiano que desee estimular, y muévase a lo largo de dicha línea, atrás y adelante, realizando un frotamiento suave pero firme.

• Recuerde que, siempre que se trate con energías, y sobre todo al principio, algunos días parece mucho más difícil alcanzar la percepción de la vibración. Por ejemplo, hay días en que se está meditando y uno es proyectado en el espacio púrpura, pero no puede sentirse mucha vibración (particularmente alrededor de la Luna nueva). Otros días sucede justo lo contrario, hay mucha vibración pero falta el espacio. Y algunas veces no se siente nada de nada. Éste es el proceso normal. Al principio, las percepciones no están del todo bajo nuestro control, vienen cuando menos se esperan y desaparecen sin motivo.

Continúe la práctica regularmente al cabo de unos cuantos meses, bastará con ir al ojo y sintonizar para generar un flujo de vibración inmediato. Pero, aunque ya se ha alcanzado cierto nivel de dominio, la vibración permanece sujeta a variaciones de un día a otro, e incluso durante el mismo día.

• En el caso del cáncer, muchos terapeutas están en contra de cualquier tipo de masaje, porque podría facilitar la propagación de la enfermedad. Para algunos, el masaje permanece contraindicado hasta cinco años después de la última intervención quirúrgica o el último tratamiento que acabó con el cáncer, incluso aunque el paciente esté completamente curado. Si se comparte este punto de vista, no hay ningún problema en poner en práctica la circulación energética sin la frotación, sino únicamente moviendo las puntas de los dedos con mucha suavidad a lo largo de los meridianos, como se describió en el apartado 6.4.

• En el presente capítulo, los meridianos de la acupuntura se denominarán por el nombre del órgano correspondiente, como con frecuencia se encuentra en la literatura especializada. Sin embargo, nunca se insistirá bastante en el hecho de que dichos nombres conducen a equívocos y pueden crear grandes malentendidos. El meridiano de la vesícula biliar, por ejemplo, tiene diversas funciones y conecta con distintas partes del cuerpo, desde el ojo y la oreja hasta el tobillo, además de pasar a través de la vesícula biliar propiamente dicha. Así pues, el término «vesícula biliar» no refleja en absoluto la función real del meridiano. Si se emplea dicho nombre se debe a que es más fácil de memorizar que el nombre chino apropiado, *zu shao yang* (literalmente: «yang medio del pie»).

4.6 *Shou jue yin,* «meridiano constrictor del corazón»

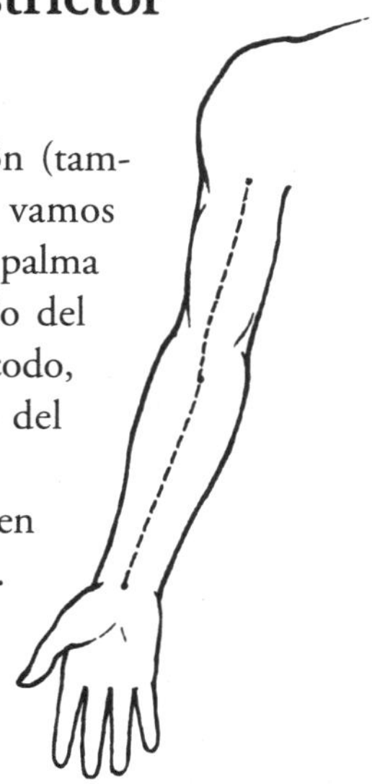

La parte del meridiano constrictor del corazón (también denominado «circulación-sexualidad»[1]) que vamos a estimular es una línea que comienza en la raíz de la palma de la mano y discurre en línea recta por en medio del antebrazo hasta el tendón del bíceps, en la línea del codo, y luego prosigue recta hacia arriba por en medio del bíceps.

Siéntese en postura de meditación. Si se está en una silla, no hay que reclinarse sobre el respaldo. Mantenga los ojos cerrados durante el ejercicio.

Frótese las manos durante unos segundos y repita la práctica 4.3. Permanezca inmóvil con las

1. *Acupuntura Clínica*, de Antón Jayasuriya, traducido por el Dr. J.M. Sánchez-Pérez. Editorial Biblioteca Nueva, Madrid (1984). *[N. del T.]*

palmas hacia arriba. Hágase consciente de la vibración en el tercer ojo y en las manos.

Frótese a lo largo de la línea del meridiano con el puente de la palma (las protuberancias por debajo de los nudillos), como se describió en el apartado 4.5. Pare y quédese inmóvil, con las palmas hacia arriba.

Hágase consciente de la vibración a lo largo de la línea.

Al cabo de unos segundos, reanude la fricción en la garganta y conéctela con la vibración en el meridiano. Pase medio minuto, o algo más, fortaleciendo la vibración a lo largo de la línea.

Entonces, hágase consciente en el tercer ojo al mismo tiempo, de modo que se conecte la fricción en la garganta, la vibración en el ojo y la vibración en la línea. Continúe durante un minuto más o menos.

Después, hágase consciente de la mano de dicho brazo. Aunque no se ha aplicado ninguna estimulación física en dicha área, ¿puede sentirse la extensión de la línea de energía en la mano? ¿A qué dedo se extiende la senda del meridiano?

Entonces, hágase consciente en el hombro y en el pecho. ¿Por dónde va la línea de energía en dichas partes del cuerpo? ¿Puede también sentirla en algún otro órgano?

Pare por completo y permanezca «sólo consciente» durante unos segundos.

Chasquee los dedos de la mano derecha y abra los ojos.

Repita una secuencia idéntica con el mismo meridiano de la otra mano.

4.7 *Shou shao yin*, «meridiano del corazón»

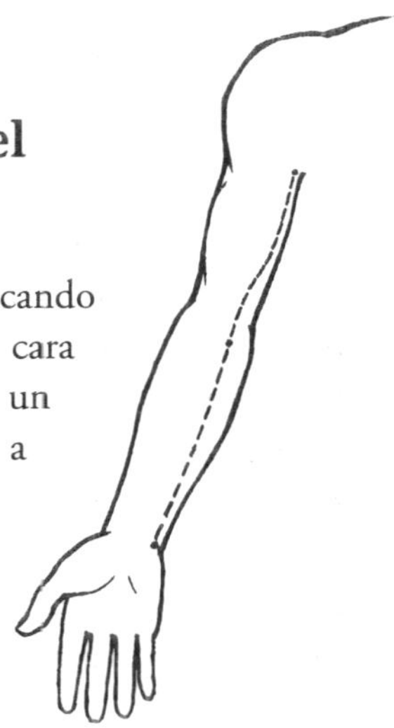

La parte de este meridiano que estamos buscando empieza en la raíz de la palma de la mano, en su cara interior. Si se explora con los dedos, se encontrará un huesecillo redondeado llamado pisiforme debido a que tiene la forma de un guisante.

Contraiga ligeramente el bíceps y se encontrará otro punto de dicho meridiano más o menos un centímetro por debajo del tendón del bíceps, alineado con el codo (con frecuencia, los puntos de acupuntura dan la sensación de un agujero bajo los dedos, como si fuera una depresión). La línea imaginaria que va desde dicho punto hasta el hueso pisiforme es la parte del meridiano del corazón que circula por el antebrazo.

La parte del brazo comienza en el mencionado punto del codo y sube siguiendo una depresión, como una pequeña acanaladura, ubicada en el lado interno del bíceps. Cabe precisar que esta pequeña depresión no siempre está presente, y que es más fácil localizarla en hombres que en mujeres.

Si no se está muy seguro de la ubicación, no importa demasiado. Basta con seguir las indicaciones de la figura y la línea se revelará por sí misma conforme la percepción se haga más clara.

Repita la práctica descrita en el apartado 4.6, aunque esta vez con el meridiano del corazón en lugar del meridiano constrictor del corazón.

4.8 *Shou tai yin*, «meridiano del pulmón»

Ahora repetiremos la misma práctica, aunque en el meridiano del pulmón.

La porción del meridiano del pulmón que vamos a frotar comienza en la raíz de la palma de la mano, en la depresión donde se suele tomar el pulso, en la arteria radial.

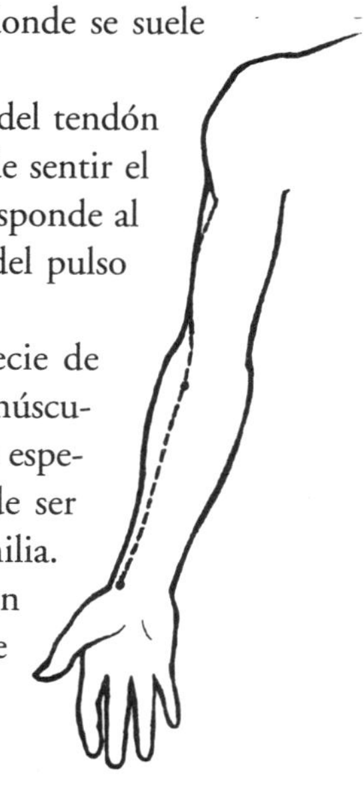

Otro punto se ubica en la línea del codo, fuera del tendón del bíceps. Puede contraerse un poco el bíceps a fin de sentir el tendón. La parte del meridiano del pulmón que corresponde al antebrazo sigue una línea recta que va desde el área del pulso hasta dicho punto del codo.

Después sube por el brazo, siguiendo una especie de depresión situada en la parte externa del bíceps. Si los músculos del brazo están claramente marcados, se hallará una especie de surco, por donde sigue la línea. (En el caso de ser mujer, es preferible observarlo en un hombre de la familia. Así es mucho más fácil hallar la línea.) Aunque, en suma, basta con tener una idea vaga de dónde hay que frotar, según se muestra en la figura.

De cualquier modo, la localización de un meridiano nunca debería darse por hecha. Las descripciones de los libros deberían únicamente considerarse como unas indicaciones someras. Es mediante la propia percepción de la energía, y de ninguna otra manera, como puede alcanzarse la certeza de cuál es el recorrido real del meridiano. La mejor actitud es, por lo tanto, frotar ligeramente distintas líneas en dicha área hasta encontrar la que se corresponde con la sensación más clara de una circulación de energía. Si se practica, practica y practica, la vaguedad inicial se dispersará pronto y quedarán escasas dudas respecto a los recorridos de estas sencillas circulaciones.

4.9 Detalles acerca del recorrido de los meridianos

(Es preferible no leer este apartado hasta que uno mismo haya establecio las sendas de los meridianos en la mano y en los dedos.)

La acupuntura describe el meridiano constrictor del corazón como aquel que finaliza en la punta del dedo corazón (entre el dedo índice y el anular). Puede muy bien ocurrir que se sienta picor también en el dedo anular, dado que del meridiano constrictor del corazón se dice que está acoplado e intercambia energía con el meridiano del triple calentador, el cual circula por el dedo anular.

Del meridiano del corazón se dice que acaba en la punta del dedo meñique (el meridiano del intestino delgado, que está acoplado con el meridiano del corazón, también circula por la punta del dedo meñique).

Del meridiano del pulmón se dice que termina en la punta del dedo pulgar. Mientras se trabaja en el meridiano del pulmón no es raro sentir que la vibración se mueve también en el dedo índice, el cual está relacionado con el meridiano del intestino grueso, dado que hay intensos intercambios de energía entre dichos canales.

Comentarios

Si no se han sentido las sensaciones descritas, no hay que preocuparse, pues, al fin y al cabo, ¡puede que se esté en lo cierto! (Aun así, se sugiere que se continúe practicando durante cierto tiempo antes de reconciliarse con la mente.) Es privilegio de los buscadores cuestionarlo todo, puesto que la percepción directa es siempre superior a lo que está escrito en un libro o copiado de otro. Es posible, por otra parte, que el cliché tradicional que describe los meridianos como tuberías rígidas no sea tan exacto. Más bien serán percibidos como «ríos de aliento» o flujos de vibración, que en ocasiones se desvían ligeramente hacia una u otra dirección. Una vez más, mi perspectiva es que lo esencial todavía está por descubrirse en lo que atañe al cuerpo etérico.

4.10 Los diferentes niveles de percepción de las circulaciones energéticas

El primer nivel consiste en percibir la vibración a lo largo de la línea que se ha frotado, y darse cuenta de que esta vibración es de la misma naturaleza que la del tercer ojo (en el entrecejo).

El segundo nivel consiste en percibir un flujo de energía, esto es, una circulación de la vibración a lo largo del meridiano. Puede que se mueva hacia arriba, hacia el hombro, o bien hacia abajo, hacia la mano. Empleando la fricción en la garganta y la conexión con el tercer ojo se podrá intensificar gradualmente este flujo.

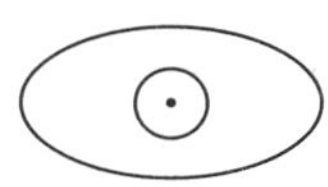

El tercer nivel consiste en llegar a ser capaz de mover la energía conscientemente a lo largo de la línea. Esta función se ha de desarrollar prácticamente a partir de cero, como cuando un músculo se ha atrofiado porque no haberlo ejercitado durante largo tiempo y precisa de nuevo ponerse en forma.

Una vez despierto el tercer ojo, la experiencia es similar a la de pequeñas manos de energía a lo largo del meridiano. Las «manitas» se contraen velozmente, exprimiendo la energía y haciendo que se ponga en movimiento (algo así como cuando se aprieta el tubo de pasta de dientes). El conjunto es bastante semejante a las contracciones peristálticas del tracto digestivo (aunque mucho más rápidas), o a la contracción de los músculos de las arterias que mueven la sangre activamente; pero en los meridianos esto ocurre en el nivel del cuerpo etérico, no en el físico.

Como estamos tratando con el etérico, se sentirá principalmente vibración, aunque puede suceder que también se tengan algunas experiencias visuales de luz fluyendo en los meridianos. Una vez se inicien las prácticas de visión, las cuales se describirán en los capítulos 5 y 7, puede añadirse el triple proceso de visión al trabajo de las circulaciones de energía etérica.

Comentarios

¿Qué ocurre si la energía de un meridiano se siente más en un lado del cuerpo que en su equivalente del otro lado? Como siempre, cuando se trata con energía, hay fluctuaciones. Si esta experiencia sólo ocurre una vez y no se repite, no significa absolutamente nada.

Únicamente si se siente dicho desequilibrio repetidamente, durante cierto tiempo, llega a ser significativo. Si éste es el caso, implica que algo se ha bloqueado en la línea y que hay que restaurar el flujo, por lo que debería practicarse más con este meridiano hasta que se alcance igual flujo que en su simétrico. Es bastante motivador, pues ofrece la oportunidad de corregir un bloqueo antes de que se transforme en un problema físico. La medicina energética a menudo desempeña un poderoso papel en la prevención de los desórdenes de la salud. Curiosamente, en la antigua China se solía pagar al médico mientras se estaba sano, y se dejaba de pagarle tan pronto como uno enfermaba.

Si se advierten muchos desequilibrios en los flujos energéticos, podría ser una buena idea analizar la situación con un acupuntor.

La energía de los meridianos, ¿debería moverse hacia arriba o hacia abajo? En cursos impartidos en Clairvision School he tenido ocasión de compartir las técnicas de circulación energética con numerosas personas que desconocían por completo la teoría de los meridianos desarrollada por la medicina china tradicional. Pude, por lo tanto, observar la dirección de la circulación natural de la energía, inocentemente descubierta por los estudiantes. Debo decir que lo que he visto no confirma la teoría tradicional de la circulación en los meridianos. En acupuntura se dice que de los 12 meridianos principales, 6 distribuyen la energía desde la cabeza hasta las extremidades (manos y pies), y 6 desde las extremidades a la cabeza. No obstante, he observado que cuando se enseña a un grupo a percibir la energía, la gran mayoría tiende a sentirla moviéndose hacia arriba sistemáticamente, hacia la cabeza, independientemente del canal con el que se esté tratando.

Mi consejo es confiar en la propia experiencia y favorecer el flujo de vibración que a uno le parezca natural. No importa si la energía no siempre fluye en la misma dirección; la energía es un principio caprichoso, lo cual forma parte de su belleza. La salud suprema proviene de la armonía con los flujos naturales, no del establecimiento de una dictadura de las energías.

4.11 Práctica

Realice la circulación energética en el meridiano constrictor del corazón como en la práctica 4.6. Frótese ambos brazos, uno después del otro; pero en esta ocasión, una vez se termine de frotar, mantenga los brazos hacia arriba (como si se intentara alcanzar el techo).

¿Es la dirección de la circulación la misma que antes?

Repita el mismo ejercicio con el meridiano del pulmón y, después, con el meridiano del corazón.

Comentarios

Si se puede, repítase el mismo ejercicio en posición «de firmes» (de pie y erguido), con los brazos hacia arriba.

Para mayor información, al final del presente capítulo se incluye una nota explicativa de lo que dice la acupuntura acerca de los flujos de los meridianos. Sin embargo, sugiero no leerla hasta haber alcanzado la propia percepción de los flujos de energía.

4.12 Liberación de energías negativas

La técnica que se describirá a continuación es fundamental, y se ha diseñado para ser efectuada con frecuencia. Su propósito es la liberación de energías negativas.

El cuerpo físico está compuesto de materias alimenticias, agua y lo que extraemos del aire, es decir, elementos físicos obtenidos de nuestro entorno físico. Análogamente, nuestro cuerpo etérico está compuesto por elementos procedentes de nuestro entorno etérico.

Así como algunas comidas o sustancias pueden ser tóxicas para el cuerpo físico, algunas energías etéricas son nocivas para el cuerpo etérico. En los capítulos que tratan acerca de líneas de tierra y protección analizaremos cómo la vida moderna tiende a crear una acumulación de dichas energías tóxicas en nuestro medio ambiente, haciendo que sea de vital importancia adquirir las habilidades necesarias para poder eliminarlas de nuestro sistema.

Práctica 4.12

Abra un grifo de agua. Dirija la conciencia al flujo de agua corriente. Sintonice con él, sienta sus cualidades. Haga que el agua corra por la parte interna del brazo, desde un poco por encima del codo, si la pila o lavadero es lo bastante hondo. Permita que las energías negativas sean liberadas desde el antebrazo al agua corriente. Continúe durante al menos medio minuto.

Después repita la misma práctica con el lado posterior del antebrazo. Cuanto más se sintonice con el flujo de agua corriente, más energías negativas se podrán liberar.

Repita la práctica en ambos lados del otro brazo.

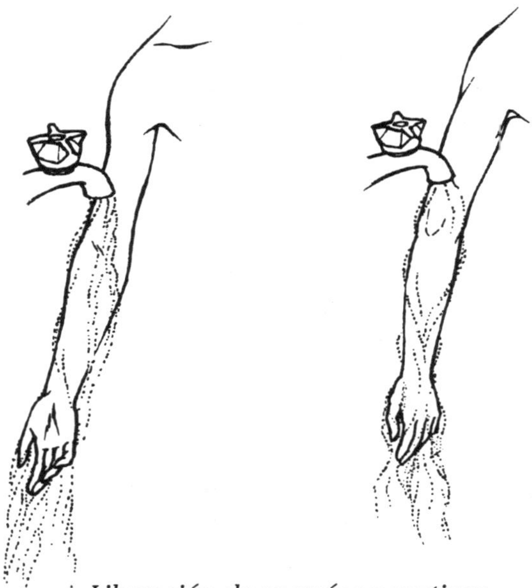

Liberación de energías negativas.

Comentarios

Aunque esta práctica puede parecer muy simple, es vital. Si se hace unas cuantas veces al día, y con plena conciencia, se desarrollará rápidamente una nueva función: la excreción etérica. Se percibirá con claridad que algunas energías indeseadas son expelidas hacia el flujo de agua, y uno se sentirá mejor en el cuerpo etérico, exactamente como una persona constipada (estreñida) se siente mejor después de evacuar.

La excreción es una función tan esencial para la vida como la ingestión. Uno de los descubrimientos que se harán a medida que se abra la percepción será que una proporción significativa de la población está «constipada etéricamente»: es incapaz de liberar las energías negativas. La excreción etérica debería ocurrir automáticamente, sin tener siquiera que pensar en la misma. Pero, de alguna manera, se ha perdido esta función, y ahora hay que trabajar conscientemente para recuperarla.

La acumulación de energías negativas en el cuerpo etérico de la mayor parte de la población contribuye enormemente al malestar general y al nivel de neurosis del mundo moderno.

Si se vive en un lugar frío, no hay ninguna razón para no mezclar algo de agua caliente con la fría. Si el agua está demasiado fría, hace que sea más difícil abrir el etérico.

Si hay que eliminar de las manos algo particularmente nocivo, puede potenciarse el proceso alternando agua fría y caliente.

En el capítulo que trata de la protección, se aprenderá cómo se puede intensificar el efecto de eliminación exhalando con la boca abierta y haciendo fricción en la garganta mientras se excretan las vibraciones indeseadas.

Es conveniente realizar el ejercicio con agua corriente:

- Cada vez que se llega a casa.
- Cada vez que se tenga la sensación de que una energía «sucia» está presente en las manos.
- Después de dar un masaje o cualquier sesión de terapia.
- Después de completar una sesión en el ordenador o cualquier otro equipo o herramienta que lleve implícita una importante cantidad de electricidad estática.

– Después de rastrear líneas de tierra (véase el capítulo 12).
– Después de practicar la circulación de energía.
– Antes de la meditación, y no después (lo mismo se aplica a la ducha). Una de las razones es que la meditación genera una valiosa interiorización de energías. El agua corriente, por otra parte, tiende a atraer la energía hacia el exterior, justo bajo la piel, y por esta razón actuaría contra los beneficios de la meditación. Por lo tanto, baños y duchas es mejor tomarlos antes de meditar que después.
– Antes de ir a la cama.
– En cualquier otro momento que se crea adecuado.

Conforme se adquiera más destreza en liberar energías negativas en el agua, puede realizarse un proceso idéntico mientras se friegan los platos o se toma una ducha, o bien mientras se toma el baño en el mar o en un río. Las cascadas especialmente tienen una vibración etérica espectacular.

• *Nota acerca de las circulaciones de los meridianos*

Los meridianos del constrictor del corazón, corazón y pulmones se describen en la tradición de la acupuntura como fluyendo «hacia abajo», o sea, desde el tronco hacia la mano. Pero el arquetipo chino del hombre se representa con los brazos hacia arriba y las manos por encima de la cabeza. Así pues, la energía de estos tres meridianos, en los patrones chinos, se mueve hacia el cielo.

De acuerdo con la acupuntura, la dirección de la corriente permanece igual, tanto si se mantienen las manos arriba como si no.

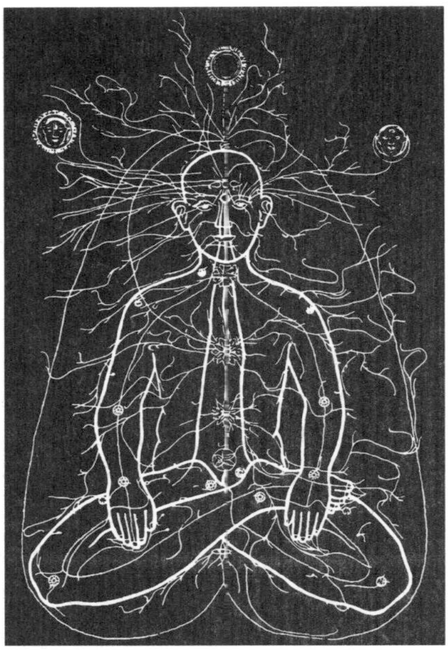

Esquema de nadis *(circulaciones de energía etérica) según la tradición hindú.*

Capítulo 5

VISIÓN

5.1 El camino de los buscadores de la Verdad

La visión es una de las funciones más elevadas de la conciencia humana. Es una experiencia extraordinaria que nos permite desentrañar nuestra propia inmensidad. Por supuesto, existen diferentes niveles de visión. Nuestro propósito constante es evitar la clarividencia del plano astral inferior, propia de los psíquicos de trance mediúmnico, y pasar a la «visión de la Verdad», o visión del Ser Superior, la cual es como una explosión de todas las limitaciones de la mente.

Una diferencia clave entre estas dos formas de visión es que en la primera hay fijación a las imágenes que fluyen en la conciencia. Para alcanzar la visión de la Verdad, por otra parte, uno de los secretos es llegar a estar menos interesado en lo que se ve y, en cambio, enfocarse más en el proceso de ver, dejando que el propio estado de conciencia se expanda mediante la visión. Entonces se alcanza una percepción y comprensión del universo completamente diferente. Nunca se podrá traducir adecuadamente con palabras lo que se «ve», ya que la experiencia transciende la lógica común de la mente. Ése es el auténtico motivo de que la visión verdadera alimente el Espíritu y disipe las falsas concepciones del alma. La «visión» no solamente debería considerarse como una herramienta para la percepción, sino como una experiencia que en sí misma tiene un valor transformador. La visión es una modalidad expandida de la conciencia. Es un «amplificador ontológico», esto es, una forma de **ser** más. Si se piensa acerca de la clarividencia en estos términos, habrá mucha menor probabilidad de ser engañado por las ilusiones de la visión del astral inferior.

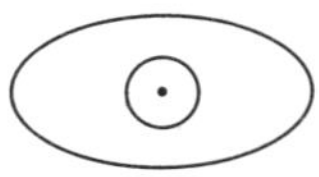

Uno de los errores más comunes en los principiantes consiste en esperar ver las realidades espirituales con la visión ordinaria y los ojos físicos, como si de repente las auras y los seres espirituales fueran a añadirse a las imágenes del mundo que se reciben a través de la mente. No puede ser así, ya que la conciencia mental normal es precisamente la parte de uno mismo que es ciega. Para empezar a ver, lo primero que hay que hacer es salir de la mente.

Ésta es la razón por la cual recordaremos constantemente que, si se quiere «ver», hay que dejar de mirar. En otras palabras, hay que dejar de procesar y analizar imágenes tal como se está acostumbrado a hacer con la mente. Hay que dejarse elevar a una forma distinta de conciencia y permitir que «algo» suceda.

Como siempre, el principal secreto del éxito descansa en tres palabras: práctica, práctica, práctica...

Nuestro primer objetivo será conseguir efectuar algunas incursiones fuera de las imágenes de nuestra conciencia mental normal, así como obtener vislumbres de las realidades no físicas. Para cumplir este propósito se introducirán una serie de técnicas que implican hacer contacto visual. Pueden practicarse con un amigo, o bien a solas mirándose a uno mismo en un espejo.

Cada una de ellas tiene sus ventajas, aunque es recomendable practicar ambas variantes.

5.2 Respecto a las prácticas de contacto visual

• Los participantes no deberían sentarse demasiado lejos uno del otro: una distancia de unos 90 centímetros es la idónea. El que no se pueda tocar la cara de la otra persona con la palma de la mano indica que se está demasiado lejos. Si se practica con un espejo, la propia imagen debería aparecer a una distancia similar, o ligeramente superior.

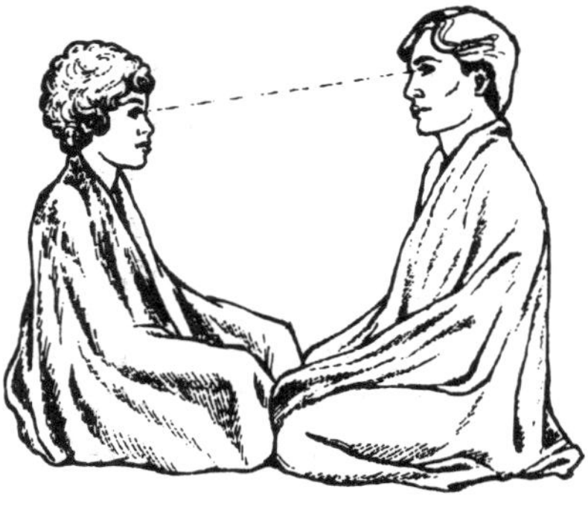

Erróneo

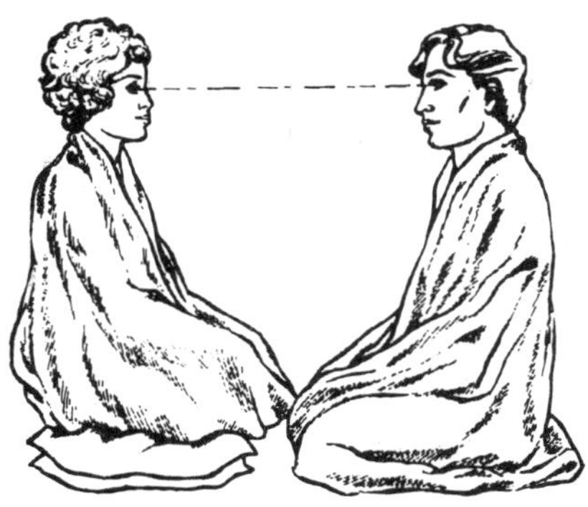

Correcto

• Es siempre preferible tener una pared blanca como fondo y usar velas en vez de luz eléctrica.

• Los ojos de ambas personas deberían estar a la misma altura, utilizando cojines para compensar cuando se dé la circunstancia que tengan diferente estatura.

• Puede practicarse en sillas en lugar de sentarse en el suelo, aunque la espalda deberá estar recta y vertical en cualquier caso. Para facilitar la libre circulación de energías, no hay que apoyarse contra la pared ni contra el respaldo de la silla.

¿Cómo se distingue a un dios de un ser humano (según las escrituras hindúes)? Los dioses son inmortales, lo cual puede que no sea obvio cuando uno los vea y, por dicho motivo, los textos sánscritos describen otros signos. A diferencia de los seres humanos, los dioses nunca proyectan sombras. Además, los dioses pueden mirar fijamente al Sol sin que se dañen sus ojos.

Curiosamente, he tenido ocasión de ver a más de un paciente esquizofrénico que, de repente, comenzaba a mirar fijamente al Sol en medio de un delirio místico, y acaba dañándose gravemente la vista. La esquizofrenia es una enfermedad fascinante, en la cual no es raro que los pacientes relaten información genuina acerca de los mundos espirituales. Algunas de sus percepciones son bastante reales, aunque no estén integradas ni se hayan comprendido, pues han sucedido en el contexto de una desintegración general de la personalidad.

El caso es que, siendo humano, si se mira al Sol los ojos sufren un daño irreversible de forma extremadamente rápida. Las gafas de sol no atenúan dicho riesgo. Nunca debería practicarse forma alguna de mirar al Sol, bajo ninguna circunstancia. De igual modo, el contacto visual nunca debería practicarse en el exterior durante el día, para evitar que un exceso de luz pudiera dañar la vista. En cualquier caso, los mejores resultados se obtendrán en interiores en penumbra. Si se practica durante el día, es aconsejable dejar la habitación a media luz corriendo las cortinas.

Asimismo, se recomienda que no se mire a la Luna sin parpadear, dado que su luminosidad también puede ser perjudicial para la vista. Pero no hay restricción alguna cuando se trata de mirar a las estrellas, lo cual es una práctica realmente iluminadora que llena el alma.

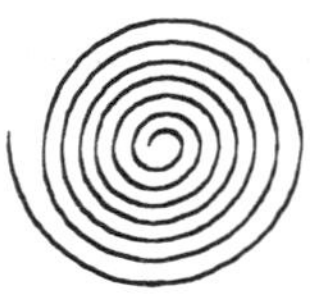

• Los espejos... ¡nos asombrarán! ¿Cómo es posible que una superficie física no solamente refleje nuestra imagen física, sino también nuestra aura, rostros nuestros del pasado y del futuro, así como rostros de nuestros guías? El maestro tibetano Chögyam Trungpa relataba una vez a un amigo suyo que, en meditación profunda, podía ver el reino de Shambhala en su espejo.[1] Y el espejo es uno de los elementos básicos de la iniciación en las escuelas occidentales de esoterismo.

En la antigüedad se debe de haber tenido un sentido de la naturaleza misteriosa de los espejos, dado que la palabra espejo en algunos idiomas (en inglés, «mirror»; en catalán, «mirall») procede del latín *mirari*. *Mirari* significa «maravillarse» y «admirar», y es la fuente de otras palabras relacionadas, como «maravilla», «admirar» y «milagro».

5.3 Reconexión con el espacio

Antes de comenzar cualquier práctica de contacto visual, así como entre las mismas, hay que reconectarse con el tercer ojo del siguiente modo:

1. Trungpa, Chogyam. *Shambhala, The Sacred Path of the Warrior*, Bantam Books, 1986, Prefacio p. 18.

> Siéntese con los ojos cerrados.
>
> 1) Comience realizando la fricción en la garganta (apartado 2.1).
> 2) Hágase consciente de la vibración en el entrecejo, y conéctela a la fricción en la garganta. Siga fortaleciendo la vibración en el entrecejo durante un minuto.
> 3) Hágase consciente de patrones de luz o de color en el entrecejo. Conecte la fricción en la garganta a la luz. Continúe durante 1-2 minutos.
> 4) Hágase consciente del espacio oscuro o púrpura (el trasfondo de las luces y colores). Permanezca en el espacio durante 1-2 minutos.

Este conjunto de instrucciones (que deben practicarse con los ojos cerrados) es **una versión abreviada de la meditación del tercer ojo**, descrita en el apartado 3.7.

Como de costumbre, «el ojo» siempre quiere decir el tercer ojo, en el entrecejo, y no alguno de los ojos físicos.

5.4 Práctica: contacto visual con foco en el ojo y estado de visión

Comenzaremos con las dos primeras partes de nuestro triple proceso de visión, el cual será descrito con detalle en el apartado 5.13.

Siéntese con la espalda recta, frente a un amigo o un espejo, de acuerdo con lo expuesto en el apartado 5.2.

Antes de empezar, pase 3 minutos con los ojos cerrados haciendo una reconexión, según se describió en el apartado 5.3.

Abra entonces los ojos y dirija la mirada a los ojos del amigo, o bien a los propios, en el caso de que practique frente a un espejo.

Parte 1: foco inmóvil en el ojo

Hágase consciente en el ojo, en el área del entrecejo, y permanezca extremadamente quieto. Trabajar para alcanzar la inmovilidad es más que una ausencia completa de movimiento. Al enfocarse en el ojo, todo se aquieta dentro de uno mismo, como si se fuera coagulando la propia energía. Puede sentirse que uno se hace cada vez más denso.

La quietud del contacto visual es una «inmovilidad conectada», por la cual puede sentirse la energía del ojo resonando con la vibración por todo el cuerpo. De ahí la sensación de mayor densidad o de frecuencia más elevada que se experimenta en el cuerpo.

Una vez se alcance el clímax de quietud, tendrá la sensación de que, aunque quisiera moverse, no podría hacerlo. Por supuesto, si realmente lo quisiera, podría; pero para hacerlo, primero habría que salirse de la experiencia.

A lo largo del presente libro, siempre que se emplee la expresión «el ojo» nos referimos al área del entrecejo. Pero hay que tener en cuenta que «enfocarse en el entrecejo» únicamente significa que uno debería permanecer consciente de dicha área. **No** quiere decir que se deban dirigir los globos oculares a ningún sitio en particular; antes bien, cuanto más nos olvidemos de los mismos, tanto mejor. Asimismo, esto es aplicable a la meditación en el tercer ojo (capítulo 3), en la que los ojos se mantienen cerrados, así como para todos los ejercicios de contacto visual.

Parte 2: Conciencia del estado de visión

(Las partes 1 y 2 deben realizarse simultáneamente.)

A continuación se explica uno de los grandes secretos de los sabios, el cual puede crear importantes aperturas de la percepción. Generalmente, cuando se dirige la atención a un objeto con los ojos abiertos, se mira la imagen y sus diferentes partes, y entonces, los diferentes elementos son procesados por la mente consciente. Algunas técnicas que apuntan al desarrollo de la acuidad mental, incluso fomentan el entrenamiento para absorber el máximo de detalles de una imagen. Por ejemplo, se muestra un dibujo de varios objetos y se asigna un tiempo limitado de unos cuantos segundos para examinarlo. Entonces, se supone que hay que listar tantos objetos como la mente ha podido retener conscientemente. Todo ello está relacionado con lo que podría llamarse el «modo mental de visión», o visión desde la conciencia mental ordinaria. Como se ha visto anteriormente, este plano es precisamente la parte de uno mismo que está ciega a los mundos espirituales. Para ser capaz de ver auras y seres espirituales, es preciso desconectar este modo mental de visión.

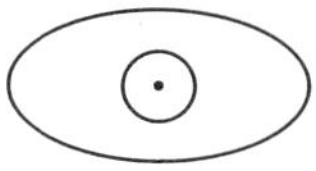

Hay un secreto para conseguirlo: en vez de mirar cualquiera de los detalles de la imagen, hay que hacerse consciente del hecho de ver. Normalmente, con el modo de visión mental se estaría ocupado mirando la imagen y averiguando si su contenido es cuadrado o redondo, verde o amarillo, bonito o feo, y así sucesivamente. Pero ahora, con el modo de visión no mental, se hará algo completamente distinto. Se hará que decaiga el interés en cualquiera de los componentes de la imagen, mientras que por otra parte nos haremos conscientes del hecho de ver. Para ver hay que dejar de mirar. Se traslada la atención desde el objeto de la percepción hacia el proceso de percibir. En lugar de observar el objeto, se comienza a observar la acción de ver, el hecho de ver, o estado de visión.

Resumen de la práctica 5.4

Este primer nivel de contacto visual está compuesto por dos partes, las cuales se efectúan al mismo tiempo mientras se está sentado frente a un amigo o un espejo:

1) Inmovilidad absoluta, con un fuerte foco en el ojo, parpadeando lo mínimo posible.

2) Conciencia del hecho de ver, o estado de visión, en vez de mirar.

La duración de la práctica de contacto visual será al principio de 3-5 minutos. Auméntela de forma gradual hasta 15 minutos o más. Para concluir la práctica, siga los pasos que se indican en el apartado 5.5.

Si la «visión» es un problema...

A lo largo del presente libro nos referiremos al triple proceso de visión, del cual la parte 1 es la inmovilidad en el ojo y la parte 2 el estado de visión. La parte 3 se relaciona con el corazón y se introducirá en el apartado 5.13. Si encuentra difícil conectar con el estado de visión, es conveniente recordar los siguientes puntos:

• La percepción del estado de visión no tiene por qué ser precisa. Un sentido vago del hecho de ver es suficiente para que se desarrolle el proceso.

• En el caso de que ni siquiera pueda alcanzarse una vaga conciencia del hecho de ver, olvídese temporalmente de ello y procédase del modo que se explica a continuación. Primeramente, olvídese del amigo o espejo y de cualquier detalle de la imagen.

> **En lugar de mirar la imagen, trate de sentirla.**

Reemplace el estado de visión por «sentir la imagen en vez de mirarla» y continúe con el proceso. (Observe que no es únicamente la imagen del amigo lo que hay que sentir, sino también el espacio alrededor del mismo).

Las cosas se clarificarán por sí mismas a medida que se progrese.

• En el apartado 7.12 se darán explicaciones más detalladas acerca del estado de visión.

5.5 Para finalizar cualquier práctica de contacto visual

Cierre los ojos.

Frote las manos entre sí durante unos segundos.

Coloque las palmas de las manos (no los dedos) sobre los ojos cerrados, tocando la cara, de modo que estén en contacto con la piel, y no separadas de la misma.

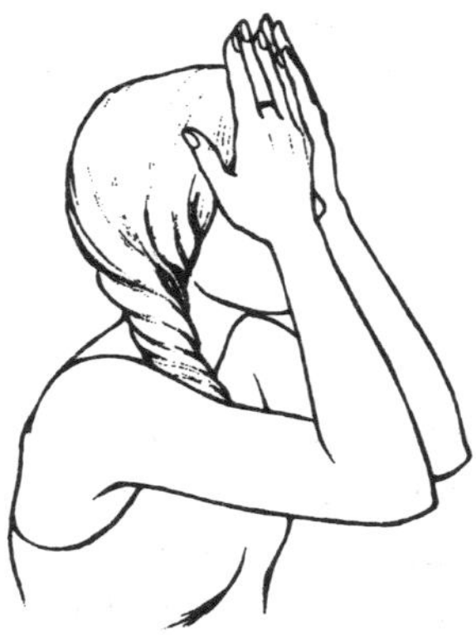

Correcto

Erróneo

Deje que la calidez de las manos penetre en los ojos. Permanezca en esta posición durante medio minuto, o algo más, disfrutando de su efecto sanador. Durante esta fase se tendrán experiencias trascendentales de luz interior.

Chasquee los dedos y abra los ojos.

Intercambie impresiones con su compañero.

Entonces, comience de nuevo. Haga una reconexión con los ojos cerrados durante 2-3 minutos (apartado 5.3). Abra los ojos y reanude el contacto visual de la misma manera.

Comentarios

¿Qué ocurre exactamente cuando se consigue la inmovilidad absoluta y se tiene la sensación de que la propia energía se coagula? Entre otras cosas, la conexión entre el cuerpo etérico y el cuerpo físico se afloja ligeramente. El cuerpo etérico es el plano de la vibración. Siempre que se sienta vibración, se sentirá lo etérico. Cuando se alcance una inmovilidad total, lo cual es más que una mera ausencia de movimiento, ello implicará que el cuerpo etérico ya no estará tan atrapado dentro del cuerpo físico. Será liberado parcialmente y, por lo tanto, estará más disponible para realizar ciertas funciones con independencia del cuerpo físico. De modo que se podrá sentir una intensa vibración por todo él.

En la medicina tradicional china se dice que «los ojos son las puertas al corazón», y que «el corazón es la puerta al *shen*». En nuestro contexto, dicha frase podría traducirse por «el corazón es la puerta al Yo Superior». Mientras se aplican las palmas de las manos sobre los ojos, ¿ha podido sentir cómo el calor alcanzaba el corazón? Trate de amplificar esta transferencia de cálida energía que alimenta el corazón.

5.6 Parpadear o no

En hatha-yoga existe una técnica llamada *trataka*, en la cual se mira fijamente un objeto diminuto, tal como un punto en una pared o la llama de una vela. Los textos sánscritos indican que la práctica debería continuarse hasta que salten las lágrimas, y que entonces se curarán toda suerte de enfermedades de los ojos.[2] He oído comentar con frecuencia a maestros hindúes que durante la *trataka* las lágrimas liberan muchos «venenos» y energías negativas que se han acumulado en los ojos. Como médico he encontrado que esta técnica es muy útil para corregir determinados defectos de la vista, siempre y cuando se aplique a tiempo. Numerosas personas han podido prescindir de sus gafas graduadas con sólo hacer este ejercicio. Ha funcionado con personas que no hacía mucho tiempo que las llevaban, como máximo unos meses, y hasta uno o dos años.[3] En concreto, la *trataka* obra maravillas con los adolescentes.

Todo lo precedente es para explicar que, si se alcanza el estado en que los ojos bullen y las lágrimas corren por las mejillas, no hay que preocuparse, sino más bien regocijarse. De acuerdo con la antigua ciencia del hatha-yoga, esto liberará tensiones en los ojos y evitará diversas enfermedades. En todo caso, utilice el sentido común: aumente la duración gradualmente y no fuerce la práctica. No hay ningún mérito espiritual en el hecho de dañarse a uno mismo.

Comentarios

Como siempre que se trata de energías, hay días en que es fácil estar sin parpadear, sin esfuerzo y durante largos períodos de tiempo. En cambio, en otras ocasiones, es como si se tuviera una nube de humo tóxico delante de los ojos, y resulta imposible no parpadear cada dos segundos. La mejor perspectiva consiste en aceptar que la energía es cambiante y caprichosa por naturaleza, y continuar practicando sin dar demasiada importancia a estas fluctuaciones.

---

2. *Trataka* es descrita en textos sánscritos tales como el *Hatha-Yoga-Pradipika* (2.31-32) y el *Gheranda-Samhita* (1.54-55).
3. Para hacer *trataka*, siéntese en postura de meditación, con la espalda muy recta, a unos 90 cm de la vela. La llama debe estar a la altura de los ojos. Permanezca inmóvil y sin parpadear. Mire fijamente a la llama durante cinco a quince minutos como máximo, una o dos veces diarias (aumente gradualmente la duración). En esta práctica es fundamental parpadear tan poco como sea posible, y preferiblemente no parpadear en absoluto. Los resultados llegarán al cabo de uno a cuatro meses, y a veces incluso antes. Antes de experimentar debe consultar con un facultativo cualificado.

5.7 Algunas experiencias comunes al practicar contacto visual

• La imagen se distorsiona. Las líneas nítidas se transforman en borrosas.

No hay que resistir, deje que la imagen se distorsione cada vez más. Al principio, hay que dejar que se vaya la imagen física antes de que se puedan percibir las imágenes no físicas. En consecuencia, hay que dejar que la imagen física se distorsione y se haga borrosa. Hay que fluir con lo que nos llega, incluso aunque no tenga ningún sentido. Más adelante se podrá analizar la experiencia. Si se intenta pensar mientras ocurre, no ocurrirá.

En un estadio más avanzado será posible tener al mismo tiempo tanto la imagen física como la no física. Pero, al principio, hay que dejar que los contornos nítidos desaparezcan y permitir que la imagen se haga borrosa antes de poder ver halos y colores astrales.

• La persona frente a nosotros parece que esté mucho más alejada de lo que en realidad está.

Es un signo excelente. Indica que se está cambiando de la visión de la realidad física a la visión de los planos sutiles. Tan pronto como se alcance la percepción del mundo astral, las distancias tomarán un aspecto muy diferente. No es raro que parezca que la persona que se sienta enfrente esté muy lejos. Siempre que esto ocurra, indica que se está viendo más allá del plano físico.

• Se ven colores.

En los mundos astrales, la luz no procede de un sol ni de ninguna fuente externa, como por ejemplo una lámpara. Los objetos y los seres se ven debido a su propia luminosidad, derraman su propia luz. Parece como si estuvieran «hechos de colores», inmersos en una atmósfera de penumbra.

Sin embargo, siempre debería recordarse que los colores astrales son bastante diferentes de los físicos y, por lo tanto, es virtualmente imposible describirlos con precisión debido a la falta de referencias en nuestro entorno físico. Una diferencia importante es que los colores astrales con frecuencia parecen una mezcla de distintos matices. Pero los diferentes componentes de un color astral nunca se mezclan en absoluto, a diferencia de lo que puede observarse en el mundo físico. En el mundo físico, cuando dos colores se mezclan, ambos desaparecen y surge un tono intermedio. Por ejemplo, si se combinan azul y amarillo se obtiene el verde. El azul y el amarillo desaparecen y sólo queda el verde. En el plano astral la situación es bastante diferente: los colores parece que estén compuestos por miles de puntos diminutos y extremadamente brillantes. Por ejemplo, hay un «azul-amarillo-verde» en el que pueden apreciarse puntos brillantes azules, amarillos y verdes intrincadamente entretejidos. Los colores astrales raras veces son completamente uniformes; su gran variedad y asombrosa belleza está más allá de cualquier comparación con lo que pueda observarse en el mundo físico.

Debido a la dispar naturaleza de los colores astrales y físicos, no tiene mucho sentido intentar etiquetar un aura como «verde», «azul» o «amarilla». Por este motivo hay que ser cautos cuando, en determinados libros, se lee que el color verde en el aura indica una emoción en particular, el azul otra distinta, y así sucesivamente. Al simplificar en exceso se puede incurrir en afirmaciones sin ningún sentido.

- La habitación en la que se esté practicando parece que esté más oscura, cambia la calidad de los colores.

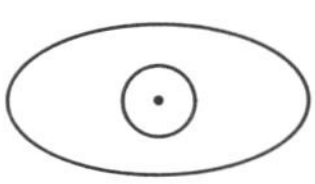

El trasfondo de los colores astrales es lo que los ocultistas han denominado «luz astral». Es el color básico que impregna el espacio astral, no siendo distinto de la luz púrpura que se ve cuando se medita en el ojo. Bien podría denominarse «penumbra astral», dado que aparece como una semioscuridad, definitivamente más apagada que la luz diurna del mundo físico, aunque de diferente naturaleza que la oscuridad de la noche. La oscuridad física es una ausencia de luz, mientras que la oscuridad astral reluce, de ahí la expresión «penumbra visible» que se emplea en la tradición masónica.

Cuando se practique el contacto visual y el espacio de la habitación de repente aparezca oscuro, incluso en el caso de que sea en pleno día, quiere decir que se está viendo la luz astral. Se está trasladando la percepción desde el mundo físico al espacio astral. Muy a menudo, estará acompañada por una percepción diferente de los colores, que aparecerán tal y como se indica en los párrafos precedentes.

El espacio astral no es ni único ni uniforme. A medida que se vaya avanzando en la meditación y en los viajes astrales, se aprenderá a saltar de un espacio astral a otro. Una de las referencias que permitirá encontrar el camino es la calidad de los colores y el matiz básico de la luz astral, los cuales varían en función del espacio en que se esté. En ciertas regiones del espacio el trasfondo de la luz astral es lechoso; en otros es oscuro, casi negro, o incluso verde azulado como bajo el océano. Aun antes de alcanzar la etapa de los viajes astrales, cuando se medite en el ojo se podrán observar dichas variaciones en el color del espacio.

El prodigio es que sea posible —cuando haya madurado el estado de visión— contemplar varios planos astrales a la vez. A determinado nivel durante el proceso de apertura, incluso se llegará a acompasar simultáneamente el mundo físico con la visión.

En esta explosión de colores, la magnificencia del universo llega a ser tal que fuerza la apertura del corazón. La belleza a veces alcanza el límite de lo que puede soportarse. La vida se convierte en una maravilla y en una gran diversión.

Al otro lado de los mundos astrales hay otro mundo, llamado *devachan* por los ocultistas occidentales y *svarga-loka*, o mundo de los dioses, en la tradición hindú. En este mundo, nuevamente se puede percibir una gama de luces completamente distinta. Éstos son a los colores astrales lo que el día es a la noche.

• Otra cara aparece en vez de la cara de la persona con quien se realiza la práctica:

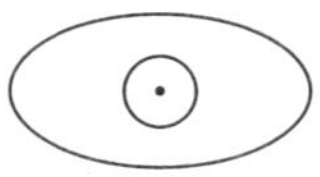

Ésta es una de las experiencias más comunes cuando se practican las técnicas de contacto visual: la cara de la persona sentada enfrente desaparece y en su lugar puede verse otra cara. Si se está practicando a solas, con un espejo, es la propia cara la que desaparece y es reemplazada por otra. Dichas caras corresponden, principalmente, a cuatro posibilidades: 1) guías espirituales; 2) vidas pasadas; 3) una subpersonalidad; 4) un ente.

1) Guías espirituales: para los propios guías espirituales es bastante común manifestarse de esta manera a la persona con la que se está practicando. Conforme se progrese, se adquirirá la capacidad de manifestar conscientemente a los propios guías sobre la propia energía; de una manera que será visible a otros incluso aunque su clarividencia sea mínima. El contacto visual es realmente una de las formas más simples y directas para lograr ver los guías espirituales.

(Una variación de esta experiencia a menudo ocurre mientras se escucha una charla dada por un maestro espiritual. Si uno se queda muy quieto, deja de parpadear y practica el método de visión mientras lo mira fijamente, a veces puede verse desaparecer su cara y ser reemplazada por la de su maestro o la de otro ser elevado que haya tras él.)

2) Cuando cambien las caras, otra posibilidad es que se esté viendo la imagen de uno mismo, o la del amigo con quien se practica, en una vida anterior.

3) La cara también puede ser una subpersonalidad propia o del compañero de práctica. Aunque esto no es muy diferente de lo que se ha tratado en el punto *2*), si se considera que las subpersonalidades han sido formadas por las circunstancias de vidas pasadas.

4) La cara también puede ser la de un ente, o sea, una presencia adherida a uno mismo. Un ente puede ser considerado como un parásito no físico. Del mismo modo que algunos parásitos físicos pueden pegarse a diversas partes del cuerpo físico, asimismo algunas energías o presencias no físicas pueden adherirse a la propia energía.

5.8 Qué hacer con las experiencias

Éste es un punto que puede evitar muchos problemas si se entiende en su totalidad: se recomienda encarecidamente que no se trate de analizar demasiado lo que se vea. Mientras se practiquen estos ejercicios vendrán diferentes visiones. Se ha de aceptar lo que vaya llegando, pues se precisará cierto tiempo antes de que pueda comprenderse lo que significa, puesto que poder interpretar con seguridad lo que significan las visiones conlleva unos elevados conocimientos esotéricos y experiencia interior.

Por ejemplo, cuando se vea otra cara durante el contacto visual, al principio será muy difícil saber si pertenece a la otra persona o a uno mismo. Aparte del hecho de que pueda confundirse un ente con un guía espiritual (lo cual es sumamente habitual en estos días), no hay que ignorar nunca la posibilidad de que lo que se esté viendo en la cara del amigo sea una proyección de uno mismo. Si se trata de analizar las cosas con excesiva rapidez, se correrá el riesgo de acabar equivocándose por completo.

En general, visiones y experiencias han de ser profundamente digeridas al nivel del alma, más que ser mentalmente evaluadas. Es mucho más sabio coger unos lápices y hacer unos dibujos de las visiones, por ejemplo, que preocuparse por las mismas. **Deje que las experiencias trabajen en usted mismo**, más que tratar de trabajar en lo que ellas significan. **Deje que las experiencias figuren en su propio ser**, en lugar de tratar de figurar lo que ellas significan.

Recuerde que el énfasis está en el hecho de ver, o estado de visión, y no en el contenido de las visiones. Cuando se practique de acuerdo con los principios expuestos en este libro, la visión supondrá un avance en las regiones de conciencia más elevadas. Esto creará brechas en nuestra fachada de rigidez mental y nutrirá el crecimiento de nuestro Ser Superior mediante sofisticados mecanismos de alquimia interior. A este respecto, el contenido de la visión es secundario.

Si se practica siguiendo estas directrices, poniendo más énfasis en el hecho de ver que en el contenido de las visiones, entonces no se construirán castillos en el plano astral, y el viaje espiritual será seguro. Definitivamente, será la luz pura del Espíritu lo que nos permitirá discriminar y movernos hacia la Verdad, incluso en las circunstancias más confusas.

5.9 Observando las sujeciones de la mente

Prepárese para el contacto visual (apartado 5.2). Recuerde que la distancia entre ambos practicantes ha de ser tal que la palma de la mano no pueda alcanzar la nariz del compañero.

Haga una reconexión (apartado 5.3) durante 2-3 minutos.

Practique el contacto visual tal como se expuso en el apartado 5.4:

1) Hágase consciente en la zona del entrecejo. Emplee el foco en el ojo para lograr estar absolutamente inmóvil y pestañear lo menos posible.

2) En vez de mirar algunos de los detalles de la imagen que hay frente a uno mismo, hágase consciente del hecho de ver, o del estado de visión (si el concepto de estado de visión aún no está claro, limítese a «sentir la imagen» en lugar de mirarla).

La tendencia natural es que se altere la imagen física. Los contornos se volverán borrosos, aparecerán nuevos colores y sucederá todo tipo de modificaciones de la imagen, tal como se ha descrito en el apartado 5.7.

A medida que se vaya practicando podrá observarse un mecanismo de gran interés. De vez en cuando, algo parece retraerse dentro de uno mismo. De repente se pierden los colores o caras (no físicos), los contornos se hacen nítidos otra vez y se está de nuevo en la imagen física. Es como si algo nos tirara hacia atrás, como si una parte de uno mismo no pudiera asimilar la expansión de la visión. En la fracción de un segundo se está otra vez en el modo usual de percepción de la realidad física. Los halos han desaparecido y los contornos se han vuelto a delinear de nuevo con claridad.

En este caso no hay que cerrar los ojos, sino relajarse y volver al ojo, comenzando el proceso otra vez. Construya el foco de quietud en el ojo, hágase consciente del hecho de ver... y lentamente pasará de nuevo al modo de visión «no mental»: la imagen se volverá borrosa otra vez y reaparecerán los halos y/o colores.

Otro hallazgo interesante es que, cuando se esté en el modo expandido de percepción (la imagen borrosa «no mental»), la visión se volverá periférica y abarca-rá por completo el campo frente a uno mismo. Se verá mucho más que lo que hay a cada lado de la imagen. Pero, tan pronto como sea llevado hacia atrás (a la imagen de contornos definidos) la visión se volverá de nuevo selectiva. La percepción se limitará a algunos detalles en el centro de la imagen y se perderá de vista lo que haya a los lados. Únicamente se estará en contacto con una fracción del campo.

En síntesis, esta práctica consiste en ir al interior del ojo y estarse muy quieto, sin parpadear y permitiendo que la imagen se haga borrosa. Entonces, hay que observar cómo «algo interno» se retrae de vez en cuando y nos proyecta hacia atrás, a la imagen de contornos definidos. Reláje-se, déjese trasladar de nuevo a la imagen borrosa, en la que podrán aparecer colores alterados... hasta que «algo interno» se contraiga otra vez; y entonces será como si se cayera: se pierde la percepción de forma abrupta. Trate de hacerse consciente al máximo de la naturaleza de dicho «algo» que provoca que se «caiga» del estado de percepción.

Continúe la práctica durante 5-10 minutos, o algo más.

Entonces cierre los ojos. Frótese las manos. Póngase las palmas de las manos sobre los ojos cerrados, como se ha indicado en el apartado 5.5.

5.10 La naturaleza de la mente es la sujeción

¿Cuál es la parte de uno mismo que se retrae cuando se realiza el ejercicio anterior (apartado 5.9)? Es el plano de la conciencia mental ordinaria, el cual se corresponde con el cuerpo astral del *Vocabulario Clairvision* (y del vocabulario de Steiner) y el *manas* de la tradición hindú. Es un plano que funciona mediante la reacción. Los maestros tibetanos emplean un vocablo muy adecuado para describirlo: sujeción. Obsérvese cómo suele operar la mente: le llega un pensamiento, por ejemplo acerca del frigorífico. De modo inmediato, la mente sujeta dicho pensamiento y lo encadena a otro; es como una reacción al pensamiento previo. Se piensa: «tengo que ir al supermercado para llenar el frigorífico». Y entonces ocurre otra sujeción, y se conecta otro pensamiento con el primero: «también tengo que pasar por el banco»..., y así sucesivamente. Se teje una cadena de pensamientos, la cual nos lleva lejos del pensamiento original.

Durante el contacto visual, la propia experiencia confirmará lo adecuado del término «sujeción» para describir esta pequeña aunque rápida reacción que nos hace perder la percepción de la imagen borrosa y nos proyecta hacia atrás en la imagen física nítida. Cuando esto ocurra, seguro que se siente una especie de pequeña contracción, no una contracción física, sino una sujeción de la mente.

La percepción sutil requiere dejarse llevar, y eso es exactamente lo que la conciencia mental ordinaria —la mente-*manas*— no puede asimilar. La mente **tiene** que sujetar, pues ésa es su verdadera naturaleza. La mente-*manas* nos sujeta hacia atrás, hacia la imagen física, del mismo modo que un músculo del cuerpo físico se tensa en una situación de estrés emocional.

Es fundamental que nos mantengamos observando cuidadosamente este proceso. Volvamos al foco en el tercer ojo y en el estado de visión, dejemos que la imagen se altere de nuevo... y, de repente, aparecerá otra sujeción de la mente, y desaparecerán todas las percepciones. Cuando un maestro como Sri Aurobindo dice que una mente silenciosa es prerrequisito para la experiencia yóguica más elevada, no está queriendo decir otra cosa que la erradicación de dichas sujeciones. Cuanto más se observen las sujeciones, más aparecerán como algo superpuesto a la propia percepción natural.

5.11 ¿Qué estado de percepción es el alterado?

Este punto se desarrollará ampliamante, dadas las enormes repercusiones que tiene en la forma en que vemos el mundo.

Cuando las personas comienzan a trabajar sobre sí mismas, generalmente tienen una concepción previa implícita: consideran que el mundo, la forma en que lo ven cada día a través de su mente, es el mundo «real», e infieren que las auras y los seres espirituales pueden superponerse sobre su visión de la realidad física mediante algún tipo de percepción adicional.

Ahora bien, el ejercicio anterior (apartado 5.9) demuestra exactamente lo contrario. La imagen mental de contornos nítidos es la que aparece como una realidad construida artificialmente. Tan pronto como se abandonen las sujeciones de la mente, la imagen explotará en una fluida multitud de colores astrales. No es cuando se ven auras, seres espirituales... cuando algo se ha añadido, sino cuando se ve a través de la mente. La mente se contrae y añade una fachada de contornos rígidos sobre la realidad fluida. Cuanto más se adentre en el funcionamiento de la mente, más se notará que es una especie de restricción. Al liberar la restricción desaparecerá la nítida realidad física: los mundos no físicos se abren ante uno.

Por supuesto, es un proceso gradual que no sucede de la noche al día. La mente es tenaz, y no va a permitir que se consiga con rapidez. No obstante, a medida que se haga el trabajo se irá desarrollando lentamente una nueva percepción. De vez en cuando, uno se encuentra a sí mismo solamente «siendo». Es un estado de conciencia muy sencillo e inocente, y será permaneciendo en dicha simplicidad como se percibirán auras y otros mundos.

La mayor parte del tiempo estamos inmersos en el funcionamiento normal de la mente; pero, a medida que se avance, la mente se verá cada vez más como una corteza por encima del propio ser. Se hará evidente que la mente es algo añadido, superpuesto, que sólo puede operar sujetando y apegándose. Por consiguiente, se comienza espontáneamente a considerar dichas imágenes nítidas como una construcción artificial de la mente, y el nivel fluido de luces y colores como la realidad que está detrás.

Se empieza a estar cada vez más interesado en ver el mundo tal como es, y no del modo en que lo inventa la mente.

Una de las razones por las que insisto sobre este punto es porque no es una teoría filosófica, sino algo que puede observarse fácilmente en uno mismo por medio de la práctica. Conforme se continúe trabajando con el ejercicio del apartado 5.9, las sujeciones de la mente se harán cada vez más obvias.

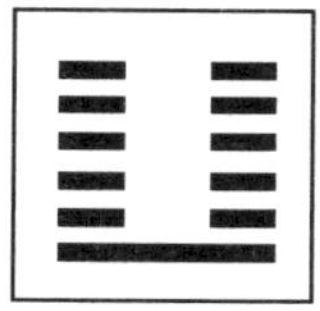

Llegamos aquí a una de las características esenciales de la perspectiva de Clairvision. Nuestro objetivo no es añadir unos cuantos trucos al plano mental ordinario para así poder alcanzar la clarividencia. Nuestro propósito es emplear la percepción para alcanzar una condición pura de conciencia más allá de falsas apariencias, liberada de las sujeciones de la mente-*manas*. Todo el proceso apunta al abandono de las construcciones mentales y la vuelta —como en el vigesimocuarto hexagrama del *I Ching*— al estado incorrupto.

5.12 Clímax atlante

Cierre los ojos y comience la reconexión (apartado 5.3): fricción en la garganta y conciencia de la vibración en el ojo. Entonces permanezca consciente del espacio oscuro o púrpura durante unos 2 minutos.

Abra los ojos y lleve a cabo el doble proceso de visión descrito en el apartado 5.4:

1) Hágase consciente en el entrecejo, con inmovilidad total.

2) Simultáneamente, en lugar de mirar hacia ninguno de los detalles de la imagen de enfrente, hágase consciente del hecho de ver, o estado de visión (o, más sencillamente, sienta la imagen en vez de mirarla).

Para esta práctica en concreto es fundamental que se parpadee lo mínimo posible, y preferiblemente nada en absoluto. Hay que construir una fuerte presión en el entrecejo, y alcanzar un clímax de quietud. Ambos se llevan bien: cuanto más enfocado se esté en el ojo, más inmóvil se permanecerá. Y cuanto más se permita que la energía se densifique (o «cristalice») mediante la inmovilidad, más se podrá fortalecer la vibración en el ojo.

Hágase cada vez más inmóvil. Fortalezca la presión en el entrecejo hasta que el cuerpo se sienta tan sólido como una estatua —una estatua de vibración—. Lentamente, el estado se convierte en una inmovilidad conectada que brinda la sensación de una gran acumulación de poder, como si el ojo estuviera recibiendo la fuerza de una columna de energía que descendiera directamente sobre el mismo.[4] Cuanto más pueda cesarse el movimiento de cada simple célula del cuerpo, más podrá el ojo recibir la fuerza, y más densa e intensa se volverá la vibración.

Continúe fortaleciendo la vibración durante varios minutos. Explore el clímax, el máximo poder que pueda recibirse en el ojo mediante la quietud absoluta. Deje que el poder brille por todo el cuerpo.

Entonces cierre los ojos. Frótese las manos. Coloque las palmas de las manos sobre los ojos cerrados, tal como se indicó en el apartado 5.5.

Comentarios

Durante los últimos períodos de la Atlántida, mediante prácticas bastante similares a la descrita era posible lograr una gran maestría sobre las fuerzas de la naturaleza. Ahora la rueda ha girado y los métodos de antaño ya no dan los mismos resultados. Varias leyes de la naturaleza operan de modo completamente distinto, y no sería posible alcanzar dicha maestría empleando tales técnicas. Hay que seguir nuevos caminos de iniciación.

Cuando se practica con la intensidad requerida, este ejercicio fortalece un estado de conciencia con dos características principales: la primera es una extraordinaria sensación de poder; la segunda es una obvia falta de compasión. Este estado está ausente de cualquier sentimiento de empatía hacia la persona que se sienta enfrente. Estos dos aspectos resumen bastante bien la situación en la Atlántida, así como algunas de las razones de su desaparición.

Esta práctica no debe realizarse con regularidad. Sólo se ha expuesto aquí a fin de facilitar que se vislumbren estados de conciencia remotos. Es especialmente interesante practicar la próxima técnica (apartado 5.13) para así comparar la diferente vibración y atmósfera que aporta el sentimiento de corazón.

4. Esta es la «columna del Espíritu», una estructura fundamental que se introducirá en una etapa más avanzada de las técnicas Clairvision de alquimia interior.

5.13 Contacto visual, técnica completa: el triple proceso de visión, incluyendo la visión del corazón

Siéntese con la espalda recta frente a un amigo, o un espejo. Cierre los ojos y haga una breve reconexión de la forma descrita en el apartado 5.3: fortalezca la vibración en el ojo respirando con fricción en la garganta. Luego hágase consciente del espacio oscuro o púrpura. Permanezca en el espacio durante 1-2 minutos.

Abra los ojos y reanude el proceso de visión descrito en el apartado 5.4:

1) Permanezca enfocado en el entrecejo, y muy quieto. Parpadee lo mínimo posible. Deje que la energía «cristalice» mediante la quietud.

2) En vez de mirar ningún detalle de la imagen, hágase consciente del hecho de ver, del estado de visión. Si todavía no puede percibirse el estado de visión, limítese a **sentir la imagen** en lugar de mirarla (la imagen de toda la escena frente a uno, y no sólo la imagen del amigo). Siéntala de un modo «táctil», notando la presión de la luz (no física) en el ojo.

Ahora añadiremos un tercer componente para que se ejecute simultáneamente con *1*) y *2*):

3) Hágase consciente del centro del corazón, en el centro del pecho. Trate de sentir a la otra persona (o a sí mismo, en caso de mirarse en el espejo) desde el corazón. No hay que prestar atención alguna a la imagen, incluso aunque los ojos estén abiertos. Únicamente hay que enfocarse en el ojo y sentir al amigo desde el corazón.

El foco es ahora doble, en el ojo y en el corazón, pero no está partido. Más bien es como anclar el ojo en el corazón. No se está mirando desde el ojo y el corazón a la vez, sino que **se está viendo desde el corazón mediante el ojo.**

Comentarios

Éste es nuestro triple proceso de visión: el ojo, el estado de visión y el corazón. Puede jugarse con estos tres elementos, poniendo más énfasis en uno que en otros en función del flujo de energía del momento.

¿Cuál es la localización exacta del centro del corazón? Cuando se desee localizar un chakra, es preferible no querer ser demasiado preciso.

Un chakra no es un punto, sino una zona, un área de vibración. Así, podría decirse que el núcleo del área del chakra del corazón está aproximadamente en el centro del esternón (alrededor del punto de acupuntura concepción 17) y también detrás del mismo, en el interior del pecho. Pero no hay que buscarlo demasiado, más bien, hay que hacerse consciente en dicha área y dejar que la sensación surja por sí misma. Mientras se permanezca en el centro del pecho y no nos extraviemos en el plexo solar, todo irá bien.

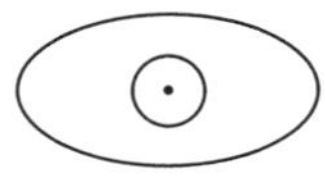

Esta perspectiva introduce un modo de percepción que es bastante distinto de la forma en que usualmente opera la mente. Por lo común, la mente trata de conocer el mundo mediante la sujeción de detalles de las imágenes que pasan frente a nosotros, y extrae conclusiones de las mismas. En este caso, en cambio, la percepción se basa en el sentimiento de corazón, con independiencia de cualquiera de las características de la imagen. Se sintoniza con la persona que está enfrente y se establece una conexión desde el corazón a un nivel completamente distinto del de la mente. Se ve a la otra persona más allá de su imagen.

Esta técnica muestra un claro contraste con la precedente («clímax atlante»), ya que introduce una suavidad previamente ausente. En términos de la historia oculta de nuestro planeta, la aparición de esta empatía de corazón que estaba tan dolorosamente ausente en nuestros ancestros atlantes, está íntimamente relacionada con la manifestación de la Conciencia de Cristo.

Capítulo 6

CIRCULACIONES ENERGÉTICAS (y 2)

6.1 El trabajo en el cuerpo etérico

Antes de reanudar los ejercicios en los canales del cuerpo etérico, examinaremos algunos de los objetivos a que apunta esta parte del trabajo. Seguramente se habrá notado —y no es sorprendente— que una fuerte conciencia en el tercer ojo tiende a reforzar la vibración a lo largo de los canales de energía. Cuanto más se está en el ojo, más se siente la vibración en los meridianos, lo cual es lógico, dado que el ojo es el principal conmutador del cuerpo de energía. Al operar el conmutador se activan circulaciones de la vibración por todo el cuerpo.

¡Pero lo contrario también es cierto! Cuando se despierte una fuerte vibración en los meridianos podrá sentirse mejor la vibración en el ojo. Con frecuencia, con sólo frotar las manos y estimular la energía del «picor» en las mismas puede sentirse un estímulo inmediato en el ojo, el cual aparece más tangible, más denso, más «cristalizado» y más activo.

Se oculta un mecanismo profundo tras este simple hallazgo. El etérico no es un manojo de trozos disociados entre sí, sino un plano coherente, con unidad. Todas sus partes están mucho más directamente interconectadas que las del cuerpo físico, pues, a causa de la naturaleza fluida del cuerpo etérico, cualquier onda vibracional en una de sus partes resuena por todo él. Por consiguiente, cuando se agitan o frotan las manos y se despierta una fuerte vibración en las mismas, se estimula el plano etérico en su totalidad y, por lo tanto, lo mismo ocurre con la parte etérica del tercer ojo. Una de las consecuencias será la estimulación de la clarividencia.

El tercer ojo está compuesto por distintas partes, una de las cuales pertenece al plano astral, otra al plano etérico. Únicamente cuando todas las partes han sido construidas por completo y se comunican entre sí, la clarividencia llega a ser fiable. Imagínese una tubería de un metro de longitud: si sólo un milímetro está obturado, ni agua ni aire podrán recorrerlo; ni siquiera se podría ver a través de dicha tubería.

Por este motivo, para desarrollar la visión de los mundos no físicos vale la pena dedicarse a este trabajo de desarrollo del cuerpo etérico. Mientras se efectúan las prácticas de «visión» (capítulos 5 y 7) es aconsejable hacer algunas circulaciones energéticas al principio y durante dichas sesiones.

Más adelante, en el proceso de construcción del cuerpo de inmortalidad, las circulaciones energéticas se retomarán en una modalidad más elevada. Entonces el propósito será infundir la conciencia del Ser Superior en el estrato etérico, en busca del Elixir de Vida o cuerpo etérico transubstanciado, una de las piedras angulares del cuerpo de gloria. La presente fase de las circulaciones energéticas, aun siendo humilde, tiene el valor de preparar la llegada a dichas cumbres espirituales, al iniciar una conexión entre el etérico y el ser consciente.

6.2 *Zu shao yang*, meridiano de la vesícula biliar

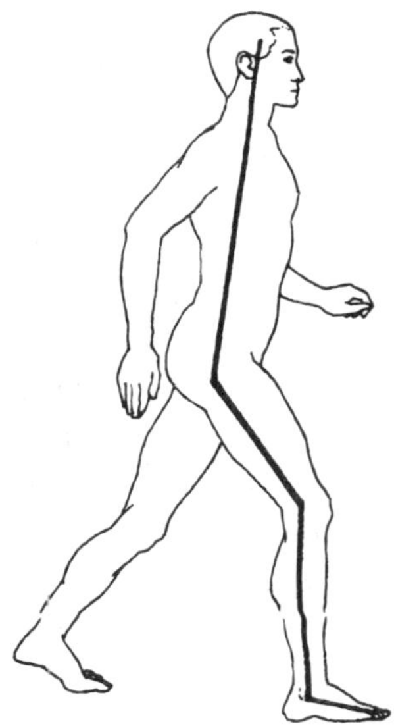

Para las circulaciones energéticas en este meridiano frótese una línea desde el lado externo del pie hasta dicho lado de la cabeza, pasando por el lado de la pierna, muslo, cadera, caja torácica, pecho (junto al brazo) y cuello, tal como se muestra en la figura. Al igual que en los meridianos mencionados con anterioridad, éste es bilateral, es decir, tiene su equivalente exacto en el otro lado del cuerpo.

Una vez se haya explorado por uno mismo, véanse las notas del apéndice 1 para más detalles acerca del recorrido y conexiones de este meridiano.

6.3 La técnica completa de circulaciones energéticas en un meridiano

Siéntese en postura de meditación con la espalda recta. Si se está sentado en una silla, no hay que reclinarse sobre el respaldo.

Mantenga los ojos cerrados durante la práctica.

Frote las manos entre sí durante unos cuantos segundos y permanezca inmóvil, con las palmas de las manos hacia arriba, y hágase consciente de la vibración en las manos y en el ojo. Respire con la fricción en la garganta para amplificar la vibración y para conectar las palmas de las manos con el ojo.

Haga que la mano esté recta y firme. Comience a frotar a lo largo de la línea del meridiano con el puente de la palma de la mano (véase la figura de la página 68).

Permanezca absolutamente inmóvil y hágase consciente de la vibración en la línea que se acaba de frotar. Conecte la vibración en la línea con la vibración en el ojo. Emplee la fricción en la garganta para intensificar la vibración y la conexión.

A continuación, trate de hacerse consciente del flujo natural de la vibración a lo largo de la línea. Una vez más, conecte este flujo con el tercer ojo y amplifíquelo con la fricción.

Trate de ubicar el camino de este meridiano más allá del área que se ha frotado. Sienta el flujo de energía en la mano (o en el pie). Entonces, siéntalo en el tronco, en el cuello y en la cabeza.

Trate de aumentar el flujo mediante la contracción de las «manitas» de energía a lo largo de toda la línea (apartado 4.10). Cuanto más progrese en las circulaciones energéticas, más se convertirá esta fase en la fundamental. Repita la secuencia completa en el mismo meridiano del lado opuesto del cuerpo.

A medida que nos familiaricemos con el proceso, también se podrá optar por frotar ambos meridianos con rapidez, uno detrás del otro, y entonces hacernos conscientes de la vibración y llevar a cabo la secuencia completa en ambos lados a la vez.

Comentarios

Lograr mover conscientemente la vibración mediante la contracción de las «manitas» de energía, requiere un trabajo paciente. Hay que perseverar, perseverar, perseverar... hasta que la sensación se haga cada vez más clara y tangible. Hay que practicar diariamente, contrayendo los «músculos etéricos» alrededor de la línea, poniendo la energía en movimiento, y entonces dichos «músculos» se irán fortaleciendo.

En las circulaciones energéticas, primero se realiza una acción, como frotar un meridiano. A ello sigue un efecto posterior: una fase de «quietud conectada». Precisamente durante esta fase ocurre lo más importante: el movimiento de energía, la onda. Frotar, o cualquier otro movimiento, es como tirar la red; y permitir el movimiento de energía durante la etapa de inmovilidad, equivale a coger el pez.

Ahora bien, en la fase de inmovilidad el arte consiste en permitir que la energía se ponga en movimiento. No se está haciendo nada; pero aun así, ¡no basta con no hacer nada para que surja la onda de energía! Se ha de desarrollar una habilidad yin, como un magnetismo pasivo que **permite** que aparezca el movimiento de energía. No puede hacerse, hay que dejar que suceda; pero si no se hace nada, tampoco ocurrirá nada.

En el taoísmo se da el ejemplo de la mujer que seduce a un hombre. Ella no hace nada; solamente «es». Y el hombre es atraído a ella. Pero, por otra parte, si la mujer no hace nada, queriendo decir con ello que no extrae su poder yin, ¡pues no sucede nada! El hombre no sería atraído. Exactamente lo mismo se aplica a la capacidad de crear ondas en el cuerpo de energía. Puede **hacerse**, pero aun así, hay que dejar que suceda. Sugiero que se descanse en este principio y que se explore durante las prácticas, pues conduce a vastas realizaciones.

En sánscrito, uno de los nombres para la energía es *shakti*. Se describe como un principio altamente femenino. Si se practican los ejercicios como si se estuviera diseccionando una rata en un laboratorio, si se está demasiado serio y frío, la Fuerza o *shakti* nos encontrará aburridos y no se mostrará. Hay que aproximarse a la energía como si nos acercáramos a un amante, hay que ser cálido y juguetón, y entonces la Fuerza danzará con nosotros. Hay que entregarse a fondo en los ejercicios, ya que ella se aburre con los amantes tibios. Sólo se da a quienes se le entregan.

6.4 Variación sin frotamiento

En vez de frotar los meridianos con las palmas de las manos, también es posible emplear las puntas de los cinco dedos, sin establecer apenas contacto físico con la piel.

Una las puntas de los cinco dedos y frótelas con mucha suavidad contra la palma de la otra mano, para estimular la vibración en su interior.

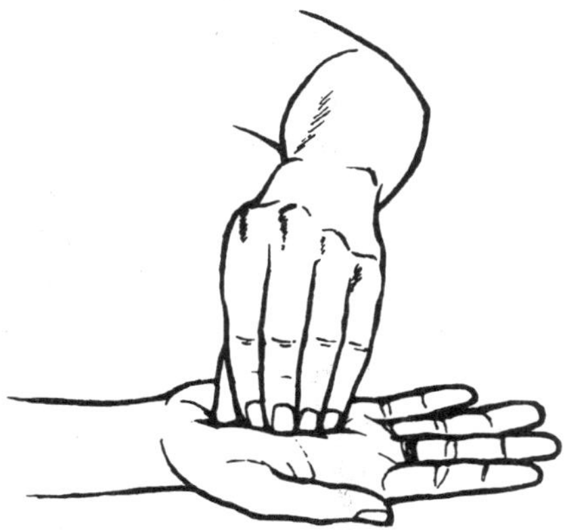

A continuación, en lugar de frotar el meridiano, mueva las puntas unidas de los dedos a lo largo del mismo. Emplee un tacto suave, apenas en contacto con la piel, o incluso un milímetro por encima de la misma. Hay que poner todo el ser en este tacto conectado.

A medida que se desarrolle la sensibilidad, también puede usarse sólo uno de los dedos para estimular energéticamente la línea. Un hallazgo interesante es que quizá cada dedo despierte cualidades distintas de energía en los meridianos.

6.5 Práctica: el sonido de la vibración

Realice las circulaciones energéticas, tal como se ha descrito en el apartado 6.3, en un meridiano cualquiera.

A continuación, en la fase de inmovilidad que sigue al frotamiento, mientras se conecta con la vibración a lo largo de la línea, trate de percibir el sonido (no físico) de la vibración.

No hay que escuchar con los oídos, sino con el ojo, ¡en el entrecejo! Hay algo que llega con la vibración, como si fuera un zumbido o el sonido de una línea de alta tensión.

Recuerde nuestra principal clave para alcanzar la clarividencia: **sentir la luz en lugar de intentar verla**. Con frecuencia, la visión surge cuando se deja de tratar de ver. Del mismo modo, no hay que intentar oír el zumbido, sino tratar de sentirlo.

Hay que estar muy inmóvil en el ojo. Como de costumbre, no hay que concentrarse. Si se insiste demasiado, no ocurrirá nada. Hay que cultivar una actitud abierta y receptiva.

Comentarios

Siempre que haya una vibración, habrá un sonido. El sonido vendría a ser el aspecto más elevado de la vibración, en realidad, sería más exacto decir que la vibración es la manifestación más baja del sonido. Verdaderamente, los sonidos llegan primero y entonces se densifican en vibraciones. Conforme se desarrolle esta percepción, el universo completo podrá sentirse como una vasta melodía, materializándose a sí misma mediante la densificación de los sonidos en vibraciones cada vez más densas. Esto conducirá a una lectura diferente de los primeros versículos del evangelio de Juan: «Al principio era el Verbo; y el Verbo estaba con Dios; y el Verbo era Dios... Todas las cosas fueron creadas por Él».

6.6 *Zu tai yang,* meridiano de la vejiga urinaria

Frote desde la parte de atrás del talón hasta la parte trasera de la cabeza, pasando por la parte trasera de la pantorrilla, muslo, glúteo, y a lo largo del lado correspondiente de la espina dorsal y del cuello (véase la figura de la página siguiente). Después de explorar por completo este recorrido de energía, puede examinarse el apéndice 1 para más detalles.

Más que nunca, el nombre «vejiga urinaria» que se da a este meridiano es una trampa. Las funciones del *zu tai yang* son amplias y múltiples, y ciertamente no limitadas a la vejiga urinaria. En particular, a lo largo de las áreas lumbar y torácica de la espina dorsal de este meridiano se hallan varios puntos extraordinarios de acupuntura, los cuales gobiernan algunas funciones espirituales muy elevadas. Cuando se sea más experto en las circulaciones energéticas, será posible entrar en dichos puntos y explorar sus funciones desde dentro y no meramente a través de los libros.

• *Práctica 6.6*

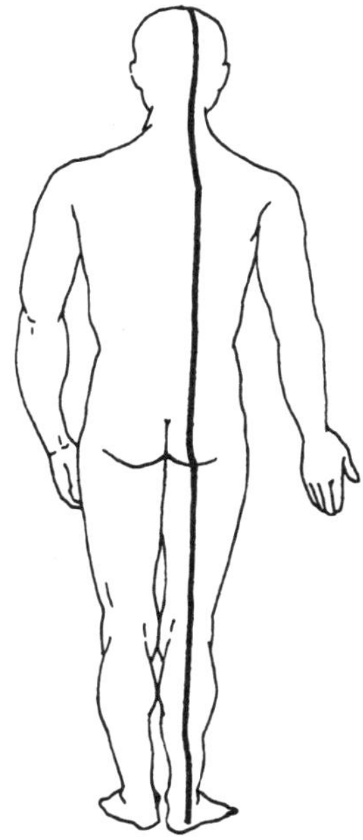

Repita la secuencia completa del apartado 6.3, aunque esta vez en el meridiano de la vejiga urinaria.

• Este meridiano está ubicado a un lado de la espina dorsal, y no en la propia espina dorsal. **No hay que frotar la espina dorsal.** Frotar es una forma preliminar y grosera de mover la vibración. La energía de la espina dorsal es extremadamente sutil y puede ser perturbada con facilidad por la manipulación. Siempre es preferible activar la vibración en la espina dorsal desde el interior, más que con masaje o contacto físico.

Cuanto más abiertos y receptivos nos hagamos, más recomendable será evitar que la espina dorsal sea manipulada con excesiva ligereza por facultativos de cualquier tipo. Si ha de efectuarse alguna manipulación terapéutica, como por ejemplo la osteopatía, recomiendo que se elija a alguien que realmente sepa lo que hace, no sólo en el ámbito de su disciplina en particular, sino también en el campo de las energías.

6.7 Intermezzo: el cosmos en sus manos

Práctica: posición para modificar la energía de las palmas de las manos

Siéntese con la espalda recta. Mantenga los ojos cerrados durante todo el ejercicio.

• *Fase 1*

Colgar / descansar

Frote las manos entre sí durante 10-20 segundos. Entonces, quédese inmóvil con las palmas hacia arriba.

No descanse las manos en las rodillas, manténgalas suspendidas en el aire con las palmas boca arriba.

Hágase consciente de la vibración en las manos y en el ojo. Respire con la fricción en la garganta y conéctela con las palmas y con el ojo para intensificar la vibración.

Entonces, mantenga la misma conciencia y fricción, pero descansando las manos sobre las rodillas con las palmas todavía mirando hacia arriba.

Sienta la vibración de las manos y compárela con la de la posición anterior, cuando las manos estaban en el aire. Permanezca medio minuto con las palmas sobre las rodillas.

Después, suba nuevamente las manos, volviendo a la posición inicial. Compare la diferente vibración en las palmas de las manos.

Vaya alternando de una a otra posición, comparando cada vez la calidad de la energía.

• *Fase 2*

Palmas hacia arriba, palmas hacia abajo

Siéntese con la espalda recta, las palmas hacia arriba. No descanse las manos sobre las rodillas. Emplee medio minuto fortaleciendo la vibración en las palmas y su conexión con el ojo, mientras respira con la fricción en la garganta.

A continuación, vuelva las palmas hacia abajo. Las palmas todavía estarán suspendidas en el aire y aún se estará respirando con la fricción en la garganta; pero ahora las palmas mirarán hacia el suelo.

Sienta la calidad de la vibración en las manos y en todo el cuerpo.

Vuelva a la posición inicial, con las palmas boca arriba. Sienta la calidad de la energía en las manos y compare con la posición anterior.

Observe la sensación general en el interior de sí mismo, y vea si puede percibir alguna diferencia con lo que sentía en la posición precedente.

Vaya intercambiando una y otra posición, sintiendo y explorando las sensaciones.

Comentarios

Cuanto más sintonice con la percepción de la energía, más nítida se volverá, no sólo la calidad de la vibración en las palmas de las manos, sino también la energía por todo el cuerpo, la cual variará de una a otra posición. El «sabor interior», la atmósfera de conciencia, cambiará por completo. Al principio, tales variaciones podrán parecer sutiles; pero a medida que progrese se harán cada vez más tangibles e inequívocas.

Esto nos conduce a una ciencia dirigida a la inducción de estados de conciencia determinados mediante la sintonización con las diferentes posiciones de las manos y, de modo más general, del cuerpo. Los rituales de todas las tradiciones que se encuentran en el planeta han incorporado elementos de dicha ciencia sagrada. Por ejemplo, dichos «gestos de energía» se denominan *mudra* en sánscrito.

Como puede apreciarse por uno mismo mientras se realizan dichos ejercicios, los gestos de energía sólo cosechan sus efectos reales si la percepción está abierta y receptiva.

A continuación exploraremos dos de estos gestos tan tradicionales.

6.8 Práctica: gestos de energía

Siéntese con la espalda recta. Frótese las manos durante algunos segundos y entonces quédese inmóvil, con las palmas de las manos hacia arriba.

Hágase consciente en el ojo, hágase consciente en las manos.

Respire con la fricción en la garganta.

Hágase consciente de la vibración en las manos y de la vibración en el ojo.

Sienta la calidad general, el «sabor» de su propia energía.

• *Fase 1*

Junte las manos en postura de oración. Hágase consciente de la vibración en las manos y en todo el cuerpo. Permanezca medio minuto en esta posición.

Vuelva a la posición original, con las palmas hacia arriba.

Alterne de una a otra postura y compare la energía. Observe qué disposición de conciencia aparece cuando las manos están juntas.

• *Fase 2*

Jnana-mudra

Vuelva a la posición con las palmas de las manos hacia arriba, pero sin descansarlas en las rodillas. Respire con la fricción en la garganta, amplificando la vibración, y conecte las manos y el ojo. Pase un minuto reenfocando.

A continuación, doble los dedos índices y únalos con los pulgares, en la posición llamada *Jnana-mudra*, tal como se muestra en la figura. Emplee la fricción en la garganta para amplificar la acción del gesto. Continúe sintiendo las variaciones de energía dentro de sí mismo durante 1-2 minutos.

Jnana-mudra.

Seguidamente, reanude la posición con las palmas hacia arriba. Pase medio minuto amplificando la vibración con la fricción en la garganta; sienta la calidad de la energía.

Entonces, haga *Jnana-mudra* de nuevo. Continúe alternando las posiciones, explorando los cambios en el interior de sí mismo.

¿Cómo varía la energía?

¿Cómo varía la conciencia?

• *Fase 3*

La acción de Jnana-mudra en los pulmones

Mantenga el mismo gesto de energía, *Jnana-mudra*, tal como se ha descrito en la fase 2. Los ojos deben estar siempre cerrados. En esta ocasión hay que hacerse consciente de la vibración en los pulmones al mismo tiempo. Vaya alternando de una a otra posición e intente sentir cómo varía la vibración en el interior del pecho.

A continuación, pruebe con *Jnana-mudra* (dedos índice y pulgar unidos) solamente en la mano derecha, permaneciendo plana la otra mano. Hágase consciente en el ojo; hágase consciente en el pecho. Continúe durante medio minuto y compare la energía en cada uno de los pulmones.

Entonces alterne, haciendo *Jnana-mudra* (dedos índice y pulgar unidos) solamente en la mano izquierda, permaneciendo plana la mano derecha. Hágase consciente de la vibración en el ojo y a cada lado del pecho. Compare con la posición precedente.

Siga variando de una a otra posición durante algunos minutos, explorando las variaciones de la energía en todo el cuerpo y, en particular, en los pulmones.

Comentarios

Con frecuencia el gesto de «oración» de la fase 1 nos aporta la sensación de que la energía es más concentrada, más vertical, como una columna.

He observado en muchas personas que el *Jnana-mudra* (literalmente, «gesto del conocimiento») parece tener una acción directa en la energía de los pulmones, lo cual encaja bastante bien con el hecho de que, en acupuntura, del meridiano del pulmón se dice que termina en el dedo pulgar. Los estudiantes a menudo describen la vibración en sus pulmones como más intensa o densa, reforzada, más cerrada, etc. cuando se ejecuta dicho gesto.

Ahora propondré un enigma: algunas personas parecen encontrar más fácil respirar cuando hacen *Jnana-mudra*. A otras, en cambio, parece dificultársela. ¿Cómo se explica esto? La respuesta la veremos en el apartado 6.13, al final de este capítulo.

6.9 Práctica: la energía entre las manos

Siéntese con la espalda recta, con las manos paralelas y frente a sí mismo. En ningún momento, durante el presente ejercicio, se tocará una mano con otra; siempre habrá espacio entre las mismas.

Hágase consciente de la vibración en el ojo y en las manos. Respire con la fricción en la garganta para amplificar la vibración y conecte las manos al ojo.

A continuación, hágase consciente de la vibración en el espacio entre las manos.

Comience a mover lentamente la mano derecha hacia la mano izquierda, como si la mano derecha empujara a la izquierda a través de la vibración. La mano izquierda se moverá hacia la izquierda, suavemente repelida por la presión de la vibración procedente de la mano derecha. Continúe moviendo ambas manos hacia la izquierda muy despacio.

Seguidamente, cambie la dirección. La mano izquierda se empezará a mover hacia la derecha, repeliendo a la mano derecha mediante la vibración. Siga respirando con la fricción en la garganta para intensificar la vibración entre las manos.

Después de mover muy despacio las dos manos hacia la derecha durante alrededor de un minuto, cambie de dirección nuevamente. Comience a empujar hacia la izquierda, repeliendo a la mano izquierda con la vibración procedente de la mano derecha.

Repita la práctica en dirección vertical, con la mano derecha encima y la izquierda debajo. Mueva las manos muy despacio, arriba y abajo, repeliendo la una con la otra, siguiendo el método que se acaba de describir. Mantenga la fricción en la garganta. Observe el campo de vibración entre las manos.

A continuación, extienda este ejercicio a diversas direcciones del espacio.

6.10 Práctica: antenas cósmicas

Siéntese con la espalda recta y las manos encaradas como en el último ejercicio. Seguidamente, vuelva las manos hacia arriba. Sienta la diferencia de la vibración en las manos y en el ojo según pasa de una a otra posición.

A continuación, coloque manos y brazos en distintas posiciones en el espacio, las que mejor le parezcan, pero moviéndose despacio y conscientemente. Será como un «movimiento inmóvil» lo que nos transportará de una a otra posición.

En cada posición se generará una «frecuencia» de vibración diferente en el interior de sí mismo. El campo de conciencia cambiará de «aroma» en función de la orientación de las manos. Continúe jugando con las manos durante algunos minutos, explorando el hecho de que posiciones distintas originan estados internos diferentes.

Seguidamente, levántese y comience a mover todo el cuerpo, lentamente, yendo de una posición inmóvil a otra.

Comentarios

Esta práctica introduce una perspectiva del movimiento completamente distinta. Cada posición es ahora percibida en su relación con el cosmos. No se mueve el cuerpo solamente para realizar acciones concretas, sino para sintonizar con diferentes frecuencias de energía y de conciencia. El cuerpo se convierte en una antena cósmica. Una vez se penetra en este estado de percepción, se es consciente de la propia riqueza y vastedad. ¿Puede imaginarse cuán mágico es danzar de acuerdo con estos principios?

Esta práctica es excelente para trabajar con el sonido interno. Si se está sintonizando con el sonido (no físico) de la vibración, se percibirán claras variaciones en el sonido conforme se cambie de posición. Sintonícese con el sonido de la vibración en el centro de la cabeza, detrás del punto en el entrecejo. A medida que dance se revelará una melodía real: la armonía de las esferas.

6.11 Práctica de la caja torácica

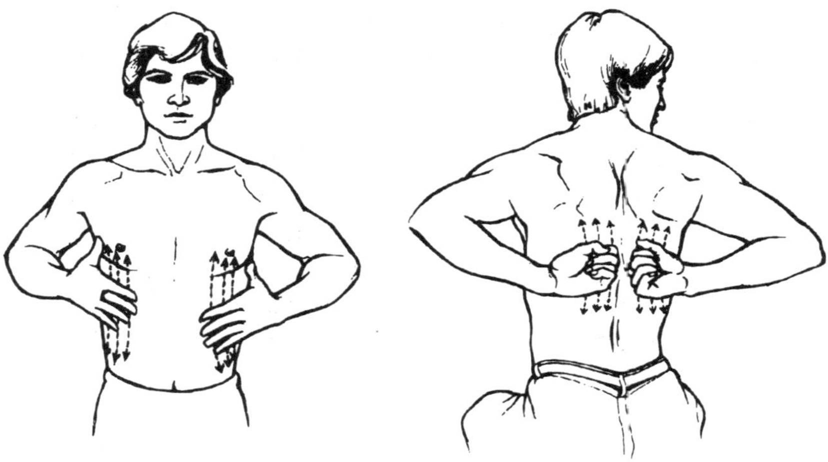

Reanudaremos las circulaciones energéticas con un ejercicio vigorizante.

Siéntese con la espalda recta.

Hágase consciente de la vibración en el ojo. Respire con la fricción en la garganta. Seguidamente, realice un frotamiento vigoroso de la caja torácica con las palmas de las manos. Frote verticalmente toda la caja torácica durante medio minuto. A continuación, use los puños para estimular la parte trasera de la caja torácica, a los lados de la espina dorsal; pero, recuerde, no hay que frotar la propia espina dorsal.

Permanezca entonces inmóvil y permita el movimiento de la energía.

Este ejercicio da buenos resultados para disipar la ansiedad, la cual siempre tiende a acumularse alrededor del plexo solar. También ayuda a ganar más control consciente del diafragma. Asimismo, es bastante eficaz para ayudar a despertar por la mañana, o en cualquier otro momento.

6.12 *Zu yang ming*, meridiano del estómago

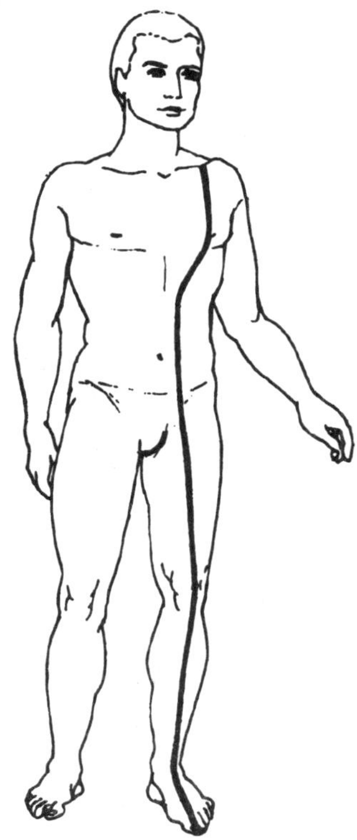

Para trabajar en este meridiano, frote el dorso del pie y, a continuación, la parte frontal del tobillo, la pierna, rodilla, muslo, parte interna de la ingle, y desde allí en línea recta hasta el pezón.

Repita la práctica completa de las circulaciones energéticas (apartado 6.3) en este meridiano.

Hasta este momento hemos experimentado seis meridianos: los tres yin de la mano y los tres yang del pie. Para desarrollar la percepción de la vibración y reforzar el estrato etérico, se sugiere que se sigan practicando las circulaciones energéticas en estos seis meridianos todos los días durante varios meses. Como se ha explicado al principio de este capítulo, con estos ejercicios no es tanto un efecto local lo que se pretende, sino más bien un despertar general del plano etérico, el cual fomentará la apertura de la visión.

(Téngase en cuenta que la figura no muestra el recorrido del meridiano del estómago, sino el área donde frotar, para facilitar así el ejercicio. Para la descripción exacta de dicho recorrido del meridiano, consúltese el apéndice 1.)

Los lectores con un interés especial en la energía etérica y la sanación pueden consultar los manuales de acupuntura para obtener una información más amplia acerca de los meridianos. La aplicación de la percepción de la energía a los puntos de acupuntura dará resultados espectaculares, será como activar pequeños chakras por todo el cuerpo, creando todo tipo de movimientos de energía. Comience con los puntos que son grandes y fáciles de encontrar, tales como colon 4, colon 10, colon 11, estómago 36...

6.13 Jnana-mudra y la energía en los pulmones

Suponga que hay demasiada energía en los pulmones. Haciendo *Jnana-mudra* se añade incluso más. Por lo tanto, de repente puede hacerse algo difícil respirar. Añadir energía donde ya hay a rebosar, hará que los síntomas empeoren. Éste es un principio muy básico de la medicina china tradicional.

Por otro lado, si hay una deficiencia de energía en los pulmones, al añadir más vibración se hace que la persona se sienta mejor y, por lo tanto, que le resulte más fácil respirar. Esta prueba es de elevada sensibilidad, y permite ayudar a detectar si hay exceso o defecto de qi en los pulmones.

Realícese este ejercicio varias veces, dejando un intervalo de unos cuantos días entre cada práctica, antes de reconciliarse con la propia mente.

Capítulo 7

VISIÓN (y2)

7.1 El uso de la oscuridad

En *Una realidad aparte*, Don Juan enseña a Carlos Castaneda cómo hacer uso de la oscuridad. Cuando el último pregunta para qué se puede emplear, Don Juan le responde que «la oscuridad del día» es el mejor momento para «ver».[1]

Hemos sido condicionados para correr hacia el interruptor de la luz, o a por una linterna, cada vez que tenemos que encontrar nuestro camino en la oscuridad. En muchas ocasiones nos manejamos muy bien sin luz alguna. Imagine que es un gato. Conéctese en «modo felino», confíe en el instinto y, por supuesto, esté muy consciente en el ojo. Todos los objetos tienen cierto brillo de energía a su alrededor cuando es de noche; algunos de ellos son bastante fáciles de ver. Éste es uno de los casos típicos de percepciones que se pierde la gente, simplemente por no intentar nunca ver, y no porque sea difícil o requiera un entrenamiento avanzado. Por ejemplo, si se camina durante la noche por una senda escabrosa de un bosque, con frecuencia se descubrirá que la senda brilla cuando se la mira desde el tercer ojo. Intentar encontrar el camino sin luz artificial es

1. Castaneda, Carlos. *A Separate Reality* (Una realidad separada), Penguin Books, 1986, p. 31.

un ejercicio valioso. También puede redescubrirse la propia casa por la noche, o en «la oscuridad del día». Explore.

7.2 Emplee más las velas y lámparas de aceite, y menos la electricidad

Cuando sea posible, use velas (o lámparas de aceite) en lugar de luz eléctrica. En la luz natural de las velas se tendrá un acceso mucho más fácil a la visión de auras.

Existen algunas razones simples por las que la luz eléctrica no conduce tan bien la apertura de percepción. La luz que procede de una bombilla aparenta ser continua; pero en realidad no es así, pues funciona a una frecuencia de 50 hertzios (corriente alterna). Esto quiere decir que la luz se enciende y se apaga 50 veces cada segundo. Este proceso es tan rápido como para poder engañar a la mente consciente, aunque a un nivel subconsciente esta frecuencia sí que es registrada, y por lo tanto tiene una acción sobre el cerebro.

Imagínese que la luz eléctrica se encendiera y se apagara cada medio segundo, de forma que pudiera apreciarse la pulsación de la luz. ¿Cuál sería el resultado? ¡Bastante doloroso! Tendríamos que cerrar los ojos, o al menos deberíamos hacer alguna construcción mental, como un apantallamiento, para protegernos. Es decir, tendríamos que cerrarnos en un cierto grado.

Cuando comencemos a usar el ojo nos percataremos de que tiene lugar, de modo inconsciente, un proceso semejante con la luz eléctrica, la cual se está encendiendo y apagando constantemente, a una cadencia de 50 veces por segundo. Es «duro» para el cerebro, y a un nivel profundo algo tiene que cerrarse a fin de protegernos.

Ahora bien, la percepción se dirige —por supuesto— hacia la apertura y la receptividad. Ya hemos visto cómo, cuando se intenta «ver», uno de los principales obstáculos es la tendencia a retraerse de la mente (apartado 5.10).

Por ejemplo, se está empezando a ver un aura y, de repente, la mente se queda sorprendida, o sobrecogida, o muy interesada... Y esta reacción de la mente crea una cerrazón instantánea, en una fracción de segundo se pierde la percepción y se ha de comenzar de nuevo la apertura. La luz eléctrica crea un proceso de cerrazón semejante a un nivel inconsciente profundo.[2]

¡Pero debe quedar muy claro que **no** se está abogando por la eliminación de todas las luces eléctricas de la casa! Por ejemplo, cuando se lea o se escriba hay que utilizar luz eléctrica, por supuesto, ya que un nivel insuficiente de iluminación provocaría el cansancio de la vista, lo cual no ayudaría nada a alcanzar la clarividencia. Las técnicas de Clairvision se han diseñado para personas que viven en el mundo, y no se puede estar en el mundo sin utilizar la electricidad, ordenadores ni cosas por el estilo.

Lo que en realidad se pretende remarcar es el hecho de que, cuando se practica contacto visual u otras técnicas de visión, es preferible usar velas. Aunque hay muchas circunstancias de la vida cotidiana, tales como comer o hablar con los amigos, en las que utilizamos la luz eléctrica por puro hábito y no porque realmente la precisemos. Por lo tanto, pueden aprovecharse dichas ocasiones para dar un merecido descanso al cerebro y practicar las técnicas de visión. Éste es uno de los secretos del éxito en la práctica espiritual: usar con frecuencia cada vez mayor las actividades cotidianas para poner en práctica los procesos aprendidos, integrando el trabajo de apertura con las acciones más humildes.

Aun así, a largo plazo nos llegaría a preocupar el hecho de que la luz eléctrica es estresante. Sería una bendición para la humanidad que alguien inventara alguna forma de iluminación artificial que tuviera un impacto más suave en nuestra percepción inconsciente.

7.3 En busca de la pared ideal

Cuando se intente ver un aura se conseguirán resultados mucho mejores si la pared tras el objeto o persona es lisa y de color blanco, o bien de un tono muy claro. Si ver es realmente uno de los intereses esenciales de nuestra vida, debería

2. En términos antroposóficos, la luz eléctrica puede considerarse como un subproducto de la influencia ahrimánica, pues «endurece» a los seres humanos. Contribuye a desconectarlos de la percepción de los mundos espirituales. Obsérvese que la luz eléctrica aparece a fines del siglo XIX, cuando —de acuerdo con Steiner— las influencias ahrimánicas se estaban extendiendo por el planeta.

reconsiderarse la decoración de las paredes de las habitaciones en las que se pasa la mayor parte del tiempo. Ciertas variedades de pintura blanca y acabados de pared tienen efectos mágicos: siempre que alguien se detiene junto a las mismas, automáticamente se empiezan a ver halos de luz.

7.4 El chal blanco

Cuando se practican regularmente las técnicas de contacto visual con las mismas personas, puede ser una excelente idea llevar un chal blanco por encima de la ropa (no se precisa cubrir la cabeza, basta con llevarlo sobre los hombros), lo cual hará que sea notablemente más fácil ver auras, además de atraer toda suerte de buenas vibraciones. Por el contrario, las ropas negras u oscuras hacen que la tarea de ver sea más ardua. También conviene ponerse el chal blanco cuando se practique a solas frente al espejo.

El tejido del chal puede ser de algodón, seda o lino, pero no de fibras sintéticas. Póngaselo siempre que medite y concentrará la energía de la meditación. El chal poco a poco se cargará con un poder protector que se hará más y más tangible: cada vez que se lo ponga, se activará la energía y podrá sentir cierto bienestar. No hay que dejar que nadie más use el chal, o todo el trabajo se perderá en pocos minutos.

Se sugiere un chal porque es extremadamente fácil de hacer: no hay nada que coser, ¡sólo se necesita un par de tijeras! (Un tamaño de 1 x 2,5 m es normalmente suficiente.) Pero también puede diseñarse un vestido. Las ropas de los monjes originariamente estaban diseñadas para favorecer la concentración y protección, pese a que este conocimiento se ha perdido.

Puede que haya llegado el momento de diseñar una nueva generación de «prendas de energía».

Antes de reanudar las técnicas de visión, es recomendable que relea los consejos dados en el capítulo 1.

7.5 Práctica: la técnica básica para ver un aura

El procedimiento siguiente es una de las vías más directas para ver un aura, o bien para establecer contacto con los guías de alguien.

Sitúense un practicante frente al otro, a la distancia habitual de 90 centímetros, o bien dejando un poco más de espacio entre ambos, como en una situación normal de conversación. Aun mejor: comiencen en la posición de contacto visual, y después repitan la práctica en una posición más relajada y espontánea, y comparen los resultados.

Cierre los ojos durante 1-2 minutos; respire con la fricción en la garganta. Opere una reconexión con el espacio en el ojo, haciendo una meditación corta en el tercer ojo, tal como se describe en el apartado 5.3.

A continuación, deje la fricción y abra los ojos. La técnica consiste en mirar fijamente, de 3-5 centímetros por encima de la cabeza de la persona cuya aura se desee leer, y llevar a cabo el proceso de triple visión descrito en el apartado 5.13:

1) Hágase consciente en el ojo, con ausencia de movimiento. Pestañee cuanto menos mejor.

2) No mire ningún detalle de la imagen. Hágase consciente del hecho de ver o estado de visión. Si el estado de visión sigue siendo un misterio, limítese a sentir la imagen en vez de mirarla.

3) Sienta a la otra persona desde el corazón, en el centro del pecho.

Permanezca totalmente inmóvil, absorto en este triple proceso.

Después de algunos minutos, comience a respirar con la fricción en la garganta. Conecte la fricción con la imagen.

Al finalizar, frótese las manos y ponga las palmas sobre los ojos. Deje que el calor alcance el interior de los ojos, sanándolos.

Comentarios

Resulta asombroso comprobar cómo la percepción de los halos se amplifica de repente al conectarla con la fricción en la garganta. Es una bella demostración del efecto amplificador generado por dicha fricción.

Para hacer una lectura de auras, el truco es sintonizar con los seres espirituales por encima de la cabeza de la persona y permitir que ellos hagan la lectura por uno mismo. Sintonice con su presencia y permita que ellos guíen su visión.

7.6 ¿Hacia dónde hay que mirar exactamente cuando se hace contacto visual?

A ninguna parte, pues, para ver, el secreto reside en no mirar. Incluso así, surge la cuestión: ¿adónde dirigir la mirada?, especialmente al principio de la práctica, antes de que la percepción se traslade al espacio. Pueden adoptarse las siguientes actitudes:

- Mire al entrecejo de la otra persona.
- Mire a uno de sus ojos.
- Intente mirar frente a sí mismo, sin «tocar» ninguna parte física de la otra persona con la mirada.

Experimente con estas opciones, yendo de una a otra. Al cabo de algún tiempo la imagen física desaparecerá, por lo que no importa qué opción se escoja. Cuando nos enfoquemos en los ojos de la persona que tenemos enfrente, a veces sucederá que todo se hace borroso, pero los ojos permanecen claros, o bien que la cara cambia, pero los ojos siguen siendo los mismos. Sea cual sea la posibilidad que se explore, es conveniente que ambas personas estén practicando la misma.

No debe olvidarse que «enfocarse en el entrecejo» nunca implica que se hayan de dirigir los globos oculares hacia dicha área, como si se intentara mirarla. Únicamente quiere decir que se debería permanecer consciente del tercer ojo.

7.7 Circulaciones energéticas de vez en cuando

Mientras se trabaje con estas técnicas de clarividencia es recomendable realizar algunas circulaciones energéticas de vez en cuando. Como se expuso en el apartado 6.1, se estimulará todo el cuerpo etérico y se dará un impulso al plano etérico del tercer ojo. En concreto, cuando parezca que haya un bloqueo en el progreso personal, vale la pena recurrir a las circulaciones energéticas.

7.8 Trabajo con auras

A continuación se indican diversas sugerencias para trabajar en el desarrollo de la percepción de auras. Comience con una reconexión: cierre los ojos, respire con la fricción en la garganta y construya la vibración en el entrecejo. Seguidamente, sintonice con la luz y hágase consciente del espacio púrpura oscuro durante 1-2 minutos. Luego abra los ojos y comience el triple proceso de visión:

1) Foco inmóvil en el ojo.
2) Estado de visión.
3) Sentimiento desde el corazón.

El objetivo es permanecer muy tranquilo interiormente, absorbido en este triple proceso, y pedir a la persona que tenemos enfrente que diga o piense distintas cosas, para ver si, como consecuencia del cambio de actitud, se percibe alguna modificación en su aura. La mirada se puede situar unos 2 centímetros por encima de la cabeza, o bien en el entrecejo, según se prefiera. Recuerde que hay que tener cuidado de no mirar demasiado, pues de otro modo no se vería nada.

- Pida a la otra persona que repita «no, no, no...» durante un minuto aproximadamente. Debería ser un «no» con intención, un «no» que verdaderamente suene «no». Mientras tanto, sienta la cualidad de la luz en torno a la persona.

Luego pida que repita «sí, sí, sí...», con intención, durante otro minuto. Sienta la luz y compare la calidad de la energía.

Repita 1-2 veces con «no» y luego con «sí».

- Repita el procedimiento anterior, aunque esta vez la otra persona estará consciente tanto en el ojo como alrededor del ombligo mientras dice «no». En cambio, cuando diga «sí» la otra persona:

– Estará completamente consciente en el corazón durante todo un minuto.
– Pensará en la muerte durante un minuto.

– Pensará acerca de algo feliz que haya ocurrido en su vida.
– Se hará consciente de una emoción triste.
– Pensará en algo que normalmente le crea irritación o ira.

Pídale a la otra persona que se ponga serena de nuevo.

No hay que olvidar aplicar las palmas de las manos sobre los ojos cerrados al concluir la sesión, o bien cada vez que se haga un corto descanso con los ojos cerrados.

Comentarios

El ejercicio anterior puede repetirse mientras se pide a la otra persona que piense en:

– Un ser amado.
– Alguien que le disgusta.
– Alguien que haya fallecido.

A medida que se explore la práctica acudirán a la mente otras posibilidades. Cuando se haya integrado el contenido del capítulo sobre las líneas de energía, también podrá observarse el aura de la otra persona cuando esté sentada sobre:

– Un cruce nocivo de líneas de tierra, a sabiendas.
– Un cruce nocivo de líneas de tierra, sin saberlo.
– Un pozo de energía (si se localiza un pozo de verdad, la acción sobre el aura será inmediata y bastante notable, tan pronto como la persona se sitúe sobre el mismo).

7.9 Examen del aura

También es interesante pedirle a la otra persona que coja distintos objetos y sustancias, y observar entonces las modificaciones que ocurren en su aura. Pídale a la otra persona que sintonice con el objeto, el cual puede mantener frente al corazón y frente a diversas partes del cuerpo, viendo las posibles diferencias que ello suponga en el aura. Sugerimos, por ejemplo:

– Un recipiente de cobre.
– Una herramienta de hierro de gran tamaño (sin mango de otro material).
– La punta de un termómetro (que contenga mercurio).

– Una sartén de aluminio.
– Diversas latas de conservas.
– Paquetes de comida congelada.
– Platos con distintos alimentos.
– Hierbas diversas, medicinas, remedios homeopáticos.

En general, pruebe con todo tipo de cosas, ordinarias y extraordinarias.

Comentarios

La técnica conocida como «prueba del músculo» se basa en la idea de que la fuerza de un músculo es mayor cuando se piensa en algo verdadero, o bien se sujeta algo que es «bueno» para uno mismo. Por el contrario, se supone que la fuerza del músculo disminuye si se sujeta el remedio inadecuado o si se está pensando en algo falso o perjudicial para la propia salud.

Por ejemplo, se pide a los pacientes que sujeten distintos recipientes con la mano izquierda, frente al corazón, y que estiren el brazo derecho horizontalmente. Entonces, el facultativo empuja la mano hacia abajo para examinar la fuerza del músculo deltoides (músculo del hombro).

Esta técnica tiene sus límites y no hay que pensar que sea un método universal de conocimiento, como algunos parecen creer. Aun así, es un hecho sorprendente que la resistencia del músculo sea en ocasiones más fuerte o más débil, en función de lo que la persona piensa o sujeta.

En cuanto comience a percibir auras, descubrirá que pueden sentirse variaciones muy nítidas en la energía de la persona cuando piense en cosas diferentes o sujete sustancias distintas. Para notar esto no es preciso «ver» auras, es suficiente con sentirlas.

7.10 *Vata, pitta, kapha*

La medicina hindú tradicional, Ayurveda, se basa en reconocer la interacción de tres principios en el cuerpo:

– *Vata*, o viento (todo lo que se mueve en el cuerpo).

– *Pitta*, o principio de fuego/calor.

– *Kapha*, o principio de agua y tierra, fuerza de inercia.

En la medicina ayurvédica, el diagnóstico reside en discernir cuál de dichos principios (llamados los tres *doshas*) predomina en el paciente, clasificándose entonces a los pacientes como *vata*, *pitta*, *kapha*, *vata-pitta* (si ambos *doshas* están superactivos, *vata* más que *pitta*), *pitta-vata*, *kapha-vata*, etcétera. El método ayurvédico para alcanzar dicho diagnóstico consiste en tomar el pulso.

En una ocasión, mientras estaba trabajando con un médico ayurvédico en Calcuta, diseñamos un procedimiento (en verdad, más bien como un juego) según el cual él tomaba el pulso a los pacientes y yo observaba sus auras respectivas. Antes de que él pronunciara su diagnóstico, yo tenía que escribir el mío en un papel, de modo que pudiéramos compararlos. Este médico era bastante famoso y lo visitaban unos cien pacientes diarios, lo cual no es raro en la India. El procedimiento demostró ser de utilidad como «muestra» significativa para ver hasta qué punto coincidíamos. Y solíamos llegar al mismo diagnóstico en más del noventa por ciento de los casos.

No obstante, no piense que se requiere alcanzar un estadio avanzado para poder realizar lo antedicho, pues apenas sí se precisa ver auras, bastando con tener una sensación de las mismas.

Pruebe a sentarse en un café ubicado en una calle animada, vaya al triple proceso de visión, y mire a las personas que pasan por allí. Intente determinar si son *vata*, o *pitta*... Mejor aún, hágalo con un amigo, de modo que puedan compartir las impresiones, y verá cuán a menudo coinciden.

7.11 Comunicación verbal silenciosa

Siéntese frente a un amigo y prepárese para el contacto visual.

Tápese las orejas y realice el triple proceso de visión.

A continuación, la otra persona enunciará 5 frases respecto a sí misma, repitiendo cada frase 3 veces. Cada vez que comience una frase nueva, indique el número correspondiente con los dedos (frase 1, frase 2...). Una de dichas frases será falsa, y la tarea consiste en hallarla tomando el aura como única referencia.

Repita el ejercicio sin taparse las orejas e intente fiarse únicamente del aura —no de lo que oiga— para discernir qué enunciado es falso.

Comentarios

Una conclusión iluminadora es que, a veces, se tendrá más éxito no escuchando nada y sólo mirando el aura, que analizando el contenido de los mensajes.

¡No duden decir más de una frase falsa, para dar más emoción al juego!

7.12 Más acerca del estado de visión

Veamos algunos ejemplos para comprender mejor el estado de visión. Esoteristas occidentales como Rudolf Steiner y Max Heindel han descrito que, en un pasado remoto, los seres humanos tenían una forma muy diferente de percibir el calor.[3] Había una especie de órgano en forma de bolsa en la parte superior de la cabeza, el cual se corresponde con la fontanela, una suave membrana entre los huesos parietales que se encuentra en la parte superior de la cabeza de los niños pequeños.[4] Si miramos muy hacia atrás en los archivos de la naturaleza, encontraremos que la Tierra estaba llena de volcanes y áreas con gases calientes y plasma. Los seres humanos tenían que poseer algún sentido de la dirección para evitar perecer asados vivos, y el órgano en forma de bolsa en la parte superior de sus cabezas cumplía dicha función: era el órgano primitivo del calor.

¿Qué ha sucedido en términos evolutivos? La parte bolsiforme se reintegró en la cabeza y, lentamente, se convirtió en la actual glándula pineal. Nuestro sentido del

3. Rudolf Steiner, conferencia dada en Budapest el 9 de Junio de 1909, encontrada en *Rosicruciam Esotericism* (Antroposophic Press, Londres, 1978, pp. 76-77). Véase también Max Heindel, *Message of the Stars* (Rosicrucian Fellowship, varias ediciones, p. 577).
4. ¡El significado literal de «fontanella» es... fuente!

calor dejó de estar localizado en un órgano concreto, y se distribuyó por todo el cuerpo. Así podemos observar cómo se desarrolla una función sensorial durante un período muy prolongado de tiempo. Inicialmente depende de un órgano y está restringida al mismo, para después irse lentamente esparciendo por todo el cuerpo. Ahora no sentimos calor mediante ningún órgano en particular, sino por todo el cuerpo.

Steiner predijo que nuestros actuales sentidos seguirán un proceso evolutivo similar y, por lo tanto, que los seres humanos llegarán a oler, ver, oír, saborear... con todo su cuerpo y no sólo mediante un órgano concreto. Es como si el órgano estuviera para enseñarnos una lección acerca de un sentido en particular y, cuando se ha aprendido la lección, dejamos de precisarlo.

Como el sentido del calor es mucho más antiguo y, por tanto, está más integrado en nuestro ser, nos resulta más fácil reconocer qué es el calor, independientemente de cualquier objeto. Podemos sujetar la pura cualidad del calor, concepto que desarrollaremos como analogía para comprender más acerca del estado de visión.

Al comienzo puede resultar difícil tener un sentido del estado de visión, queriendo con ello decir el hecho de ver, al margen de cualquier imagen en particular. Entendemos qué es ver un árbol, una luz, o incluso un aura, pero el claro estado de visión puede que no sea tan obvio...

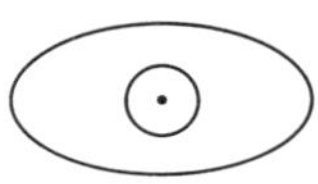

En términos generales, la sensación de calidez es al calor lo que el estado de visión es a las imágenes percibidas. No hemos de referirnos a conceptos como «caliente como un fuego», «caliente como el Sol» o «caliente como un horno» y tratar de entender lo que es común a los mismos (no es preciso referirnos a conceptos para tratar de entender lo que puedan tener en común). Nos basta con ir a la esencia y reconocer la calidez, separadamente de cualquier fuente de calor. Hay que desarrollar una cualidad similar con la visión para poder discernir el estado de visión.

Dicho de otra forma, para que la percepción tenga lugar se precisan tres elementos: 1) una persona que perciba, 2) un objeto percibido y 3) el proceso de percepción. Esto se aplica a cualquier percepción física, como oír u oler, y no sólo a ver auras. Actualmente, en la vida cotidiana de los seres humanos se ha perdido el primer y el tercer elementos de la percepción, esto es, la conciencia de quien percibe y la del proceso de percepción. Por ejemplo, cuando se ve un árbol hay un reconocimiento mental del árbol; pero no hay conciencia de quién ve el árbol, ni del proceso mediante el cual el árbol es percibido. Tiene lugar una asimilación con el objeto de la percepción. Hacerse consciente del estado de visión significa hacerse consciente de *3*), es decir, del proceso de percepción.

El propósito real de nuestro trabajo es encontrar al Ser Superior, no estamos empleando las técnicas con el único fin de alcanzar la percepción. Estamos utilizando la percepción para alcanzar al Ser Superior.

Si se tienen dos naranjas y una cereza en un cesto, la cereza puede ser fácilmente ocultada por las naranjas; pero si se extraen las dos naranjas del cesto, la cereza se hará evidente. La primera naranja es el objeto de la percepción, la segunda es el proceso de percepción, y la cereza es la conciencia del Ser Superior de quien percibe. Cuando se separa el estado de visión del objeto de la percepción, se consigue un estado de discernimiento que podemos comparar al hecho de quitar las dos naranjas del cesto. Por este motivo, pueden llegarnos enormes destellos de despertar interior cuando nos hagamos conscientes del estado de visión; súbitas explosiones internas, en las cuales se revela el Ser Superior.

A medida que se practique el triple proceso de visión, se desarrollará gradualmente el estado de visión. Al principio parecerá débil; pero, a medida que se ejercite, se convertirá en una cualidad cada vez más tangible y se volverá tan clara y obvia como la percepción del calor. También se puede comparar el estado de visión con un músculo que no se haya movido en mucho tiempo. Al principio, es probable que reactivar dicho músculo sea un proceso lento: apenas se sentirá, ni siquiera se notarán sus contracciones, las cuales serán flojas. Cuando se haya hecho el trabajo, activar el estado de visión llega a ser un proceso tan claro y tangible como contraer el bíceps. Esta parte del proceso de alquimia interior es afín a la cultura física, pero, en vez de ser una construccion física es la construcción de los cuerpos sutiles.

Ahora bien, existe una paradoja: ¿qué hay que hacer cuando se quiere llegar a ser consciente del estado de visión? Hemos de asegurarnos que no estemos mirando nada en particular y que el contenido de la imagen no nos importe. En otras palabras, tenemos que sacar fuera del cesto una de las dos naranjas. Al eliminar el objeto de la percepción, la segunda naranja, la primera, la del estado de visión (el proceso de percepción) se hará evidente.

Una vez haya evolucionado el estado de visión, operaremos de modo diferente. Sintonizaremos en un objeto o persona, «conectaremos» el estado de visión y, automáticamente, «veremos». No importa en absoluto si el objeto de la percepción está enfrente o al otro lado del planeta o, incluso al otro extremo de la galaxia, pues lo veremos. Y con frecuencia ocurre algo extraordinario: puede muy bien decidirse cerrar los ojos, para así ver mejor algo que está enfrente.

Entonces surge la siguiente cuestión: ¿cómo es posible carecer completamente de interés por el objeto si se emplea el estado de visión como un medio para ver dicho objeto? La clave de esta paradoja es que, una vez se haya alcanzado dicho nivel, ya no se mirará nunca más al objeto con la mente. La mente se ha callado y se está viendo desde un plano mucho más profundo y verdadero de uno mismo. Un requisito previo para la percepción más elevada repose en el silencio del plano de la conciencia mental ordinaria.

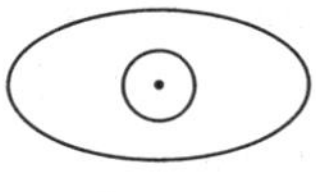

Por dicho motivo, se recomienda que al principio no se mire al objeto, que no nos interesemos demasiado por el mismo. De otro modo la mente se activará, puesto que hemos sido condicionados durante muchísimo tiempo a operar únicamente desde la mente. Tan pronto como nos interesamos por algo, la mente inmediatamente intenta sujetarlo. Por lo tanto, es preferible no pensar para nada en el objeto, a fin de permitir que se desarrolle el proceso de visión.

Con frecuencia, al principio ocurrirá una experiencia interesante. Se comenzará a ver un aura, un rostro diferente o un ser espiritual. Entonces, de repente, nos daremos cuenta de que estamos viendo algo..., e instantáneamente perderemos la percepción. ¿Por qué? Pues debido a que la mente ha reaccionado. De momento nos hemos interesado, o asustado, o lo que sea, y ha tenido lugar una sujeción de la mente: estamos mirando de nuevo desde ésta. Es, por lo tanto, bastante lógico que se pierda la percepción, pues la conciencia mental ordinaria es completamente ciega por naturaleza. Cuando dé inicio el proceso de percepción, éste continuará durante tanto tiempo como pueda estarse sin reaccionar, y parará a la primera sujeción de la mente.

> **La percepción siempre tiene el límite de la propia capacidad de no reaccionar.**

7.13 *Intermezzo*: ¿de qué ojo eres?

Algunas personas argumentan que uno de los (dos) ojos corresponde al Ser más profundo y verdadero, mientras que el otro es el espejo de la personalidad superficial. Dado que nuestra filosofía es no creer en nada, sino tratar de percibirlo por nosotros mismos, permítasenos no mencionar qué ojo es cuál. A continuación se presenta un ejercicio diseñado para poder descubrir si hay alguna diferencia en lo que se percibe desde cada ojo.

Siéntese frente a un amigo, o un espejo, y prepárese para el contacto visual, recordando que la espalda esté recta y que la distancia sea la adecuada (si no se puede tocar la nariz de la otra persona con la palma de la mano es porque se está demasiado lejos).

Practique una corta reconexión en el ojo, con los ojos cerrados, como se ha indicado en el apartado 5.3.

Abra los ojos y empiece a mirar al ojo derecho de la otra persona. El foco estará —para ambos participantes— en el ojo derecho de la otra persona. Para evitar cualquier confusión, se recomienda que ambos eleven la mano derecha al principio de la práctica, al objeto de comprobar que ambos están mirando al ojo derecho.

A continuación practique el triple proceso de visión (apartado 5.13) con el foco inmóvil en el entrecejo, la conciencia del estado de visión y el sentimiento desde el corazón.

Continúe la práctica durante unos 5 minutos y entonces cierre los ojos y descanse unos momentos, caldeando los ojos con las palmas de las manos como se describió anteriormente.

Seguidamente abra los ojos y levante la mano izquierda, para evitar confusiones. Comience a mirar al ojo izquierdo de la otra persona y repita la práctica durante unos minutos, tras lo cual cierre los ojos y cúbralos con las palmas de las manos, caldeando el corazón (apartado 5.5).

Por último, intercambie impresiones con el otro participante.

• Después de haber examinado este ejercicio con cientos de personas, no me creo ni una palabra de la asunción de que uno de nuestros ojos sea el espejo del Ser Superior y el otro de la personalidad superficial (dicho sea de paso, es del ojo derecho del que se presume que refleja el Ser Superior). Aun así, es fascinante ver la diferente forma en que se mira dependiendo del ojo en que se enfoca. Es obvio que, se conecta con subpersonalidades bastante distintas a través de cada uno de los ojos y, verdaderamente, hay más de una subpersonalidad relacionada con cada uno. Es interesante recordar que la palabra «persona» procede de un vocablo latino procedente de un nombre etrusco, *persu*, ¡el cual significaba máscara!

7.14 La técnica del sí/sí

Seguidamente se explicará una técnica que es bella a la vez que devastadora. En verdad, ¿qué es lo que impide que uno se convierta en un buscador de la Verdad? Por supuesto, hay que construir los cuerpos sutiles para aplicar las técnicas... Sin embargo, el órgano de la visión sutil puede estar ya operando, pues de vez en cuando se tienen repentinos destellos, ¡breves momentos benditos, en los que se «ve»! Y luego se van, y a veces hay que esperar meses para que tenga lugar otro destello.

¿Y por qué? Barreras, pantallas mentales, hábitos perezosos de autoprotección de la conciencia mental, condicionantes espesos como murallas en torno a nosotros... en realidad, esto son los bloqueos.

La presente técnica se ha diseñado para ayudar a diluir las barricadas de la mente. Requiere que alguien se siente enfrente y practique también, puesto que no puede practicarse a solas en el espejo.

Siéntense uno frente al otro con la espalda recta y a la distancia correcta para el contacto visual. Cierren los ojos y hagan una reconexión. Respiren con la fricción en la garganta. Construyan la vibración en el ojo, para a continuación pasar 1-2 minutos en el espacio púrpura.

Abran los ojos y realicen el triple proceso de visión (foco en el ojo, estado de visión y sentimiento desde el corazón, como se ha explicado en el apartado 5.13). Intenten recibir a la otra persona, acogerla dentro del corazón.

Entonces uno dice «sí», y el otro responde «sí». Ambos continúan diciendo «sí» alternativamente, uno tras otro.

Ésta es una práctica del corazón, no es posible engañar. Si se mantiene alguna barrera o restricción, el otro la sentirá de inmediato, y el milagro no ocurrirá. Hay que decir un sí que sea un sí de verdad, y poner cada vez más significado y apertura en el mismo. El sí debe proceder del corazón. Hay que trabajar para que cada sí profundice un poco más, hasta conseguir una total aceptación de la otra persona. Y entonces, vaya más allá, dé un sí que sea una aceptación de todo el mundo a través de la persona que está enfrente.

Esta práctica puede continuarse cuanto tiempo se desee. Luego descansen 2-3 minutos, cubriendo los ojos cerrados con las palmas de las manos y permitiendo que la calidez de las manos alcance el corazón a través de los ojos.

Comentarios

Es sorprendente cuánta gente profiere un sí que en realidad significa «no». O bien dicen que sí mecánicamente, de una forma que no significa nada en absoluto.

Hay que emplearse a fondo en esta práctica y, tras algunos minutos, apenas se podrá pronunciar nada. Parecerá que la palabra provenga de muy, muy lejos, lo cual puede conducir a una experiencia intensa de la propia verdad.

No existe límite alguno respecto al tiempo que puede prolongarse esta práctica, pueden ser horas si así se desea.

Capítulo 8

PRÁCTICAS EN EL CUERPO ETÉRICO

Continuaremos con las técnicas de circulación energética, tras haber ganado, en los capítulos 4 y 6, una mayor familiaridad con la vibración y sus circulaciones. Pasaremos ahora al siguiente estadio: la conciencia del cuerpo de energía en su totalidad, o plano etérico.

Es preferible que no se efectúen los ejercicios del presente capítulo al comienzo de una sesión. Empiece con unas cuantas prácticas de circulación energética para precalentar el cuerpo etérico.

8.1 Práctica: el plano etérico como un todo

Siéntese en postura de meditación, con la espalda vertical. Mantenga los ojos cerrados durante la práctica.

Frótese las manos y permanezca inmóvil durante unos segundos, con las palmas boca arriba. Hágase consciente de la vibración en las manos y en el ojo. Emplee la fricción en la garganta para intensificar la vibración, así como para conectar el ojo y las manos.

Efectúe circulaciones energéticas en unos cuantos meridianos, tal como se ha indicado en el apartado 6.3.

Entonces, hágase consciente de la vibración simultáneamente en todas las líneas sobre las que antes ha trabajado: conciencia de todos los meridianos al mismo tiempo. Conéctelo todo al ojo mediante la fricción.

Ahora, hágase consciente del plano de la vibración como un todo. Conciencia de todo lo que está vibrando, tanto dentro como alrededor del cuerpo. Permita que la percepción sea absorbida por completo en la vibración.

Cuando se sienta la vibración por todo el cuerpo, y nada más que la vibración, querrá decir que la conciencia se ha elevado por completo desde el cuerpo físico al cuerpo etérico.

8.2 Práctica: el éter de vida

Repita la práctica 8.1: entre en la percepción del plano etérico como un todo. Permanezca totalmente inmóvil, sintiendo la vibración por todo el cuerpo.

Entonces, trate de discernir: ¿dónde está la fuerza vital en esta vibración? ¿Qué es lo que mantiene vivo al cuerpo físico? Sintonice con el principio de vida.

Comentarios

Pese a que la totalidad del cuerpo etérico está relacionada con la fuerza vital, uno de sus niveles está más específicamente relacionado con la vida: el éter de vida. Tradicionalmente, los ocultistas han discernido cuatro niveles en el cuerpo etérico: el éter de vida, el éter químico, el éter luminoso y el éter cálido. La palabra «nivel» puede inducir a confusión, ya que los cuatro éteres no se hallan uno encima del otro como los niveles de un pastel. Más bien se interpenetran unos con otros, tal como el agua empapa una esponja.

Los cuatro éteres pueden agruparse del siguiente modo: dos inferiores y dos superiores. Los éteres vital y químico se denominan éteres inferiores, y los éteres luminoso y cálido, éteres superiores. Actualmente, en la mayoría de los seres humanos los dos éteres superiores no están muy desarrollados, y todavía precisan ser cultivados.

La fuerza vital de hecho es una energía muy valiosa. ¡Ningún laboratorio de nuestra civilización científica ha sido nunca capaz de sintetizar un solo organismo viviente! Conectar de forma específica con el éter

de vida es una experiencia muy especial. Es imposible describir sólo con palabras el sabor de conciencia asociado a ello. El éter de vida aparece como un principio universal, ciertamente no confinado a los límites del cuerpo físico. Si se trata de trazar su origen, la conciencia será llevada a lugares misteriosos. Seguir los éteres hasta su fuente es una poderosa técnica de clarividencia y de viaje.

Trate de repetir esta práctica en diferentes momentos del día, tales como por la mañana y por la tarde, al objeto de sentir si puede detectar alguna diferencia en su energía vital. Obsérvela también cuando se sienta muy cansado.

Pese a que ahora sería un tanto prematuro dedicar mucho tiempo tratando de discernir estos cuatro niveles, es aconsejable tener en mente esta división cuatripartita del plano etérico. Hará que sea más fácil discriminarlos a medida que se desarrolle la percepción.

Un hecho interesante es que siempre encontramos más fácil de percibir aquello que nuestra mente es capaz de entender. Las percepciones para las que no tenemos modelo o explicación alguna es más probable que se pierdan, especialmente si son vagas, como suele ocurrir al principio.

Hay una curiosa observación antropológica sobre este tema: se mostraron diversos vídeos a ciertos indígenas sudamericanos que siempre habían vivido en la selva, aislados de la civilización y de los productos industriales. Uno de dichos vídeos mostraba un cuadrado, como el marco de una ventana, girando sobre sí mismo. Los nativos, habitantes de un mundo totalmente exento de cuadrados, simplemente no podían ver el cuadrado que giraba. Sólo veían líneas que se movían. Al no disponer de cuadrados en su trasfondo mental, ignoraban por completo la rotación del marco de ventana.

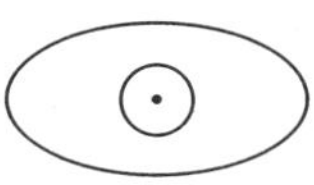

Considero que algo semejante ocurre a menudo cuando las personas comienzan a ser clarividentes. Se pierden muchas percepciones debido a la ausencia del trasfondo que les permitiría integrarlas. Si llega algo a su campo de percepción que no pueden relacionar con ningún modelo comprensible, simplemente no se darán cuenta de ello. Por lo tanto, cierto conocimiento de la «geografía» de las esferas no físicas y de unos cuantos fenómenos astrales básicos puede demostrar ser de gran ayuda para la apertura de la percepción.[1]

8.3 Práctica: exploración de las distintas cualidades del etérico

Hágase consciente de su plano etérico como un todo, tal como se describió en la práctica 8.1.

Permanezca totalmente inmóvil y trate de discernir diferentes cualidades en el éter.

Entonces, explore diversas partes del cuerpo y compare la diferencia en la calidad de la vibración de una a otra parte. Si ha podido obtener una sensación del éter de vida, por ejemplo, vea si puede igualmente encontrarlo en cada parte del cuerpo.

Primero compare las extremidades y el tronco. ¿Qué diferencia puede sentir entre la vibración en las extremidades y en el tronco?

Después, compare el tronco y la cabeza. ¿Cómo difiere la vibración en la cabeza de la del tronco?

Pase entonces a explorar una parte tras otra del cuerpo. ¿Es la vibración más intensa en alguna de ellas?

¿Cómo difiere la calidad de la vibración de un órgano a otro?

¿Tiene la impresión de que algunos órganos o partes del cuerpo rebosan de fuerza vital? ¿Siente que otros órganos o partes del cuerpo carecen de ella?

Comentarios

Tradicionalmente, el hígado es considerado el órgano del etérico y de la fuerza vital; en inglés, vivir («to live») e hígado («liver») son vocablos obviamente conectados, al igual que en otros idiomas.

Si sufre algún desorden físico, incluya el área correspondiente del cuerpo en el ejercicio.

1. Para una exploración a gran escala de niveles no físicos de la realidad, véase mi novela *Atlantean Secrets*, diseñada para llevarle de viaje a través de la escalera de los mundos.

Puede resultar interesante repetir esta práctica en diversas circunstancias, por ejemplo pocas horas después de ingerir una comida pesada.

8.4 Práctica: explorando los límites

Hágase consciente del plano de la vibración como un todo, como en la práctica 8.1. ¿A qué distancia se extiende la vibración más allá de los límites del cuerpo físico? ¿Es la vibración dentro del cuerpo físico similar a la vibración fuera del mismo? ¿Qué diferencia observa entre la calidad de la vibración dentro y fuera del cuerpo físico?

Continúe explorando la vibración fuera de los límites del cuerpo físico. ¿Son sus límites claros y definidos? ¿Se mezcla la propia vibración con la de otros objetos próximos?

8.5 Práctica: explorando las circulaciones del etérico

Hágase consciente del plano de la vibración como un todo, como en la práctica 8.1. Suponga que tiene la misión de reinventar la acupuntura. Explore el plano de la vibración, buscando las circulaciones. Indague cualquier cosa que sienta como un flujo dentro del cuerpo de vibración.

Comience con todo el cuerpo. Hágase consciente del cuerpo de energía como un todo y busque circulaciones.

¿Son algunas de las circulaciones más intensas que otras? ¿Hay circulaciones grandes y pequeñas?

Cualitativamente, ¿pueden percibirse diferencias entre los diversos flujos? ¿Hay flujos que se sienten más cálidos y otros más fríos? ¿Hay algún flujo que comunique una sensación semejante a la de alguno de los cuatro elementos (fuego, agua, aire o tierra)?

Explore una parte del cuerpo tras otra: cabeza, cuello, hombros y parte superior del pecho, brazos, pecho, parte del abdomen sobre el ombligo, parte del abdomen bajo el ombligo, piernas.

Vuelva a la percepción del cuerpo etérico como un todo, de la vibración por todo el cuerpo.

Repita la secuencia varias veces.

8.6 Práctica: la vibración etérica fuera del cuerpo

El presente ejercicio se practicará mejor en plena naturaleza, por ejemplo en un bosque. No obstante, es suficiente un patio con algo de hierba y uno o dos árboles. ¡Unas cuantas macetas y un gato también bastarían!

Haga una corta meditación en el tercer ojo (apartado 3.7) y pase a efectuar la práctica 8.1 para reconectar con todo el plano de la vibración dentro de sí mismo. Sienta la vibración de la fuerza vital permeando su cuerpo. Al mismo tiempo, permanezca plenamente consciente de la vibración en el entrecejo.

Entonces, sintonice con un árbol o una planta y trate de hacerse consciente de la vibración en el interior del objeto. No hay que tocar la planta, sino limitarse a sintonizar con la misma desde la distancia. Continúe explorando la calidad de la vibración de la planta durante unos minutos.

¿Cuánto se extiende la vibración de la planta más allá de sus límites físicos?

Cuando se sintoniza con la vibración de la planta, ¿puede percibirse alguna circulación?

Ahora sitúe las manos planas, a pocos centímetros de la planta, sin tocarla. Repita la misma secuencia: sentir la vibración de la planta, explorar sus cualidades.

Pase a sintonizar con otra planta desde la distancia. Repita la misma secuencia, aunque comparando al mismo tiempo la calidad de la vibración de ambas plantas. Después ponga las manos próximas a la planta y explore de nuevo su vibración.

Repita el proceso con diferentes plantas.

Por último, trate de sintonizar con animales y explore la calidad de sus vibraciones.

Comentarios

Esta práctica hace de la naturaleza un campo de investigación fascinante. Con sólo avanzar un paso más, la comunión con la naturaleza se convertirá en una realidad tangible.

Un hecho sorprendente, aunque básico, respecto a la percepción es que, una vez pueda sentirse algo dentro de uno mismo, también podrá sentirse exteriormente. Por ejemplo, cuanto más familiarizado se llegue a estar con la vibración en el interior del cuerpo, más fácil resultará sentirla alrededor del mismo. Conviene remarcar que esto no es aplicable únicamente al plano etérico, sino a todo el espectro que abarca la percepción sutil.

Ocurre a menudo que, cuando se sienten ciertas cosas fuera de uno mismo, se empieza a poder percibirlas interiormente. Al aplicar la percepción al mundo exterior tienen lugar algunos «clics» que, de repente, nos permiten discernir la presencia de algún plano o nivel interior que hasta ahora se había pasado por alto. El mundo se convierte en un espejo en el que podemos descubrir nuevas modalidades de nosotros mismos; de ahí el concepto de «clara visión», o visión del Ego.

Mientras se lleven a cabo estos ejercicios no debe olvidarse de mantener el foco en el ojo: permanezca completamente consciente de la vibración en el entrecejo.

No es raro olvidarse de ello y tratar de hacerlo todo desde la mente ordinaria, «desde la cabeza». Por supuesto, en dicho caso no se sentirá nada. Pero tan pronto como recuerde volver al ojo y trate de percibir desde el mismo, inmediatamente entrará en contacto con la vibración del objeto.

Ciertos arroyos y lagos tienen una calidad de vibración particularmente rica, y cuando se sintonizan comunican bellas fuerzas del alma; lo mismo ocurre con el mar. Pasar tiempo en la naturaleza ayuda a desarrollar la percepción. Aparte de ampliar la experiencia de la vibración, sintonizar con las fuerzas de la naturaleza podrá brindar vastas realizaciones.

8.7 Práctica: vibración en las comidas

A medida que nos familiaricemos con la percepción de la vibración, es fundamental que la integremos en nuestras rutinas diarias. Esto añadirá otra dimensión a nuestra gama de experiencias conscientes.

Durante las comidas, por ejemplo, puede jugarse con la vibración. Sentirla en los alimentos antes y después de comerlos. La comida ingerida sin percepción es como veneno para el alma. Sentir la vibración nos dará perspectivas completamente distintas sobre el valor de ciertas comidas. Algunos platos muy atractivos de repente nos parecerán horribles, y otros, aparentemente sencillos y aburridos, se convertirán en fascinantes.

Compare la vibración de las comidas congeladas, enlatadas, cocinadas en microondas...; ¿puede sentir alguna diferencia entre verduras y frutas cultivadas o no biológicamente?

Aplique la percepción cuando haga la compra. Verá que algunas verduras casi nos saltan a las manos.

Durante la digestión también proporciona bastante información la

2. En inglés «clair-vision». [*N. del T.*]

sintonización con el estómago (justo debajo del corazón, detrás de las costillas de la izquierda) y tratar de sentir la vibración en dicho órgano mientras realiza la primera parte de la digestión. Nos percataremos de que comidas distintas crean tipos de vibración diferentes.

8.8 Práctica: vibración en el baño

Introdúzcase en la bañera.

Deberíamos sumergirnos con la parte trasera de la cabeza y las orejas inmersas en el agua, así como el resto del cuerpo. Una buena posición consiste en yacer en el agua con las piernas cruzadas, más o menos igual que cuando nos sentamos con las piernas cruzadas. De este modo, el tron-

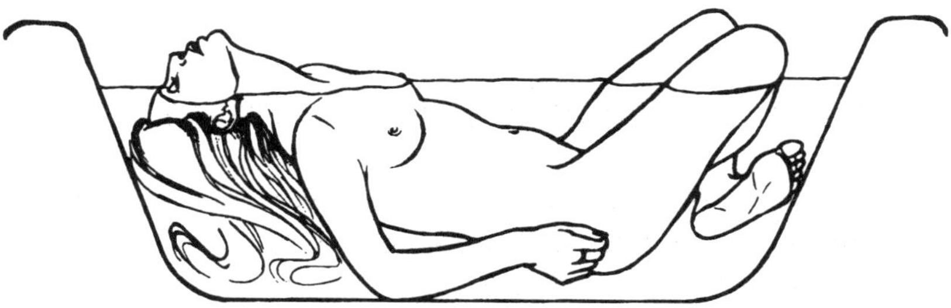

co y la cabeza flotan armoniosamente y sin esfuerzo. Mantenga los brazos a los lados, en vez de estar sobre la barriga, para expandir el pecho.

No conviene en esta postura tener las piernas dobladas de otra

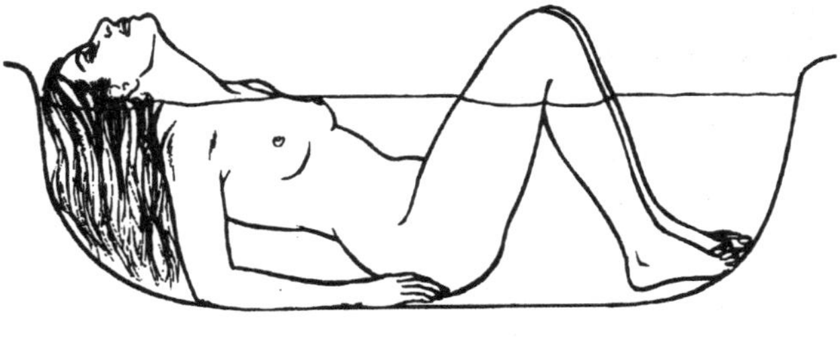

manera, ya que el tronco tenderá a hundirse en el agua y se tensarán los músculos abdominales.

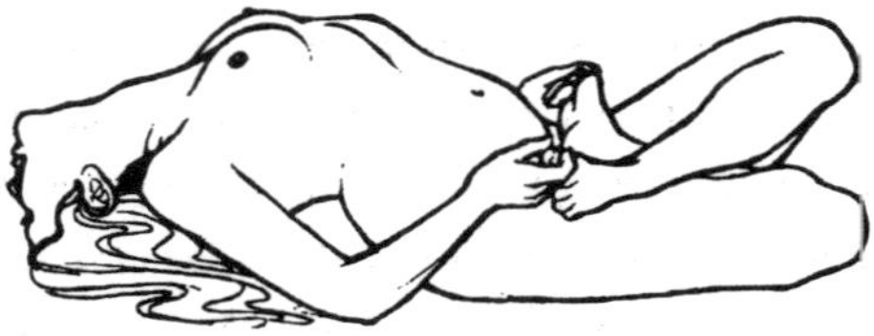

Si está familiarizado con el hatha-yoga, también puede intentar tomar el baño en *matsyasana*, o postura del pez.

De todas maneras, la postura explicada al comienzo del presente apartado es bastante apropiada. Dado que se precisa permanecer cómodo y relativamente inmóvil tanto tiempo como sea posible, es preferible adoptar una posición que no requiera esfuerzo alguno. Adopte la postura y relájese en el baño durante un rato.

Fortalezca la vibración en el ojo y hágase consciente de su vibración etérica como un todo. Respire con la fricción en la garganta. La fricción adquirirá una nueva dimensión al tener las orejas bajo el agua.

A continuación hágase consciente de la vibración del agua. Olvídese por completo del cuerpo y limítese a sintonizar con el agua. «Conviértase» en el agua y sienta su vibración. Descubrirá que no toda el agua tiene las mismas cualidades. Incluso, de un día a otro, la vibración del agua de la misma bañera puede variar de forma significativa.

Cuando haya pasado un tiempo suficiente, comience a sentir la interacción entre la vibración del agua y su propia vibración. ¿Cómo afecta la primera a la última?

——*Comentarios*

El cuerpo físico se considera relacionado con el elemento tierra; el cuerpo astral con el elemento aire; el Ego con el elemento fuego y el cuerpo etérico con el elemento agua. Es, pues, bastante apropiado explorar el cuerpo etérico en profundidad cuando se está en el agua. No dude en repetir todas las prácticas del presente capítulo, descubriendo las cualidades, circulaciones y límites del cuerpo etérico mientras esté en el baño.

Nunca pierda la ocasión de sintonizar con la vibración siempre que esté en el agua. Le sorprenderá cuán refrescado se sentirá después de tomar un baño siguiendo estos principios. También se pueden incorporar algunos aceites esenciales y diversas sustancias (naturales) al agua del baño, investigando si se siente alguna modificación en la calidad de la vibración (en el agua y en uno mismo). Los aceites esenciales son sutiles: cuando se sintoniza con su energía es cuando más beneficio se obtiene de sus efectos.

Puede prepararse un excelente zumo para agregar al agua del baño rallando un poco de jengibre e hirviéndolo durante diez minutos. Filtre y añada el líquido al agua del baño. Es notable el efecto limpiador sobre la piel.

Esta nueva percepción del agua hará que sea fascinante bañarse en lagos, ríos, cascadas o el mar. Aunque no necesariamente hará que sea más atrayente bañarse en piscinas públicas, en las que a veces se acumulan todo tipo de vibraciones indeseables.

8.9 Práctica: excreción etérica al final del baño

Al final del baño, mientras se está completamente consciente de la vibración por todo el cuerpo, busque en su interior energías que sienta como negativas o poco claras. Emplee un minuto explorando y sintiendo vibraciones indeseables.

Entonces, libere dichas vibraciones negativas en la vibración del agua. Haga exhalaciones largas y conscientes, acompañadas por una vigorosa fricción en la garganta, mientras se empujan las vibraciones indeseables fuera del propio plano etérico. Ésta es una de las claves de la excreción etérica: trabaja mejor cuando exhalamos. Y, por lo tanto, funcionará todavía mejor si se exhala «con intención», poniendo todo el ser en el acto de empujar el aliento fuera, en vez de exhalar mecánicamente. Para este particular propósito de excretar, haga la fricción mientras se exhala, y no mientras se inhala. Y la fricción debería ser significativamente más intensa de lo habitual.

No hay que permanecer demasiado tiempo en el baño después del proceso de excreción.

Comentarios

Procure emplear esta técnica cuando sufra dolor de cabeza. Cuando se utiliza justo al iniciarse éste, al comienzo de la crisis, suele dar excelentes resultados.

Las prácticas del presente capítulo ciertamente abren nuevas perspectivas para la hidroterapia, una disciplina en creciente auge.

Tras la práctica de excreción no debe permitirse que nadie se sumerja en el baño. Hay que vaciar el agua. En circunstancias normales, no hay que preocuparse demasiado respecto a la limpieza de la propia bañera. No obstante, hay que ser cuidadoso en el caso de que una misma bañera sea compartida por muchas personas (los gurús hindúes hacen gran énfasis en disponer de un baño propio privado).

Algunas personas tienden a sentirse incómodas si se quita el tapón y se vacía la bañera mientras todavía están dentro del agua, como si algo de su propia energía fuera arrastrada con la misma. Experiméntelo y vea si nota algo.

8.10 Práctica del inodoro

No puedo dejar de insistir en la importancia de la «excreción etérica». Es una función vital que los seres humanos han perdido en gran medida. Este hecho es sumamente obvio para el clarividente, pese a que actualmente lo pasan por alto tanto las terapias convencionales como las alternativas, con la excepción de unas cuantas técnicas de drenaje en homeopatía, acupuntura y fitoterapia. Sin embargo, ninguna de ellas es muy eficiente si las comparamos con la capacidad excretora que se desarrolla mediante el despertar consciente del plano etérico.

Cuanto más se ejercite la capacidad de excreción etérica, más se desarrollará como una función tangible. Se sentirá que ciertas vibraciones etéricas abandonan el cuerpo etérico con la misma claridad con que se nota que los excrementos salen del cuerpo físico.

Ciertas excreciones etéricas pueden tener lugar sin que haya excreciones físicas. Sin embargo, debe quedar claro que todas las excreciones físicas deberían ir acompañadas por excreciones etéricas. Pero, debido a lo que los homeópatas denominan «miasma psórico», inherente a todo el mundo, las excreciones etéricas no son lo que deberían ser.

Hágase consciente de su plano de vibración mientras orina o defeca. Procure conseguir que las vibraciones etéricas negativas salgan al mismo tiempo que la materia física. Quedará realmente sorprendido por la intensidad de los resultados, así como por el bienestar general que ello produce.

• Pese a que suelen pasar inadvertidos, tienen lugar movimientos de energía insospechadamente fuertes mientras se orina y, en menor medida, cuando se defeca. Esto podría explicar el hecho de que un número significativo de enfermos del corazón expiren mientras están en el inodoro.

8.11 Práctica: eliminación en la tierra

A medida que se desarrolle la capacidad de excreción etérica, será posible excretar en la tierra, además de en el agua.

Quítese zapatos y calcetines y coloque las plantas de los pies y las palmas de las manos sobre la tierra.

Mantenga los ojos cerrados. Active la fricción en la garganta y sienta la vibración en el ojo y por todo el cuerpo. Entonces, olvídese del cuerpo y sienta la vibración de la tierra.

Después de un par de minutos, comience a excretar vibraciones etéricas en la tierra. Emplee exhalaciones largas, reforzadas por una fuerte fricción en la garganta. Traslade a la tierra las vibraciones indeseadas mientras el aire esté saliendo por la boca. Para la tierra estas vibraciones no son nocivas, ya que serán descompuestas y procesadas como fuerzas de la naturaleza renovadas.

Comentarios

Esta práctica también puede servir para liberar tensiones o ira.

Como todo lo que es poderoso, esta técnica debería emplearse con moderación. De otro modo, podría acarrear cierto vaciado de las propias energías.

8.12 Práctica: abrazar los árboles

Éste es un ejercicio más relacionado con la excreción etérica. La próxima vez que esté en un bosque, sintonice y elija un gran árbol, un árbol con el que sienta afinidad.

Entonces, acérquese a él y abrácelo. Procure que haya tanta superficie de contacto como sea posible: conforme abrace el tronco con los brazos, presione el pecho, la barriga y las piernas contra el mismo.

Libere cualquier vibración sobrante en el árbol. Excrételas del mismo modo que lo hace en el agua del baño. Ofrézcalas como un regalo para el árbol. Agradézcaselo al árbol cuando termine.

Comentarios

Respecto a las energías negativas, primeramente hay que tratar de operar las descargas en el agua o en la tierra. Deje los árboles para vibraciones más sutiles, o para el tipo de energías que no sea capaz de eliminar por otros medios. De cualquier modo, no crea que está dañando al árbol al obrar así, sino que más bien le está ofreciendo algo valioso. Pese a que, para uno mismo, la vibración relacionada con un estado depresivo o con el comienzo de una gripe pueda parecer negativa, para el árbol es una energía altamente evolucionada y sofisticada. Si ejercita la sensibilidad, podrá discernir qué árboles suspiran por lo que está tratando de eliminar de sí mismo.

Esta técnica puede obrar milagros. Pero hay que permanecer contra el árbol durante un rato, unos 10-15 minutos, o incluso más si se puede. Hay que dar al árbol tiempo suficiente para que reciba lo que se pretende ofrecer.

8.13 Práctica: llanto

Derramar lágrimas puede ser ocasión para liberar una gran cantidad de energías indeseables y tensión emocional, especialmente si se emplea la capacidad de excreción etérica recientemente adquirida. Transmita a las lágrimas todo aquello que pretenda eliminar.

Ser capaz de llorar (¡a voluntad, si es posible!) es una herramienta valiosa en la senda de la autotransformación. Permite limpiar con profundidad el corazón. Si es el tipo de persona que no puede llorar nunca, es recomendable que se esfuerce por recobrar esta habilidad. Debe probar cualquier truco que se le pueda ocurrir, desde pelar cebollas hasta los métodos más sofisticados del arte dramático.

Por otra parte, si es el tipo de persona que llora demasiado, puede ocurrir que, al liberar más a través de las lágrimas, ya no necesite llorar tanto. Es decir, al aumentar la calidad del llanto tal vez se reduzca su cantidad.

8.14 Práctica: sorber un pomelo

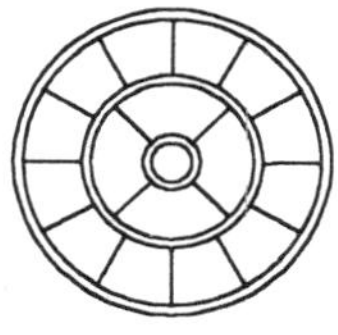

Madre, además de estar a cargo durante muchos años del *ashram* de Sri Aurobindo en Pondicherry (India), también fue una de las grandes ocultistas del siglo XX. Ella recordaba que una vez trabajó con una mujer extraordinariamente psíquica, la señora Theon. La señora Theon era capaz de colocar un pomelo sobre su pecho mientras yacía en el suelo y absorber su energía con su cuerpo etérico. Tras cierto lapso de tiempo, toda la fuerza vital del pomelo había sido extraída. Incluso, físicamente, el fruto parecía seco.

¿Podría coger una naranja o un pomelo y hacer lo mismo?

Túmbese. Coloque sobre el esternón una naranja buena, saludable —y preferiblemente de cultivo biológico— directamente sobre la piel.

Cierre los ojos. Hágase consciente de la vibración en el ojo. Hágase consciente de la vibración por todo el cuerpo, y en el pecho en particular. Entonces, hágase consciente de la vibración en el interior de la fruta.

Comience a traspasar la vibración de la fruta al propio plano de vibración.

8.15 Práctica: bostezos

Bostezar es uno de esos pequeños movimientos internos que puede liberar ondas de energía inesperadamente grandes. Bostezar puede considerarse como una circulación energética propiamente dicha: es una acción, un movimiento físico que puede ser seguido por un movimiento de energía u onda etérica. Como ocurre con todas las circulaciones energéticas, el movimiento de la energía es mucho más importante que el movimiento físico. Aunque, como vimos anteriormente (apartado 6.3), este movimiento de energía debe ser permitido, pues de otro modo no tendría lugar, o bien sería muy débil. Es una de las funciones naturales que el cuerpo etérico ya no efectúa de forma automática.

Suprimir los bostezos es un condicionante perverso, procede de una educación represiva. Cuando se realiza plenamente, bostezar libera el corazón, lo mismo que llorar. También libera muchas tensiones que de otra manera se acumularían en los ojos, de ahí la lagrimita que aparece en la comisura de los ojos después de un bostezo generoso y completo.

Veamos cómo puede obtenerse el máximo del acto de bostezar. Si observa desde el ojo verá que, cuando bosteza, la mayoría de la gente tiende a liberar energías por la boca. Hacernos conscientes de esta liberación de energía y amplificarla «con intención» cuando bostecemos, ya supondrá una mejora significativa.

Aunque hay una modalidad de bostezo más iluminada. El principio general es bostezar hacia arriba. Hay que manejar todos los músculos de la parte trasera de la garganta para que el movimiento de energía se dirija hacia arriba, hacia la parte superior de la cabeza, en vez de hacerlo horizontalmente por la boca. Mientras se bosteza hay que tratar de alargar la faringe. La boca no debe estar muy abierta, sino más bien casi cerrada. Enfoque toda la atención en la parte superior del área posterior de la garganta, detrás de la cavidad nasal. Dicha área, en el techo de la faringe, está estrechamente asociada con el metabolismo del néctar de la inmortalidad.

Comentarios

Si es lo bastante rápido, también puede emplear los estornudos para liberar energía.

Seguro que se habrá observado la contagiosidad de los bostezos. En una serie de conferencias dadas en Kassel entre junio y julio de 1909, Rudolf Steiner explicaba que en la Atlántida las influencias del subconsciente solían pasar con mucha más libertad entre los seres humanos. Un hombre poderoso era capaz de levantar su brazo y, sólo por la acción de dichas influencias subconscientes, toda la gente a su alrededor se sentía automáticamente compelida a levantar su propio brazo. Bostezar es el último remanente de dicho tipo de inclinación.[3]

8.16 El lado correcto del anillo

Si lleva un anillo puesto, quíteselo (si lleva varios, quíteselos todos, de forma que puedan examinarse uno a uno).

Cierre los ojos, hágase consciente de la vibración en el ojo y de la vibración en el dedo correspondiente. Emplee la fricción en la garganta para amplificar la sensación.

3. Véase Steiner, Rudolf, *The Gospel of St. John and its Relation to the Other Gospels*, Anthropo-sophical Press, New York, 1982, Chapter 6, p. 98 (El Evangelio de San Juan y su relación con los otros Evangelios). Pueden encontrarse numerosas ilustraciones sobre este principio en mi novela épica *Atlantean Secrets*.

Entonces, póngase el anillo y hágase de nuevo consciente de la vibración en el ojo y en el dedo. Permanezca inmóvil durante medio minuto aproximadamente.

Después, quítese el anillo, vuélvalo del otro lado y póngaselo de nuevo. (Un anillo tiene dos lados. Así, tras ponerse el anillo del otro lado, la parte que antes estaba más cerca del nudillo estará ahora más lejos.)

Permanezca inmóvil nuevamente, sintonice con la vibración en el ojo y en el dedo. Haga fricción en la garganta. Compare la vibración con la que sentía en la posición previa. La corriente de vibración generada por el anillo con frecuencia se siente bastante diferente.

¿Cuál es el lado correcto? Intente cada posición varias veces, hasta que pueda decidirse cuál siente como correcta, «directa» y favorecedora de las propias energías, y cuál se siente incorrecta, «retrógrada» y trabajando en su contra.

Comentarios

Un anillo puede almacenar un monto considerable de fuerza, tanto si lleva engarzada una piedra como si no. Cuanto más potente sea el anillo, más importante será llevarlo en la posición «correcta».

También puede usarse un péndulo para confirmar cuál es el lado «correcto» del anillo.

8.17 Nota acerca de los relojes de pulsera

¡Cuidado! Vistos desde el ojo, los relojes son mucho más tóxicos de lo que normalmente se cree. Esto es particularmente aplicable a los relojes de cuarzo: con cada vibración del reloj hay como un débil chasquido, el cual se envía al cuerpo etérico. Pero, aunque no sean de cuarzo, todos los relojes tienden a crear un campo etérico perverso, y suponen una gran interferencia para el flujo natural de nuestras energías.

Mostraremos un experimento sencillo para comprobar los efectos perniciosos de los relojes. Para ello se precisará un péndulo y un amigo. Una llave o un anillo al final de un hilo de algodón de unos 15 centímetros servirá adecuadamente como péndulo. Es preferible evitar hilos sintéticos.

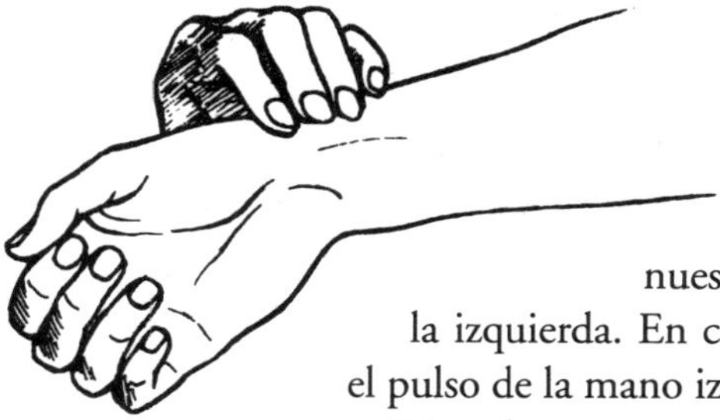

Pida al amigo que se quite su reloj. Mantenga el péndulo en una mano y con la otra tome el pulso de la mano derecha de su amigo. Esto, suponiendo que nuestro amigo siempre lleve el reloj a la izquierda. En caso contrario, comience tomando el pulso de la mano izquierda.

¿Cómo hay que tomar el pulso? Utilice los dedos índice, medio y anular, situándolos sobre la arteria radial, justo sobre la línea de la muñeca, en el lado del dedo pulgar. Observe que esta parte de la arteria radial está ubicada en el meridiano del pulmón (apartado 4.8.).

Mientras mantiene el péndulo en una mano y toma el pulso con la otra, vaya al ojo, hágase consciente de la vibración y respire con una ligera fricción. Entonces, sintonice con la energía del pulso. Trate de sentir la vibración en la arteria. El péndulo comenzará a girar en una dirección.

Luego repita la operación con la otra mano de nuestro amigo. Sintonice con la vibración del pulso. Se observará que, en la mayoría de los casos, el péndulo comienza a girar en la dirección opuesta. Este hecho es bastante normal: muestra que la energía de cada brazo tiene distinta polaridad.

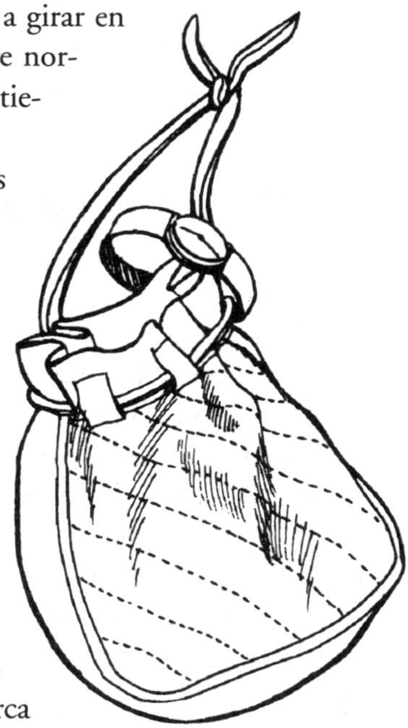

Por último, repita la operación tras pedir a nuestro amigo que se ponga el reloj. Tome el pulso de la mano con el reloj, sintonice y... ¡sorpresa! El péndulo, o bien deja de girar, o bien gira en dirección opuesta a la que tenía cuando el reloj no estaba puesto. Esto significa que el reloj de pulsera elimina o invierte la polaridad de la energía del brazo en que se lleva ¡una observación verdaderamente impactante!

No hay ningún lugar del cuerpo donde sea correcto llevar un reloj. El hábito de algunas enfermeras de llevar el reloj cerca del corazón no es precisamente aconsejable. En la medida en que el reloj esté en contacto con el cuerpo, o cerca del mismo (menos de 5 centímetros), creará una importante interferencia con nuestro etérico. Por esto, dicho efecto sería aproximadamente el mismo si se decidiera a llevarlo en el bolsillo en lugar de en la muñeca.

El reloj debería llevarse en el bolso o cartera, y no encima. Por ejemplo, se puede poner el reloj en una de las correas del bolso, de forma que pueda verse la hora fácilmente. ¿Por qué no lanzar una nueva moda?

Capítulo 9

ESTAR CONSCIENTE

9.1 Centramiento mediante la vigilancia en el ojo[1]

Comenzaremos con una experiencia sencilla. Cierre los ojos y haga una reconexión: hágase consciente en el entrecejo y respire con la fricción en la garganta. Construya la vibración en el ojo. Abra entonces los ojos y mire cualquier objeto frente a sí mismo. Aunque los ojos estén abiertos, hay que mantener una conciencia firme de la vibración en el entrecejo. ¿Qué hay en el campo de conciencia? El objeto, uno mismo y la vibración en el entrecejo.

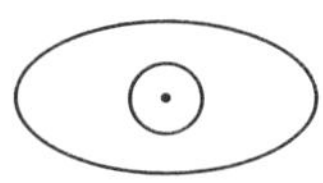

Puede notar algo interesante: es como si estuviera mirando el objeto desde el entrecejo. Esto sucede automáticamente. Limítese a mirar el objeto, manteniendo una fuerte conciencia de la vibración en el ojo, y se encontrará mirando el objeto desde el entrecejo con mucha naturalidad. En otras palabras, estamos centrados. Observe que, para conseguir el centramiento, no está haciendo algo de forma activa, sino que ello sucede por sí mismo. **Esto se debe a que la verdadera naturaleza del tercer ojo es el centramiento. En consecuencia, siempre que esté operando nos encontraremos centrados.**

1. En el presente libro, siempre que aparezca el término «el ojo» se refiere al tercer ojo, y no a ninguno de los ojos físicos.

Elija otro objeto y comience a mirarlo. Al mismo tiempo, permanezca consciente de la vibración en el entrecejo. Otro hallazgo será que la mente tiende a aquietarse. Una vez más, no está tratando de silenciar la mente. Por lo tanto, no ha de intentar nada, no ha de hacer nada, sino limitarse a mantener alguna conciencia de la vibración en el ojo. Y, como un subproducto, se encontrará con que la mente estará más aquietada de lo normal.

¿Cómo ocurre esto? En cuanto se está en el ojo, ya se está un poco fuera de la mente. Recuerde el ejercicio de contacto visual que examinamos en el apartado 5.9. Observábamos el plano de la conciencia mental ordinaria, denominado *manas* en sánscrito. La mente-*manas*, compuesta de sujeciones y condicionantes, es la fachada, es la que habla en la cabeza todo el tiempo. Y el tercer ojo es la puerta que permite salir de ella. Por lo tanto, cada vez que se vaya al ojo, se dará un primer paso para salir de la mente, con lo que todo se calmará.

Repita la presente práctica (9.1) una y otra vez. Elija unos cuantos objetos a su alrededor y emplee algún tiempo en mirar cada uno de ellos. Cada vez, está el objeto, está uno mismo, y está la conciencia de la vibración, cosquilleo, presión en el entrecejo... Mantenga abiertos los ojos, parpadeando tan poco como le sea posible. Continúe con la fricción en la garganta. Observe su conciencia y vea cómo difiere de cuando no hay foco en el ojo.

9.2 Alquimia interior

El centramiento y la quietud que surgen al estar en el ojo ilustran la naturaleza de la alquimia interior. El ojo es la estructura, y el centramiento es una de sus funciones. Al activar la estructura, se llevará la función. En lugar de tratar de luchar mentalmente contra nuestra mente para lograr la calma interior, se construirá una nueva estructura: el tercer ojo. Y entonces sólo hay que conectar la estructura para que la función: calma, quietud, se active.

Éste es uno de los grandes secretos de la alquimia interior: no tratar de resolver un problema al nivel de dicho problema. Por ejemplo, no hay que perder el tiempo peleando con la mente desde la mente. Fórmese un nuevo órgano. Una vez construido, el ojo irradiará calma; ésta es su verdadera naturaleza. Por consiguiente, la tarea consiste en construir el tercer ojo, tal como los antiguos construían las catedrales. Es un trabajo que requiere perseverancia o, de acuerdo con uno de los lemas de Clairvision School: «persistencia sobrenatural». Y así, un buen día uno se da cuenta de que, con sólo estar en el ojo, la mente se silencia. Se podrán **ver** los pensamientos viniendo hacia la mente como pequeñas formas y podrá elegir entre dejarlos o no entrar.

Tomemos otro ejemplo: la meditación. Tal vez haya alcanzado un estado de meditación muy elevado una o varias veces en la vida, por ejemplo al retirarse de las actividades diarias y seguir un retiro meditativo durante unos cuantos días o semanas. Pero, al volver al trabajo y reanudar la vida normal, ese elevado estado de conciencia gradualmente se disipa y nos deja de nuevo atrapados en las rutinas diarias de pensamientos.

La respuesta que da la alquimia interior es: no hay que esforzarse en retener la experiencia. No puede mantenerse, dado que se carece del órgano apropiado, la estructura de energía que nos permitiría estabilizarnos en un estado de conciencia más elevado. Precisamos generar dicha estructura, comenzar a tejer el cuerpo de inmortalidad, abrir el canal principal de energía en el centro del cuerpo, construir el centro de la corona en la parte superior de la cabeza.

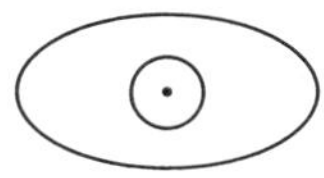

Créense los órganos sutiles apropiados y ya no solamente será durante los retiros meditativos cuando se podrá experimentar la expansión de la conciencia, sino durante todo el tiempo. Incluso en medio de una multitud, en una estación de tren, o mientras se conduce en un embotellamiento, el nuevo estado de conciencia permanecerá con nosotros. La experiencia no dependerá de que nuestra mente se aquiete mediante la reclusión, lejos del mundo. La conciencia espiritual irradiará desde el Ser Superior a través de los vehículos que se han construido, sin importar lo que suceda a nuestro alrededor.

Ahora nos encontramos en la etapa de construir el tercer ojo, como un primer paso en la realización del cuerpo de inmortalidad.

9.3 Permanencia en el ojo

Los caminos espirituales son muchos y variados, al igual que sus técnicas, las cuales nos invitan a mirar al mundo y a nosotros mismos desde ángulos diferentes. No obstante, hay unos cuantos puntos comunes a la mayoría de ellos. El tema central, que suele encontrarse en casi todos los métodos de autotransformación, es la necesidad de mantener una conciencia interna permanentemente.

Los maestros hindúes a menudo gustan de hacer ponderar a sus discípulos acerca de lo que distingue a un sabio iluminado de un ser humano cualquiera. Este último puede ser más inteligente, más educado, más hermoso que el sabio. Puede que tenga toda suerte de habilidades y cualidades de las que el sabio carezca. Pero hay una característica fundamental, que sintetiza todas las diferencias entre ambos: el sabio está permanentemente consciente y la otra persona no. El sabio ha explotado en un espacio de conciencia en el que la conciencia interior es espontánea. La mente del otro está tomada por incesantes pensamientos, percepciones y emociones que ensombrecen la percepción de su Ser Superior.

Para sustentar esta conciencia, se han creado toda clase de métodos a lo largo de generaciones de inventores espirituales. Algunos emplean un mantra, una secuencia de sonidos dotados de poder, ¡y lo repiten interiormente **todo el tiempo**! Como, por ejemplo, el gran yogui Ramdass, que alcanzó su iluminación mediante la repetición ininterrumpida del mantra *om ram* durante veinte años.[2] Pueden encontrarse prácticas equivalentes en el misticismo cristiano, basadas en la constante repetición de ciertas oraciones. Este método puede ser muy poderoso, pese a que no necesariamente se adecue a todo el mundo: la repetición constante de una secuencia de sonidos, no es sino un camino entre muchos.

El problema se reduce a encontrar un método que se adecue a la propia energía, y adherirse a él. Sugiero que se haga a sí mismo la siguiente pregunta: ¿cuál es mi varita mágica? Es decir, ¿qué mecanismo estoy empleando para estar consciente todo el tiempo? ¿Funciona? Si uno se preocupa por su desarrollo espiritual, entonces esta cuestión es vital. En tanto que la respuesta a la segunda pregunta sea no, uno ni siquiera será candidato para estados más elevados de conciencia, ni para la iniciación.

Observe que la técnica que es correcta para uno, no siempre es la misma que le gusta al principio. En la práctica espiritual, el éxito viene de

---

2. El hindú Ramdass, no el americano (Richard Alpert), por quien, dicho sea de paso, también siento un gran respeto.

la mano de la persistencia. Si se estudian vidas de maestros iluminados, se hallará que, con bastante frecuencia, cuando comenzaban su camino, no entendían nada de lo que estaban haciendo. La técnica que se les había proporcionado, aquella con la que iban a alcanzar la iluminación más adelante, les parecía árida, improductiva y extraña. Así pues, ¿por qué llegaron a ser maestros, mientras tantos otros no llegaron a ninguna parte? Ellos persistieron, persistieron, persistieron... hasta el punto que su empeño llegó a ser más importante que la propia técnica, y acabaron por lograr avances fenomenales.

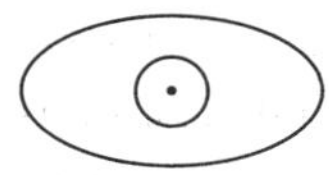

En el camino de la alquimia interior de Clairvision, la primera de las «varitas mágicas» consiste en establecer una conciencia permanente en el ojo. Si puede mirar a un objeto y al mismo tiempo permanecer consciente de la vibración en el entrecejo, entonces también puede caminar con la misma conciencia, por ejemplo. ¿Por qué no lo intenta **ahora mismo** (otro de nuestros lemas)? Deje el libro por un minuto y camine, con una conciencia total de la vibración en el entrecejo.

Así pues, ésta es una primera extensión de la búsqueda espiritual en las actividades diarias. Ahora, cada vez que camine, puede ser un buscador espiritual. O bien puede andar sin conciencia alguna, de manera errática, absorbido por sus propios pensamientos, o bien puede estar totalmente en la vibración en el entrecejo.

La conducción es otra actividad que se encontrará fácil de casar con la conciencia en el ojo; conducir desde el ojo es armonioso e inmensamente satisfactorio para el alma. El foco nos mantiene conscientes y centrados, pudiendo conducir durante más tiempo y con menos tensión y fatiga. Además, uno permanece alerta y el ángulo de visión es más amplio, lo cual aumenta la seguridad en la conducción.

Así pues, el propósito es extender la conciencia a cada vez más actividades, hasta alcanzar un foco constante en el ojo. Llegará un momento en que esta conciencia centrada en el ojo será automática y exenta de esfuerzo. Se integrará en todas nuestras acciones. Entonces, usted se habrá convertido en candidato para la iniciación.

Piense en todos los monjes que pasan sus vidas en un monasterio, sin otra cosa que hacer que rezar o meditar desde la mañana hasta la noche. Solamente un pequeño porcentaje de los mismos alcanzará la iluminación. ¿Cómo puede uno aspirar a ello, con sólo meditar veinte minutos un par de veces al día y pasando el resto del tiempo absorbido por la vorágine de la vida moderna?

La respuesta consiste en que hay que extender la conciencia a todas las situaciones de la vida diaria, comenzando a usar el mundo para llegar a estar más consciente. Entonces el mundo se convierte en el propio maestro, en lugar del adversario. Las circunstancias más insignificantes se transforman en bellas oportunidades para probar y ampliar nuestro centramiento y vigilancia, pues es muy posible adormecerse en un monasterio, abandonarse a una vida interior desconectada que evita aspectos clave y no conduce a ningún sitio. Mientras que, si uno acepta enfrentarse al mundo, el mundo se asegurará que uno se enfrente a sí mismo.

Ahora bien, no hay que convertir el hecho de estar en el ojo un proceso doloroso —¡hay que divertirse!—. Las técnicas de Clairvision se han diseñado para poder jugar con ellas. Sería insensato permanecer en la cabeza todo el día, recordando el propósito de vigilancia sólo de vez en cuando, y enfadándose con uno mismo por dejar que la mente vague a sus anchas. En lugar de ser absorbido por las rutinas cotidianas y sólo recordar el foco en el ojo de vez en cuando, sugeriría que —al principio— se aplique a la realización de ciertas acciones con una conciencia total en el entrecejo.

Por ejemplo, lave los platos estando al ciento por ciento en el ojo. Si pone en ello todo su ser, después de unas cuantas veces llegará a hacerlo automáticamente: cada vez que comience a lavar, la presencia en el ojo vendrá por sí sola. Dicho sea de paso, observe que lavar puede convertirse en una actividad muy refrescante, si deja fluir el agua y libera las tensiones y energías erróneas en el agua a medida que limpia los platos (vea la técnica 4.12).

Diversas actividades que podrían calificarse de simples y aburridas, llegarán a ser sorprendentemente fascinantes si se realizan desde el ojo. A medida que añada al foco en el ojo un mayor estado de visión, el mundo se convertirá en una constante fuente de asombro. Este camino puede muy bien seguirlo ahí donde está, aquí y ahora. Dejar el trabajo y huir a una cueva no necesariamente sería una ventaja. El quid de la cuestión no reside tanto en cambiar las propias actividades como en efectuarlas con la nueva conciencia.

Vida en el ojo: consejos, trucos y trampas

Siempre es aconsejable emplear algunos recordatorios: cada vez que los vea, vuelva al foco. Por ejemplo, póngase una cinta en la muñeca, o bien pegue papelitos en lugares clave. O escriba una nota en el espejo, pinte una de sus uñas de diferente color...

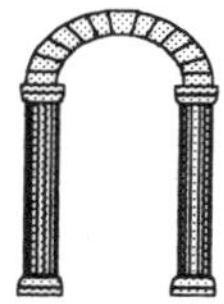

Las puertas y portales tienen una fuerte resonancia simbólica. Una práctica poderosa consiste en recordar nuestra aspiración espiritual cada vez que crucemos una puerta o portal.

Otro poderoso método consiste en usar un reloj con cuenta atrás y hacerlo sonar cada 7 minutos, por ejemplo. Cada vez que oigamos la señal, reenfocaremos nuestra conciencia en la vibración del entrecejo y respiraremos con fricción en la garganta durante 10-15 segundos. El siete es un buen número para la autotransformación. No obstante, lo importante no es la longitud del intervalo, sino el hecho de que la señal y la práctica se repitan con extrema regularidad. Esto proporcionará un sentido del ritmo al cuerpo astral y nos imprimirá profundamente el hábito de estar en el ojo.

Ahora probaremos algo diferente. Cerremos los ojos y comencemos a respirar con la fricción, construyendo una fuerte vibración en el entrecejo durante 1-2 minutos. Abramos los ojos, manteniendo un foco lo más intenso posible en el entrecejo, y mirémonos en un espejo.

¡Obviamente, para nuestros amigos o familiares sería un tanto ofensivo que nos dirigiéramos a ellos con una cara como ésa! Entones ¿qué podemoshacer? En primer lugar, cuando hablemos con alguien, hemos de practicar el estar en el ojo y en el corazón a la vez (técnica 5.13), de modo que la intensidad del ojo sea atemperada por la apertura y suavidad del corazón.

En segundo lugar, cuando nos hayamos estabilizado más en el ojo, el intenso fruncido de ceño desaparecerá, y pareceremos del todo normales. Mientras, intentaremos llevarlo con elegancia.

9.4 La cosecha de la permanencia

Procedamos a revisar y procurar entender los beneficios que se obtienen al mantener una conciencia permanente en el ojo.

• *Conciencia*

Lo más importante de todo es el propio hecho de estar conscientes, como se ha visto anteriormente. Quien esté consciente estará navegando hacia el Ser Superior. Quien no lo haga, estará malgastando oportunidades preciosas de crecimiento.

• *Centramiento*

Como se ha mostrado con las sencillas experiencias al comienzo del presente capítulo, uno de los resultados directos de estar en el ojo es un estado de conciencia más centrado. En la filosofía del yoga (*yoga-darsana*), hay un concepto importante: *vikshepa. Vikshepa* está vinculada a una condición de la mente de esparcirse y extenderse. El gran sabio Patañjali, en su clásico *Yoga-sūtras* (aforismos del yoga) describió *vikshepa* como uno de los principales obstáculos en la senda hacia la reintegración espiritual (*Yoga-sūtras* 1:30-31). A medida que desarrollemos el ojo, adquiriremos una mayor capacidad de mantener a voluntad propia un estado mental de quietud y silencio.

• *Una conciencia más allá de la mente discursiva*

La ventaja de usar el ojo para el propósito de estar consciente, es que conduce a una vigilancia que está más allá del plano habitual de la mente discursiva. Uno de los principales escollos, cuando uno se dedica a un camino de la conciencia, es observar a la mente con la propia mente. Algunas personas consiguen alcanzar cierta conciencia de sus pensamientos, aunque ésta sea meramente mental. Es decir, cada vez que tienen un pensamiento, por ejemplo acerca de su amiga Claudia, llega otro pensamiento: «estoy pensando en Claudia»; y así sucesivamente. Dichas personas a menudo se quedan insatisfechas tras algún tiempo. Tienen la sensación de que todo lo que hacen es correcto, comenzando por el hecho de estar conscientes, y, aun así, nunca ocurre nada. Permanecen ancladas a su conciencia mental ordinaria. Nunca experimentan ningún avance real hacia un estado de conciencia expandida. La razón es obvia. El verdadero objetivo es la conciencia del Ser Superior, ¡y no solamente la conciencia de uno mismo! *Manas*, el plano de la conciencia mental ordinaria, el que está hablando en nuestra cabeza todo el tiempo, es el principal velo entre uno mismo y el Ser Superior. Por lo tanto, el propósito es salir de la mente-*manas* para entrar en el Ser Superior, y no pretender que la mente-*manas* simule una conciencia más elevada al añadir pensamientos tras pensamientos.

Precisamente cuando comencemos a observar la mente desde fuera de la mente nuestra conciencia llegará a ser espiritualmente remuneradora. Y es por ello que resulta tan valioso trabajar en la apertura de la percepción: cuando se consigue siguiendo nuestros principios, la apertura nos permite salir fuera de la mente-*manas*. Lo principal no es ver auras y mundos no físicos, sino ver desde «fuera de la mente». Entonces comenzaremos a existir fuera de la «jaula».

Ahora podrá entenderse mejor por qué en el presente libro se ha repetido constantemente que la esencia no está en lo que se ve, sino en el hecho de ver. En términos de desarrollo espiritual, los contenidos de las visiones son secundarios, en comparación con la emergencia fuera del plano de la conciencia mental ordinaria. Las personas que emplean demasiada energía tratando de analizar el significado simbólico de sus visiones, con frecuencia pierden de vista por completo este aspecto.

• *Construcción del ojo*

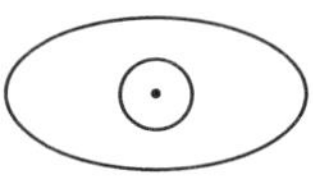

Al permanecer enfocados permanentemente en el entrecejo, aceleraremos la evolución del ojo de forma considerable. El ojo será nutrido por nuestra conciencia. Además, se establecerá una conexión que permitirá que los guías y ayudantes espirituales puedan darnos energía y apoyo. En las primeras etapas de nuestro desarrollo espiritual, su función es venir para cincelar nuestros órganos sutiles de clarividencia. Su tarea se facilita enormemente si mantenemos una vigilancia constante. En lugar de decir «estar consciente en el ojo», podríamos decir «permanecer conectado mediante el foco en el ojo». Si uno se dedica a establecer cierta permanencia en el ojo, el sentimiento de conexión con la propia energía se hará cada vez más evidente.[3]

3. Esta experiencia de conexión mediante el ojo es el primer paso hacia la «columna del Espíritu», que juega un papel esencial en una etapa posterior del trabajo alquímico.

La persistencia en este trabajo también fomenta diversos cambios fisiológicos en los nervios y glándulas relacionados con el tercer ojo. El tercer ojo en sí mismo no es físico, es un órgano de energía que principalmente pertenece a los cuerpos etérico y astral. Aun así, algunas estructuras físicas a su alrededor están conectadas al mismo y experimentarán una transformación profunda a medida que el despertar avance: por ejemplo, la glándula pituitaria y, en una etapa posterior, la glándula pineal. Estas dos glándulas son invariablemente mencionadas por todo tipo de ocultistas cuando hablan del tercer ojo. No obstante, la investigación clarividente en profundidad revela que también tienen lugar cambios significativos en otras estructuras, tales como la placa cribiforme del hueso etmoides (a través de la cual pasan al cerebro los nervios de la mucosa nasal), el miasma óptico, el seno frontal, el seno del esfenoides y los ventrículos del cerebro (cavidades llenas de líquido, en el interior del cerebro).

• *Filtro del mundo exterior*

Uno de los motivos por los que no podemos ver los mundos no físicos, es debido a que nuestra mente está saturada por impresiones recibidas por los sentidos físicos. En otras palabras, la cabeza está llena con las imágenes y sonidos del mundo físico, y no queda espacio para nada más. La copa se ha de vaciar antes de que pueda ponerse otro material en ella. Por esta razón con frecuencia se indica —por ejemplo en la obra de Steiner— que el aprendiz de esoterismo debería dedicar cada día algún rato a cortar con todas las percepciones sensoriales. Entonces el cuerpo astral, el plano de la conciencia mental, podrá retirarse a una vida propia y contemplar imágenes no físicas. Un concepto muy semejante se repite constantemente en los distintos yogas de la tradición hindú. La palabra sánscrita *pratyahara* significá una retirada de los sentidos, mediante la cual puede experimentarse una condición desnuda de conciencia. En la literatura sánscrita, *pratyahara* se describe a menudo como un requisito previo para lograr experiencias internas más elevadas.

A medida que se abra nuestra visión, realizaremos un descubrimiento interesante: la polución no es sólo un problema de cantidad, sino de calidad. No es nada más el hecho de que constantemente recibimos multitud de percepciones sensoriales físicas que nos incapacitan para ver otros mundos. Además, estas percepciones físicas producen un fuerte efecto sobre nuestro sistema. Lo que llega por los sentidos físicos es como materia basta: es excesivamente grosero. Por lo tanto, si no se filtra, hará que nuestra conciencia sea áspera y poco refinada.

En otras palabras, estamos permanentemente inundados por impresiones no procesadas: imágenes, sonidos, olores... Éstas asaltan nuestra conciencia y crean mucho más daño del que nos podamos imaginar. Para poner una analogía, es como si los nutrientes que ingerimos al comer fueran directamente enviados a los órganos y tejidos del cuerpo sin haber sido previamente procesados por el aparato digestivo. Si así ocurriera, nuestro cuerpo físico perdería su identidad, se convertiría en demasiado «como lo de fuera». Y eso es exactamente lo que le sucede a nuestra conciencia, que pierde la identidad de su propio Ser. El Ser Superior ya no puede discernirse entre este maremágnum de impresiones externas.

Quiero insistir en este hecho, ya que aparece como esencial cuando se observa la economía de la conciencia de forma clarividente. Del mismo modo que nuestro cuerpo físico está hecho de lo que comemos, todas las impresiones sensoriales contribuyen a tejer nuestro plano de la conciencia mental. Y en la presente situación se está generando, día tras día, una nube espesa de materia astral grosera, la cual vela nuestro Ser Superior.

¿Qué ocurre cuando permanecemos conscientes en el tercer ojo? Las impresiones que llegan desde el mundo exterior se reciben primeramente en el tercer ojo, en vez de asaltar directamente nuestra mente. Recordemos los ejercicios de centramiento, al comienzo del presente capítulo, en los que se miraba a un objeto y se permanecía consciente en el espacio entre las cejas. Instantáneamente, es como si estuviéramos mirando desde el tercer ojo, queriendo esto decir que las impresiones visuales llegarán primero a nuestro tercer ojo. ¿Qué pasa entonces? El tercer ojo «digiere» dichas impresiones, las filtra y las procesa.

Este mecanismo nos impactaría si pudiéramos observarlo de forma clarividente. La calidad de la vibración que penetra en nuestra cabeza difiere enormemente, en función de si ha sido o no previamente procesada por el tercer ojo. Las percepciones que han transitado primero por el tercer ojo son suaves y refinadas, y las que no lo han hecho son groseras y redundantes, hieren como un dolor de cabeza. Tejen nuestra conciencia de tal modo que la hacen inapropiada para la toma de conciencia espiritual.

Comprender y aplicar este principio es por sí mismo suficiente para cambiar un destino. Pues, ¿qué se ve cuando se observa la mente con clarividencia? Los pensamientos de la mente no son entidades abstractas, sino que están hechos de cierta sustancia. Por supuesto, dicha sustancia no es física, aun existiendo como materia a un cierto nivel, y la calidad de nuestra sustancia mental determinará la calidad de nuestros pensamientos. Los pensamientos espirituales o, incluso, los pensamientos inteligentes, simplemente no pueden prosperar o ser recibidos si la sustancia mental es pobre y grosera. Si nos preocupa nuestro desarrollo espiritual, sugiero que se pondere este punto.

9.5 Práctica

Para realizarla podemos estar de pie o sentados, siempre y cuando la espalda esté recta y vertical.

Hagámonos conscientes del espacio entre las cejas (¡lógicamente, tras leer este capítulo, ya deberíamos estar en el espacio entre las cejas!). Permanezcamos completamente inmóviles. Limitemos al máximo los parpadeos y los movimientos de los globos oculares.

• *Imágenes*

Miremos un objeto de nuestro alrededor. Mirémoslo desde el ojo. Recibamos el objeto en el ojo, entre las cejas. Tratemos de poner en práctica el efecto filtrante que se acaba de exponer.

Tratemos de sentir el «peso» de las imágenes en el tercer ojo, como si las imágenes estuvieran presionando en el espacio entre las cejas.

Asegurémonos de que ninguna impresión visual deje de pasar por el ojo. Hagámonos conscientes del procesado de todas las imágenes físicas por el tercer ojo.

Luego, dejemos caer la conciencia del ojo. Liberemos el foco. Comencemos a mirar los objetos en el modo mental usual... y veamos la diferencia. ¿Podemos percibir que las vibraciones que alcanzan nuestra cabeza son menos sutiles?

• *Sonidos*

Apliquemos este mismo método a los sonidos. Pongamos música y pasemos un minuto oyéndola sin ninguna conciencia en particular, y sin el foco en el ojo. Tratemos de apreciar la calidad de la vibración de lo que está entrando.

Entonces, hagámonos conscientes en el espacio entre las cejas. Escuchemos desde el ojo. Mantengamos el foco de manera que los sonidos se reciban en el ojo. Tratemos de sentir la diferencia en la naturaleza de las vibraciones que nos penetran.

• *Olores*

Ahora practicaremos con algo que estimule nuestro sentido del olfato. Primero oleremos la sustancia sin ninguna conciencia en particular. Luego, recibiremos el olor desde el espacio entre las cejas: olamos desde el ojo. ¿Cómo cambia la percepción cuando la filtramos por el ojo?

• *Gusto*

Comencemos comiendo algo sin ninguna conciencia en particular. Luego, tras unos minutos, empecemos a degustar la comida desde el ojo. En este caso, la diferencia en la calidad de la vibración será especialmente impactante.

Practiquemos de forma más selectiva, con distintos sabores y comidas. Observemos y comparemos la acción de gustos dulces, salados, ácidos... en el ojo, uno tras otro.

Un descubrimiento importante consistirá en que, cuando estemos en el ojo, no apreciaremos los mismos alimentos que cuando no estemos conscientes en el mismo.

9.6 Práctica

Caminemos por la calle con un foco total en el ojo. Cerciorémonos de que cualquier imagen, sonido u olor se reciba a través del ojo. Después de unos minutos, liberemos la conciencia del ojo. Recibámoslo todo mentalmente, sin foco alguno en el ojo. Comparemos la calidad de las vibraciones en nuestro interior.

9.7 Práctica

¿Qué es exactamente lo que nos penetra cuando percibimos una imagen, un sonido, un olor...? ¿Qué clase de vibración recibimos? ¿Qué clase de sustancia sutil se añade a nuestro ser?

Repitamos la práctica 9.5; pero esta vez pongamos todo el énfasis en el perceptor, es decir, nosotros mismos. Miremos un objeto sin mantener ningún enfoque particular en el ojo. El objeto tiene determinadas cualidades y también hay cierta cualidad de vibración dentro de nuestra cabeza.

¿Qué es lo que se añade a nuestra propia vibración cuando recibimos la imagen del objeto? ¿Qué cambia en nuestra cabeza, o donde sea, al nivel de la energía?

Ahora, permanezcamos cada vez más en el ojo. Hay grados, en lo que a estar en el ojo se refiere. Podemos estar un 10 % en el ojo, o un 40 % y si perseveramos en la práctica, un día nos será posible estar un 100 % en el ojo.

Comencemos estando un poco en el ojo, digamos un 5 %. Observemos la diferencia en la vibración que recibimos del objeto, comparada con la que recibimos cuando no hay una particular conciencia en el ojo. Incrementemos progresivamente, haciéndonos conscientes un 10 % en el ojo, luego un 20 %, y así sucesivamente. Observemos cada vez la vibración que tomamos mientras miramos el objeto. Luego, hagamos lo mismo con tanta conciencia como nos sea posible. Tratemos de sentir cómo nos afectan las impresiones visuales. ¿Qué se añade a nuestra energía mientras las percibimos? ¿Podemos sentir que la entrada sensorial sea materia astral?

Vayamos de uno a otro objeto y repitamos el proceso de observación, con niveles gradualmente superiores de conciencia centrada en el ojo.

Luego pongamos música y repitamos el proceso, en esta ocasión con los sonidos.

Este ejercicio también puede aplicarse al sentido del gusto.

9.8 Prueba

Escojamos el lugar más agitado de una gran ciudad. Tratemos de permanecer allí durante media hora, con la conciencia completamente en el ojo. Asegurémonos de que no penetre percepción alguna que no haya sido previamente procesada por el ojo. Filtremos incluso aquellas percepciones que normalmente pasan inadvertidas (aunque sean registradas inconscientemente).

¿Hasta dónde podemos mantener nuestra integridad?

Repitamos la prueba de vez en cuando, al objeto de medir nuestro progreso.

9.9 *Intermezzo*: cambios en la visión

Uno de los primeros resultados que observaremos cuando apliquemos las técnicas descritas en el presente libro, es una suave transformación del modo en que percibimos el espacio en nuestras actividades diarias. Para las prácticas de este apartado, sería preferible estar en el exterior, en un jardín o en un bosque.

Miremos los árboles y las flores mientras estemos en el ojo. Sentémonos cómodamente, no necesariamente en postura de meditación. Se trata de estar relajados. Reconectemos con el ojo, en el espacio entre las cejas. Mantengamos los ojos abiertos. Es preferible no moverse mucho, pero tampoco se trata de adoptar una actitud rígida, como de estatua, a diferencia de las prácticas de contacto visual.

Retomemos el triple proceso de visión:

1) Conciencia en el ojo.

2) Conciencia del hecho de ver, o estado de visión. Si el estado de visión es un problema excesivo, nos limitaremos a «sentir» la imagen en lugar de mirarla.

3) Sentimiento desde el corazón.

Observaremos que, mientras estemos enfocados en el ojo, la percepción del campo cambiará ligeramente. Una primera y sencilla diferencia será que la percepción se hará más global: abarcará más de lo que esté situado en la periferia de la imagen. En vez de seleccionar una parte e inconscientemente enfocarla, permaneceremos conscientes de todo el panorama.

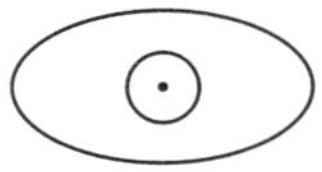

Pero habrá algo más que un incremento de la percepción periférica. Comparado con lo que vemos normalmente, la imagen nos parecerá que sea «menos plana»; el aire parecerá «cobrar dimensión». Parecerá que haya más perspectiva, más relieve. A medida que se desarrolle nuestro ojo, este contraste aparecerá con mayor claridad.

La diferencia entre la visión del tercer ojo y la normal es similar a la que hay entre la realidad y una postal, o entre una imagen holográfica y una imagen plana. Parece que el ojo añada una dimensión estereoscópica a la imagen, incluso aunque no se llegue a entrar en la percepción extrasensorial o en la visión de auras.

Otra diferencia observable será que la imagen parecerá más «viva». Los colores serán más vívidos, como si tuvieran intensidad y vitalidad propias. Los colores hablan a nuestra alma, le comunican sus cualidades. Definitivamente, habrá un sentimiento de viveza que empapará toda la imagen. Nuestra visión física se embellecerá de repente: ¡es como si estuviéramos redescubriendo el mundo! Y todo lo que hay que hacer para lograr esta otra visión, es salirse un poco del plano de la mente en que uno ha sido condicionado a operar. Recordemos que, tan pronto como entramos en el ojo, ya estamos medio fuera de la mente.

Cuando se experimentan episodios de vidas pasadas mediante técnicas de regresión y clarividencia, uno se da cuenta de que, hasta no hace mucho tiempo, los seres humanos percibían el mundo con esta visión más bella y vivaz.

El «aplanamiento» del campo de conciencia parece haber tenido lugar a partir del siglo XIX, simultáneamente a la revolución industrial y a la explosión de descubrimientos científicos. Puede relacionarse con lo que Rudolf Steiner ha denominado la llegada de las influencias ahrimánicas a la conciencia humana.

Sugiero que sería bueno pensar en dar paseos por la naturaleza, reconectando con esa visión llena de vida, cuando estemos agitados o agobiados por problemas. Es una forma dulce de pacificar muchos conflictos de la mente, no mediante la lucha, sino por la atracción de la belleza del mundo, tal como se ve desde la no-mente.

9.10 La conciencia ojo-corazón

Una vez hayamos establecido una sólida conciencia en el ojo, el siguiente paso será anclarla en el corazón. Por el corazón no me refiero al órgano físico, compuesto de músculos y ubicado en el lado izquierdo del pecho, sino al centro del corazón, el chakra situado en el centro del pecho. (Esto mismo es aplicable a lo largo del presente libro.)

En varios de los ejercicios de contacto visual se sugirió que se ubicara la conciencia en el ojo y el corazón a la vez, como si se estuvieran recibiendo imágenes y sentimientos en el corazón a través del ojo. El próximo paso consistirá en extender este doble foco a todas nuestras actividades.

La conciencia ojo-corazón es un desarrollo ulterior del foco en el tercer ojo. Una vez hayamos llegado a familiarizarnos con la vida en el ojo, no será tan difícil añadir el sentimiento del corazón al mismo tiempo. La fuerza penetrará más hondamente. La conciencia se anclará, se arraigará en el corazón y surgirá una nueva gama de percepciones y sentimientos, ya que conseguiremos un grado de integración más elevado.

¿Qué es lo que puede verse clarividentemente en el aura de alguien que haya asentado una conciencia permanente en el ojo y en el corazón al mismo tiempo? Comienzan a fluir corrientes de vibración y de luz, entre el corazón y algunos centros de energía localizados alrededor de las glándulas pituitaria y pineal. Se establece una nueva comunicación entre el corazón y la cabeza. Se activan algunos nuevos canales del cuerpo de energía.

El estado de conciencia que se obtiene con este doble foco es también bastante diferente. La principal diferencia consiste en que la conciencia en el corazón nos permite estar más en contacto con nuestro Ego, o Ser Superior. Nuestro Ser Superior recibe cada vez más percepciones nuestras, en lugar de estar desconectado de nuestra existencia consciente. Surge un nuevo modo de pensar a partir de nuestro foco permanente en el ojo, y puede conectarse esta nueva forma de pensar con la presencia del Ser Superior en el corazón.

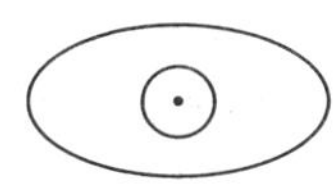

Definitivamente, este doble foco nos conduce a llegar a estar más presentes en nuestro entorno. Ya no podremos hacer las cosas mecánicamente y sin alma, si estamos completamente conscientes de nuestra propia presencia en el corazón. Estamos trabajando en la construcción de una conexión sagrada, que permitirá que nuestro Ser Superior reciba el mundo y que Él Mismo se exprese en el mundo. Dicho de otra forma, estamos preparando la gran boda alquímica: la del Ser Superior y el mundo.

9.11 ¿Cuándo comenzar?

¿Cuándo deberíamos dejar el foco únicamente en el ojo y comenzar con el doble foco ojo-corazón? No demasiado pronto. Por supuesto, dependerá de cuánto nos impliquemos en la práctica. Aun así, se suelen requerir al menos uno o dos años de permanente conciencia para que la transformación alquímica del tercer ojo sea plenamente operativa. Sería un gran error dejar de cultivarla demasiado pronto y diversificar nuestra atención. Incluso aunque uno se considere avanzado, recomiendo continuar con el foco únicamente en el ojo durante un número suficiente de meses.

Cuando hayamos pasado a la conciencia ojo-corazón, todavía será muy recomendable que dediquemos uno o dos días a la semana a estar conscientes únicamente en el ojo, para reforzarlo.

No obstante, hay excepciones a estas reglas. Debido a su propia organización, queriendo con esto decir debido al trabajo de autotransformación alcanzado en vidas previas, ciertas personas deberían enfocarse más en el corazón que en el ojo desde el mismo inicio del trabajo. Por ejemplo, algunas personas tienden a ser proyectadas a «fuegos artificiales» de percepción sutil tan pronto como entran en contacto con su tercer ojo. Es como si fueran diseminados por el espacio astral. Ven seres no físicos por todas partes. Se sumergen en los mundos espirituales y tienden a perder sus propias referencias. En este caso, la conciencia debería estabilizarse en el centro del corazón. Cada vez que surjan tales experiencias, debería ponerse énfasis en mantener el sentido del propio Ego y en desarrollar las propias referencias mediante el sentimiento de la propia presencia en el corazón. Los ejercicios de anclaje a tierra que se describen en los capítulos sobre protección, también serán útiles.

Capítulo 10

EXPERIENCIAS EN EL CAMINO

10.1 Cosquilleo en diversas partes del cuerpo

En el presente capítulo revisaremos algunas de las experiencias, sensaciones y sentimientos más comunes que pueden aparecer mientras se trabaje en el ojo y se efectúen las técnicas del presente libro.

La vibración y el cosquilleo indicarán que algo se está activando en el cuerpo etérico, es decir, el plano de la fuerza vital, o prana. Cuando meditemos, si el cosquilleo tiene lugar en las manos, brazos, piernas o en cualquier otra parte del cuerpo, simplemente nos indicará que están teniendo lugar algunos realineamientos en nuestra energía. Por ejemplo, algunos canales que estaban bloqueados comienzan a fluir de nuevo, o bien se estimula de forma temporal una circulación en concreto, o bien está teniendo lugar algún otro movimiento similar en el cuerpo etérico.

Estos pequeños síntomas no tienen ninguna significación por sí mismos. Vienen y se van, y es preferible no prestarles excesiva atención.

10.2 Permitamos que las cosas vayan y vengan

Cuando se trabaje con la energía, un principio general es que, de vez en cuando, se experimentarán diversos tipos de pequeñas sensaciones y sentimientos. Éstos pueden incluir sacudidas, pequeñas molestias, visión de colores, audición de sonidos internos, etcétera, los cuales vienen y se van. A menos que se instalen de forma permanente, no significan nada en absoluto. Hemos de tomarlos como pequeñas descargas o realineamientos de la energía. No hemos de fijarnos en ellos, sino limitarnos a seguir el proceso.

Únicamente en el caso de que alguno de ellos apareciera regularmente, habría que tomarlo en consideración y tratar de comprender lo que significa.

10.3 Si una experiencia de meditación se hace demasiado intensa...

¿Puede la meditación ser alguna vez demasiado intensa? ¡Es muy discutible! En los casos en que la intensidad sea muy elevada, será siempre recomendable quedarse muy quieto y observar lo que está pasando, sin reaccionar.

Si, por algún motivo, se comienza a sentir verdadera incomodidad y se desea interrumpir la experiencia, todo lo que hay que hacer es abrir los ojos y acabar la práctica. Al abrir los ojos, la presión de la experiencia disminuirá de forma instantánea y se volverá de nuevo al estado normal de conciencia.

10.4 Sensación de vibración por encima del entrecejo

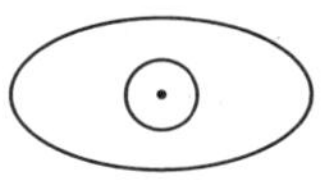

Una experiencia que probablemente ocurra es la de sentir presión y luz en la parte superior de la frente, unos 3 centímetros por encima del entrecejo, alrededor de la línea divisoria entre la frente y el cuero cabelludo. La presión y la luz pueden ser constantes, incluso fuera de la meditación o aunque no estemos tratando de mantener la vigilancia en el ojo.

Tal presión indicará que se está vertiendo energía en el ojo, es como un cincelado de nuestros órganos sutiles de clarividencia, operado por ayudantes no físicos.

Otra posible experiencia es la de una «sierra» de luz en la mitad de la cabeza (en su parte superior). Se siente una presión de vibración y de luz que parece que esté operando una separación de los dos hemisferios del cerebro.

Todas estas manifestaciones son buenas señales, las cuales indican que se está progresando. No obstante, no han de ocurrir de forma ineludible. Perfectamente se puede concluir por completo el proceso de apertura sin haber sentido ninguna de ellas.

Si tienen lugar, hay que limitarse a observarlas. Durarán algún tiempo y después se desvanecerán, cuando haya sido concluido este proceso de construcción de los órganos sutiles.

Si se desea colaborar en el proceso, puede tratarse de sintonizar con la energía que está detrás de la fuerza actuante. Por ejemplo, ¿de dónde procede la presión? ¿Puede sentirse la presencia de algún ser detrás de la «sierra de luz» o de cualquier otro fenómeno que se esté sintiendo? No es preciso «hacer» nada, sino que bastará con reconocer conscientemente la conexión, lo cual facilitará la labor del ayudante.

10.5 Sensación de calor

Puede ocurrir que se libere calor durante las prácticas. No hay nada de negativo en ello. Es una manifestación común durante determinadas fases del despertar, que generalmente no dura mucho tiempo.

Si no se bebe alcohol, no hay nada en concreto que cambiar. No obstante, es recomendable abstenerse de comer carne durante las fases de liberación de calor, así como seguir una dieta tan pura como sea posible y evitar las especias. También pueden tomarse duchas prolongadas y liberar el calor en el flujo de agua corriente, como en el ejercicio de lavarse las manos (apartado 4.12). Es, además, muy apropiado bañarse en ríos y en el mar. En el kundalini-yoga, un tipo de práctica espiritual en la que pueden liberarse fuertes oleadas de calor, en ocasiones se recomienda comer yogur para contrarrestar el calentamiento del cuerpo.

La combinación del trabajo con la energía y el consumo de alcohol es peligrosa (esto es aplicable para cualquier tipo de alcohol). Se abre la puerta a un amplio rango de energías indeseables y puede conducir al desastre. No hay virtualmente ninguna forma de protección que pueda funcionar eficazmente para alguien que beba alcohol (véase el apartado 17.6).

10.6 La respiración se interrumpe

En alguna fase de la meditación es bastante frecuente que se tenga la sensación de que la respiración se pare. Algunas personas tienden a preocuparse al respecto, pensando: ¿y si mi cuerpo no vuelve a respirar? En realidad, no hay que preocuparse, pues nadie se ha muerto nunca debido a una suspensión natural de la respiración. ¡El cuerpo sabe exactamente lo que está haciendo! Bastará con esperar unos cuantos segundos para que se reanude la respiración normal.

En verdad, ese tiempo durante el que se suspende la respiración es precioso. Todo se para en el interior, como en una quietud cósmica. Es una ocasión para sumergirse más hondamente en el espacio y entrar en contacto con dimensiones expandidas del propio Ser Superior.

10.7 La presión en el ojo se hace incómoda

En algunos casos, la presión en el ojo puede llegar a ser incómoda, casi como un dolor de cabeza.

¿Qué ocurre? Puede interpretarse como una mezcla de diversos factores:

- Se está teniendo sujeción mental.

Nunca se ha sugerido que nos concentremos en el tercer ojo, sino que mantengamos una conciencia del mismo. Aun así, es muy fácil que, cuando se esté luchando por permanecer en el ojo, se comience a sujetar el ojo en lugar de limitarse a estar consciente de él. Se generará una tensión innecesaria, que puede transformarse en una especie de dolor de cabeza.

Si nos sucediera esto, lo primero que hemos de hacer es asegurarnos de estar manteniendo una suave conciencia en el ojo y no forzar nada.

- La energía está tratando de tirarnos hacia arriba y nos estamos resistiendo inconscientemente.

De vez en cuando, a medida que se practique la permanencia en el ojo, la conciencia será elevada desde el entrecejo hasta por encima de la cabeza. Esto es muy natural y se debe a la estrecha conexión que hay entre el tercer ojo y el centro de la coronilla, en la parte superior de la cabeza. Cuando ocurra esto, hemos de permitir ser elevados y disfrutar del hecho de estar por encima de la cabeza durante un rato y volver de nuevo al ojo cuando concluya la experiencia.

Al principio suele ocurrir que no reconocemos el «tirón», el cual resistimos de modo inconsciente, forzándonos a mantenernos en el entrecejo. La propia determinación de permanecer firmes en el ojo, la cual es una aspiración correcta, inconscientemente nos hace resistir el flujo natural de la energía. El resultado es muy sencillo: un dolor de cabeza.

¿Qué hay que hacer? La respuesta es obvia: cambiar el foco durante un rato, mover la conciencia desde el entrecejo hasta por encima de la cabeza. El exceso de energía acumulado en la cabeza se liberará hacia arriba.

A continuación exponemos una técnica para ayudar a lograr este resultado.

10.8 Práctica: control de los dolores de cabeza

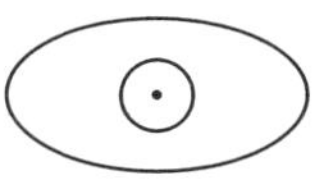

Cerramos los ojos y nos hacemos conscientes unos 10-15 centímetros por encima de la cabeza. Se encuentra un centro de energía, un chakra, en esta área. No es el chakra corona, sino el que está por encima del mismo. Uno de mis maestros lo denominaba «el centro de la serpiente siseante», puesto que puede oírse un sonido siseante cuando se entra en contacto con dicho chakra.

Así, sintonizaremos en dicha área, unos 10-15 centímetros por encima de la cabeza, y dedicaremos un minuto a estar conscientes y escuchando. Recordemos: ¡no hemos de imaginar nada! Es mucho mejor que nos limitemos a permanecer conscientes que inventarnos un sonido.

Entonces mantendremos la conciencia a la misma altura, unos 15 centímetros por encima de la cabeza, y al mismo tiempo pronunciaremos un sonido siseante continuado: «sssssssss...» durante 1-2 minutos (un sonido físico, no un sonido meramente mental). No se trata de repetir «sss», sino de hacer un sonido siseante propiamente dicho, como si fuéramos una gran serpiente. Hay que emplearse a fondo en el sonido, a la vez que se permanece consciente por encima de la cabeza.

Luego, permaneceremos por encima de la cabeza y repetiremos el sonido silenciosamente, en nuestro interior, durante 2-3 minutos.

En este punto, con frecuencia comprobaremos, agradablemente sorprendidos, que ha desaparecido nuestro dolor de cabeza.

Cuanto más dominemos esta técnica, más facilidad tendremos de liberar energías indeseadas hacia arriba, por encima de la cabeza.

Comentarios

Un poco de bálsamo de tigre en la frente a menudo funciona muy bien para dolores de cabeza relacionados con la energía, especialmente si se aplica al iniciarse éstos.

Si se encuentra difícil mover la energía hacia arriba, a través de la parte superior de la cabeza, puede tratarse de ir algo más hacia atrás (cerca de la coronilla), en vez de ir por el centro. Esta zona, alrededor del punto de acupuntura *bai hui*, o gobernador 20 (apartado 16.7), es una salida más fácil de la cabeza.

Otro modo de facilitar el movimiento hacia arriba de las energías, consiste en levantar las cejas hacia arriba y con tanta fuerza como sea posible, de principio a fin de la práctica.

Esta técnica es una forma de liberar la presión extra acumulada en la cabeza a causa de un «exceso de prácticas». Además, una vez se domine, puede emplearse para hacer desaparecer prácticamente cualquier dolor de cabeza, incluso si ha sido ocasionado por otro motivo distinto. Esta técnica puede utilizarse para controlar migrañas de diversos orígenes, siempre y cuando el paciente esté dispuesto a aprender a manejar las energías.

10.9 Otras posibles causas de dolores de cabeza

Veamos otras posibles causas de dolores de cabeza, dentro del contexto de nuestro trabajo de alquimia interior (sin mencionar el amplio abanico de dolores de cabeza relacionados con desórdenes patológicos).

- Si se medita, duerme o trabaja sobre una línea de tierra nociva (véase el capítulo 12), puede aparecer toda suerte de síntomas negativos, incluyendo los dolores de cabeza. Es muy posible que la apertura de la percepción revele dichos síntomasy los haga parecer aún peores. No es que nos estemos empeorando, sino más bien que nos estamos haciendo más conscientes del desorden energético. Corrigiendo la situación (por ejemplo, moviendo la cama de sitio si es éste el caso), a la larga nos ahorraremos numerosos problemas.

- Los dolores de cabeza también pueden originarse al meditar o dormir cerca de un frigorífico, televisión, calentador eléctrico, cables, manta eléctrica, aparatos eléctricos, alfombra sintética o cualquier estructura metálica que almacene electricidad estática. Al eliminar la causa, desaparecerán los dolores de cabeza.

En resumen, aparte de las causas mencionadas, no es habitual tener dolores de cabeza por trabajar en el ojo. Si se sufren dolores de cabeza y se ha comprobado que ninguna de las causas descritas es la responsable, es probable que el problema provenga de una fuente completamente distinta, y no debido a la práctica espiritual. En este caso lo mejor es tratar el asunto con un profesional de la salud.

10.10 Vértigo

No pasa nada si nos sentimos con la cabeza un tanto ligera después de algunas prácticas de las que nos llevan bien adentro del espacio. En ciertos estados de conciencia expandida nos sentiremos extremadamente livianos y un tanto eufóricos, como si hubiéramos bebido una o dos copas de champán.

Sin embargo, ¡no siempre será que nosotros estemos con la cabeza ligera, sino que los demás estén con la cabeza pesada! La vida en la mente discursiva común origina una sofocante gravedad de pensamientos y emociones. Pero las personas ni siquiera se percatan, debido a que han sido condicionadas durante muchísimo tiempo.

A medida que se avance, a resultas de las prácticas, llegará a convertirse en «normal» un moderado sentimiento de levedad, el cual se integrará en nuestro modo habitual de funcionamiento sin ni siquiera darnos cuenta de ello. Incluso aunque al principio nos sintamos un poco «diferentes», pronto encontraremos más fácil y eficiente operar desde dicho estado de levedad. (Cuando se comience a trabajar con ángeles, será una absoluta delicia, como si estuviéramos volando con nuestros zapatos.)

Si por algún motivo el sentimiento de tener la cabeza liviana se hiciera incómodo, las siguientes sugerencias probablemente restablecerán la situación con rapidez:

- Practique los ejercicios de anclaje a tierra indicados en los capítulos que tratan acerca de la protección (capítulos 18 y 20), manteniendo una fuerte conciencia en el ojo y en el vientre.
- ¡Coma! Comer es uno de las mejores formas de anclarnos a tierra con rapidez. Si algún amigo nuestro está totalmente en el espacio, como flotando, tras una meditación y, por alguna razón, es urgente traerlo de vuelta, lo mejor es hacerle comer. Es terriblemente eficaz, aunque no hay que abusar: el anclaje a tierra adecuado debe provenir de nuestro dominio de la energía (capítulos 18 y 20), ¡y no de una dieta dudosa!

En los capítulos relativos a la protección quedará absolutamente claro que el estilo de trabajo de Clairvision apunta tanto al anclaje a tierra como a la conexión con el espacio.

10.11 Nos sentimos hartos o emocionales

¿Qué sucede cuando nos sentimos hartos o emocionales a resultas de nuestra meditación? Nuestros bloqueos emocionales se estarán revelando gracias a nuestro trabajo de apertura. Es bastante lógico, y necesario. A medida que tratemos de refinar y purificar nuestro sistema, nos encontraremos con todo aquello que está turbio en nuestro interior, de manera que podamos liberarlo y sanarlo. Estos bloqueos emocionales son como manchas en nuestro cuerpo astral. Con frecuencia, al limpiarlas habrá cambios significativos en nuestra apertura de la percepción.

¿Qué es lo que hay que hacer? ¡Regresión! ISIS, la técnica de regresión de Clairvision, se ha diseñado expresamente para resolver estos problemas. También pueden ser de utilidad otras técnicas que traten las emociones, como por ejemplo el *rebirthing*.[1]

1. Véase *Regression, Past-Life Therapy for Here and Now Freedom*, del mismo autor.

Si es imposible acceder a técnicas de liberación de emociones, puede servir de ayuda hacer un ejercicio físico intenso. La jardinería y el trabajo en la tierra son asimismo muy tranquilizantes. Sin embargo, no debe olvidarse que, aunque el ejercicio físico pueda hacernos sentir mejor, no resolverá ninguno de nuestros problemas. Hay que profundizar y tratar los conflictos de la mente con las técnicas apropiadas. Negligir el trabajo de limpieza emocional es, probablemente, la principal razón por la que algunas personas no llegan a experimentar ningún avance real, pese a haber practicado alguna técnica de meditación o proceso de desarrollo espiritual durante treinta años, por ejemplo.

10.12 Oír sonidos

La audición de sonidos no físicos es una experiencia muy común en el camino espiritual. A menudo se comienza con un sonido similar a un zumbido en el interior de la cabeza y lentamente, lentamente, se va refinando en la armonía de las esferas.

Si hay sonidos en nuestra cabeza, hemos de limitarnos a escucharlos. Son un buen foco para mantener nuestra conciencia. La mejor área para posicionar nuestra conciencia con el fin de sintonizar con sonidos no físicos, es detrás del entrecejo, en el centro de la cabeza.[2]

10.13 ¡Cuando no hay energía, la energía está en alguna parte!

Algunos días, la conexión con la energía se siente con intensidad y las experiencias fluyen fácilmente y con naturalidad. Otros días, en cambio, parece que no haya energía y es mucho más difícil penetrar en la experiencia.

La variación es natural en la energía. Por ejemplo, hacia la Luna llena la vibración es muy intensa, mientras que hacia la Luna nueva a veces apenas es perceptible. Por

2. Estos sonidos no físicos de la armonía de las esferas juegan un papel esencial, en una etapa más avanzada de las técnicas de alquimia interior de Clairvision.

otra parte, el espacio púrpura del tercer ojo es con frecuencia más fácil de alcanzar hacia la Luna nueva. Pueden observarse muchas otras variaciones de la energía, algunas predecibles, otras no.

Tal vez algún día se descubra una «meteorología de la energía» fiable, la cual debería ser el propósito de la verdadera astrología.

Para que nuestra práctica tenga éxito, hemos de aprender a sentir dichas variaciones y trabajar en armonía con las mismas. Por ejemplo, si estamos teniendo uno de esos días en que somos proyectados al espacio púrpura tan pronto como cerramos los ojos, no hemos de perder el tiempo luchando por lograr unas circulaciones energéticas nítidas, pues apenas podríamos sentir la vibración. Más bien hemos de centrarnos en la meditación, tratando de penetrar en el espacio tan profundamente como nos sea posible.

Con frecuencia, cuando parezca que en nuestra práctica no ocurra nada, ello no significará que no haya energía, sino más bien que la estamos buscando en el sitio equivocado. Hemos de sintonizar y tratar de entrar en contacto con un plano superior y, a lo mejor, nos quedaremos atónitos con lo que encontremos.

10.14 Tras *sattva: tamas*. Para contrarrestar *tamas: rajas*

En la tradición hindú, todos los desarrollos de la Creación se analizan sobre la base de tres *gunas* o modalidades de la naturaleza, denominados *tamas*, *rajas* y *sattva*.

Tamas se relaciona con la inercia, opacidad y nebulosidad, pesadez, falta de iniciativa, un sentimiento de pereza...

Rajas es actividad, movimiento, deseo. Cuando se activa *rajas* en nuestro interior comenzamos a correr, a perseguir las cosas que queremos, estamos muy implicados en los asuntos del mundo. Excesivo *rajas* desemboca en agitación e inquietud.

Sattva genera estados de conciencia puros y transparentes, apertura de la mente y de la percepción, receptividad a la luz, conciencia más elevada.

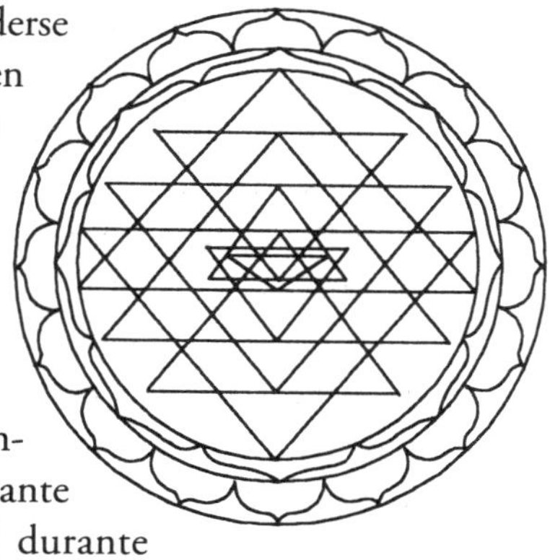

El desarrollo espiritual puede entenderse como una revelación progresiva de *sattva* en nuestro interior, a fin de hacer posible que se refleje nuestro Ser Superior.

Una de las leyes básicas de interacción de los tres *gunas* es que, tras una gran dosis de *sattva* (claridad) se activa *tamas* (inercia). En la práctica, esto significa que, después de una experiencia de conciencia extraordinariamente clara, es bastante normal sentir inercia y falta de claridad durante algún tiempo. Bajo estas condiciones de *tamas*, sería bastante difícil volver a entrar directamente a un espacio interior de *sattva* de nuevo. De nuevo, esto quiere decir que si nos sentimos pesados y sin receptividad el día siguiente a un brillante despertar, es preferible que no tratemos de meditar durante largos períodos de tiempo. Es mejor que nos movamos durante un rato: salir, caminar por el campo, hacer algún trabajo físico, todo ello tratando de permanecer tan conscientes como nos sea posible. Justo entoncs podremos comenzar a buscar de nuevo la claridad. (Otra razón para esta condición reactiva *tamas* es que, cuando se alcanza una nueva intensidad de luz, puede que se remueva el lodo de nuestras profundidades, y se revele.)

EL ARTE DE LA SINTONIZACIÓN

11.1 Sintonización

Comenzaremos con un ejercicio sencillo. Tomaremos, por ejemplo, un cristal y una roca que hayamos encontrado en el campo. Si no disponemos de un cristal, bastará con dos rocas de diferente color y textura. Además, necesitaremos una flor o un haz de hojas. Nos sentaremos en una postura cómoda y colocaremos los objetos frente a nosotros, asegurándonos de que nuestra espalda esté recta y vertical. Empezaremos mirando el cristal, o bien una de las piedras.

Aplicaremos el triple proceso de visión:

1) Nos hacemos conscientes en el entrecejo. Permanecemos absolutamente inmóviles, parpadeando lo menos posible.
2) En lugar de mirar a los detalles de la imagen frente a nosotros, nos hacemos conscientes del hecho de ver (lo que hemos denominado estado de visión). Si no es posible, sencillamente trataremos de sentir la imagen frente a nosotros, en vez de mirarla.
3) Sentimos el objeto desde nuestro corazón. Recibimos el objeto en nuestro corazón, a través del ojo.

Permaneceremos con el primer objeto 2-3 minutos y entonces aplicaremos el mismo proceso a la segunda piedra, durante al menos 2 minutos. Procederemos del mismo modo con el tercer objeto.

Se pondrá claramente de manifiesto que los sentimientos provenientes de cada una de las piedras, así como de las flores y hojas, son bastante diferentes. Por supuesto, estos objetos tienen cualidades vibratorias distintas. ¡Pero **tú** también te haces diferente cuando te abres a uno u otro! Cada objeto nos hace vibrar a una frecuencia distinta. Cuanto más sensibles nos hagamos, más claro será el contraste interior cuando sintonicemos con objetos o personas.

«Sintonización» es la capacidad de resonar en armonía con un objeto, animal o persona. Sintonizar nos permite dejar de lado la conciencia mental ordinaria. Es un modo directo de conocimiento y experiencia que difiere de la mente ordinaria en muchos aspectos.

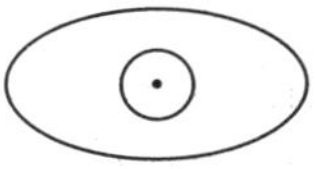

Un aspecto clave consiste en que, siempre que se mira un objeto desde la mente, la mente lo «mata». El objeto está rebosante de energía y vibraciones, tiene vida propia. En su interior están activas diversas leyes naturales. ¿Y qué es lo que obtenemos en nuestra cabeza? Una réplica muerta, la cual podríamos comparar a una postal mental. La esencia de la información se ha perdido.

Cuando «sintonizamos» con un objeto sucede todo lo contrario. Permitimos que las cualidades del objeto, se hagan vivas en nuestro interior. Lo que recibimos ya no es una postal, sino un sentimiento vivo.

Repitamos la experiencia con varios colores. Apliquemos el triple proceso de visión a paredes, ropas, objetos o diferentes tonos o matices. Cada vez, hemos de tratar de «sintonizar» con el color, abrirnos a él, dejar que las cualidades del color se hagan vivas en nuestro interior.

El resultado es mágico. Colores distintos nos mueven en direcciones diferentes y generan una amplia gama de efectos en nuestro interior. Los colores y las luces comienzan a nutrirnos: el azul del cielo, por ejemplo, o la luz de las estrellas, o incluso el amarillo de una camiseta... Literalmente, podemos «beber» los colores y sus energías, absorbemos fuerzas de ellos que fortalecen nuestra alma. Esto nos permite comprender por qué los niños pequeños, que todavía no están viviendo dentro del marco de la mente, pueden quedarse fascinados por los colores y la luz.

Otra diferencia clave entre el modo mental de percibir y la «sintonización», consiste en que el primero está basado en la separación, mientras que la «sintonización» es un proceso de unificación. Cuando se recibe una imagen mental de un objeto o persona no existe una verdadera conexión entre el objeto y la imagen. En cambio, cuando «sintonizas» con un objeto, **¡tú te conviertes** en el objeto!

Por ejemplo, si el gato trata de confundirnos respecto a si ya le hemos dado de comer o no, sintonicemos con el gato, convirtámonos en el gato. Entonces podremos sentir lo que siente el gato. Podremos percibir el mundo como lo ve el gato, con impresiones sensoriales completamente distintas. Sentiremos el instinto del gato fluyendo a través de nosotros, sabremos exactamente qué es ser un gato. ¡Y también podremos sentir si nuestro estómago gatuno está lleno o vacío!

Es un conocimiento mediante la identidad, un proceso de lo más fascinante, que nos otorga una profunda comprensión intuitiva de la naturaleza de los objetos y las cosas. Penetramos su lógica desde su interior, pues nos convertimos en lo que son.

La «sintonización» nos da acceso a una gama de sentimientos y sensaciones nuevas y variadas. Descubriremos una paleta de experiencias internas que nuestra mente ni siquiera sospechaba que pudieran existir; nos haremos vastos. Mediante el arte de la «sintonización», muchas cosas simples de la vida, como mirar a las estrellas, nadar en el mar o alimentar al gato, se volverán extraordinariamente fascinantes. Participaremos en la vida del universo, en vez de percibirla como una serie de postales.

Por ejemplo, en uno de los centros de retiro de Clairvision, en las Tablelands de Nueva Gales del Sur (Australia), un águila solía venir y observarnos cuando trabajábamos al aire libre. Cuando uno sintonizaba con el águila, ésta se paraba a unos 20 metros sobre su cabeza y lo miraba. Era una quietud completa, un «momento de la verdad». Si uno levantaba los brazos hacia el águila y comenzaba a girarlos despacio, el águila giraba con él. Lentamente, como si estuviera suspendida en el aire, el águila lo seguía en una danza inmóvil. Entonces, si uno «se convertía» en el águila, era como una explosión interior. No hay palabras para describirlo. Las personas que nunca han tenido esta clase de experiencias podrán ser inteligentes y tener éxito; sin embargo, no viven en otra cosa que en una jaula.

11.2 Práctica: beber colores

Realizamos el triple proceso de visión (foco inmóvil en el ojo, estado de visión, sentimiento desde el corazón) y sintonizamos con diversos colores. Puede emplearse cualquier objeto o planta, o incluso las paredes... Si sintonizamos con ropas, es preferible que sean lo bastante nuevas, de modo que sus colores sean todavía frescos.

Sintonizamos con el color, sin prestar atención a la naturaleza del objeto. Sintonizamos con el color y nada más, como si lo estuviéramos bebiendo. Permitimos que su energía fluya en nuestro ser. Resonamos con él. No solamente lo miramos o lo vemos: nos *convertimos* en el color.

Repitamos el ejercicio con diferentes colores y veamos cómo **nosotros** nos hacemos diferentes de uno a otro color. Nos haremos fluidos bajo la influencia del color. Dejemos que nos posea, que invada nuestra energía.

Comentarios

¿Por qué no aplicar esta percepción del espíritu de los colores a reconsiderar el modo en que seleccionamos nuestra ropa y cómo nos vestimos?

Ningún color sobre la Tierra es tan puro como los que proceden de las estrellas. Mirar las estrellas con el ojo abierto es una experiencia única, que conduce a las visiones más sorprendentes e iluminadas.

Aprendamos a reconocer las estrellas con un manual de astronomía y sintonicemos con ellas. Pronto descubriremos que sus energías varían enormemente de unas a otras. Una estrella dorada como Arturo (Alpha Boötes), por ejemplo, despierta plenitud en el corazón y proporciona calidez a nuestro Espíritu. Otras, como Algol o Rasalhague, son a las estrellas lo que las orquídeas a las flores: su belleza es a veces traicionera.

Las estrellas, especialmente cuando las vemos con nuestro triple proceso de visión, demostrarán ser una fuente inagotable de inspiración y centramiento. Curiosamente, sabios de diversas tradiciones han percibido las constelaciones como morada de los seres espirituales más elevados.

11.3 Flores, plantas y seres elementales

Tomemos el ejemplo de una flor para describir algunos de los mecanismos básicos de la percepción sutil.

Al mirar una flor, nuestra mente percibe una forma, algunos colores, un perfume. Pero, ¿qué percibiremos si sintonizamos con la flor? Obtendremos un sentimiento relacionado con la naturaleza de la flor, con su cualidad vibracional. Por ejemplo, se hará obvio que cuando nos abramos a una rosa, un girasol o una orquídea, nos comunicarán sentimientos bastante diferentes. Muchas personas poseen una comprensión natural, intuitiva, de la naturaleza de las plantas.

Sin embargo, la sintonización es algo más que una vaga sensibilidad, es una apertura metafísica. Cuando sintonizamos, todo nuestro cuerpo de energía empieza a resonar con la planta. Podemos sentir corrientes de luz precipitándose a nuestro alrededor; es como entrar en otra dimensión. La planta se hace viva en nosotros. Con esta explosión interna llega un estado de conocimiento, como un cúmulo de información en el que están contenidas todas las propiedades de la planta. La planta nos inspira con una sensación de cómo emplearla.

Lo describiremos de otro modo: la imagen y el olor físicos son como una cáscara. Al llevar a cabo el triple proceso de visión (foco inmóvil en el ojo, estado de visión, sentimiento desde el corazón), percibiremos diversos colores, olores y sabores no físicos, es decir, lo que podríamos denominar el aura de la planta, su vibración no física.

Si vamos aún más allá, llegaremos a ver algo bastante sorprendente: un ser. Realmente puede verse un ser diminuto, que es como la esencia de la planta, y que algunos ocultistas occidentales han denominado el «*deva*» de la planta, a partir de una palabra sánscrita que significa «deidad». Nos daremos cuenta de que el aura de la planta, sus colores y demás cualidades sutiles son como el atuendo del pequeño ser de la naturaleza. Todas las propiedades sutiles y físicas de la planta no son otra cosa sino consecuencias de la naturaleza de dicho ser. Podría decirse que el ser revela su personalidad a través de la apariencia de la planta: sus colores, olores, propiedades medicinales. Y este ser tiene vida propia, incluso se puede hablar e intercambiar información con él...[1]

---

1. La elección de este término fue muy desafortunada. En sánscrito, así como en la tradición hindú en general, la palabra *deva* **no** se refiere a los seres elementales que están detrás de las flores y plantas, sino a los dioses del panteón hindú, como Agni, Indra, Ganesha, etc. Los *devas* hindúes son análogos a los dioses de la mitología griega.

Si pretendemos entender cualquiera de nuestras percepciones no físicas, sugiero la meditación —durante algún tiempo— sobre el siguiente principio:

> **Siempre que hay una vibración, hay un ser tras la misma.**

La vibración es como la vestimenta del ser. Y cualquier cosa que pueda percibirse en la vibración, es sencillamente la manifestación externa del ser. Por lo tanto, mientras no hayamos contactado con el ser, nos estaremos perdiendo la esencia del objeto: únicamente estaremos percibiendo las consecuencias.

Este principio es universal y no sólo aplicable a las plantas y demás organismos vivientes. Por ejemplo, cuando sintonizamos con el color de una pared, primero recibimos su energía viviente, esto es, la vibración. Pero, si vamos más allá, ¿qué podremos ver? Detrás de la vibración del color podremos percibir una multitud de pequeños seres elementales. No es fácil, ya que los elementales son «pillos», se están escondiendo todo el tiempo. Se requiere un estado de conciencia muy silencioso y sereno para poderlos contemplar con el ojo. (Todo esto hará que nos asombre lo que realmente puede llegar a contener un bote de pintura.)

Lo que se acaba de decir también es aplicable al fuego, aire, viento y agua: detrás de la vibración y el aura de las sustancias pueden percibirse seres elementales. Pero no recomiendo que se empiece con éstos cuando se ejercitan los propios talentos para la clarividencia, pues son extremadamente tímidos, así como hábiles a la hora de no dejarse ver.

11.4 Lucha contra la rigidez mental

Para poder abrirnos y sintonizar con un objeto, hemos de venir de un espacio de amor. La empatía es la clave para permitir que las cualidades del objeto o persona «se hagan vivas» en nuestro interior.

Asimismo, se requiere cierto grado de apertura y flexibilidad. Si fuéramos excesivamente rígidos, nunca podríamos vibrar con las cosas que no fueran como nosotros. La parte de nosotros mismos que está hecha de condicionamientos y opera solamente a través de reacciones, la mente-*manas*, es como una jaula. Vivimos en nuestra mente como podríamos vivir en una jaula, siempre confinados en la misma gama de pensamientos, emociones, reacciones. Es como si estuviéramos viendo el mundo a través de cristales tintados, esto es, como si éste solamente estuviera hecho de azul verdoso, verde y amarillo verdoso, por ejemplo. «Sintonizar» es una forma de romper la jaula mental y comenzar a «ser» en un espectro expandido de frecuencias.

Por supuesto, únicamente nos daremos cuenta de que estamos en una jaula cuando estemos fuera de la misma. Si se ha estado siempre viviendo en una jaula, la jaula no es una jaula, sino el universo entero. Sintonizar nos permite romper los límites, al introducir patrones insospechados de «ser» en nuestra conciencia. La luz que llega de ciertas estrellas, por ejemplo, nos permite vibrar a frecuencias muy extrañas, diferentes a cualquier cosa que pueda experimentarse en la Tierra. Pero, verdaderamente, no hay que ir tan lejos para traspasar los límites de nuestra jaula. Si sencillamente pudiéramos ser el gato, o la planta que está en una maceta, durante sólo unos cuantos segundos, esto ya representaría un extraordinario avance.

Otra cualidad que se precisa para el arte de sintonizar y que se desarrolla con la práctica, es la capacidad de olvidarse por un rato de uno mismo. Si permanecemos demasiado como la propia jaula, ya no nos quedará espacio para nada más. Hemos de borrar por un momento la personalidad de superficie. Hemos de cultivar una quietud interior extrema, una ausencia absoluta de reacciones. Hemos de hacernos vacíos, logrando una abstracción de todo lo personal. Esto nos proporcionará un descanso refrescante y un sentido de relatividad respecto a nuestros pequeños problemas.

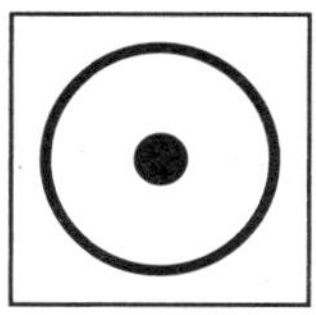

Respecto a nuestro Ego o Ser Superior,[2] experimentaremos algo paradójico: la «sintonización» oculta vela nuestro Ego, sino que lo revela. Precisamente siendo más nuestro Ser Superior es como podremos «convertirnos» en un objeto. La parte de uno mismo que es capaz de vibrar

2. En el contexto del presente libro, los términos Ego, Super Ego, Ser Superior y Espíritu pueden considerarse sinónimos. Sin embargo, en un estadio más avanzado del trabajo en Clairvision, Ego, Ser Superior y Espíritu tienen significados específicos. Para un mayor detalle, consúltese *Clairvision Language*, el cual puede descargarse del *Internet website* de Clairvision.

en armonía con algo en el universo es el Ser Superior, justamente porque es universal. Por lo tanto, al «convertirnos» en algo distinto a nosotros mismos, perdemos el pequeño ego y, por consiguiente, revelamos el verdadero Ego. Mediante la percepción del mundo descubrimos el Ser Superior, lo cual es —ni más ni menos— todo lo que pretende Clairvision.

Esto no es tan sólo una vaga sensación o una visión intelectual, sino que es una frecuencia extremadamente densa de «ser». Es una experiencia más objetiva que poner la mano en el fuego. Al sintonizar con un objeto y convertirnos en el objeto, nos convertimos en nuestro Ser Superior. Somos nuestro Ser Superior, diez mil veces más que cuando pensamos en el objeto con la mente. Siempre que pensemos en el objeto no somos nuestro Ser Superior, sino que nos hemos asimilado con la jaula.

Ha llegado el momento de invertir el clásico adagio de Descartes, el filósofo francés: *Cogito ergo sum*, «pienso, luego existo». Lo que revela la visión elevada es exactamente lo contrario: «Pienso, luego no existo». Cuando la mente se detiene es cuando se puede salir de la jaula y decir: «No pienso, luego existo». El estilo de trabajo de Clairvision nos invita a emplear la percepción para alcanzar tal estado.

11.5 Árboles

Reanudaremos nuestros ejercicios prácticos, esta vez enfocándolos a los árboles. Hay una enorme suma de sabiduría almacenada en los árboles; de ahí la veneración en que eran tenidos por las escuelas celtas de iniciación, por citar un ejemplo. Es significativo que la tradición budista insista tanto en el hecho de que Shakyamuni Buddha alcanzara la iluminación bajo un árbol, un *Ficus religiosa*, en Bodhgaya. En Australia existe un árbol extraordinario de la misma familia, llamado *moreton bay fig* (*Ficus macrophylla*), el cual se parece al *banyan*. Es un árbol enorme, magnífico, siempre dispuesto a brindarnos consejo. Si logra encontrarse un árbol con tal energía, es una gran bendición. Cada vez que tengamos que pasar por un gran cambio interior, bastará con que nos sentemos bajo el árbol y meditemos, y el árbol nos ayudará.

11.6 Práctica

La sintonización es una habilidad que se desarrolla gradualmente. Al principio estamos un 10 % sintonizados con el objeto, esto es, tenemos una ligera sensación. Es cuestión de ir intensificando la conexión y borrar nuestra personalidad de superficie, mediante un total silencio y quietud interiores. Permitimos que las cualidades del objeto se hagan vivas en nosotros, hasta el punto en que realmente nos convertimos en el objeto.

Para desarrollar la capacidad de sintonizar, recomiendo que se practique sobre distintas especies de árboles. Sintonicemos y aprendamos a vibrar con ellos. Descubriremos que cada árbol tiene una energía diferente. Seguidamente se ofrece una serie de sugerencias sobre cómo descubrir las propiedades y cualidades de los árboles. Nuestro método consiste en la exploración de nuestros propios sentimientos conforme sintonicemos con los árboles.

Cuando sintonizamos con un árbol:

- Nuestra energía, ¿tiende a expandirse o la sentimos contenida?
- El árbol, ¿nos da una sensación de suavidad o de fuerza bruta?
- ¿Tenemos un sentimiento yang (activo...) o yin (receptivo, etc.)?
- ¿Es la energía del árbol más afín al elemento tierra, agua, aire o fuego?
- La energía del árbol, ¿resuena más con el pecho, el vientre, la garganta o la cabeza? (Cuando tratemos de conocer las propiedades de cualquier planta o sustancia, siempre será una buena idea sondear qué chakra está resonando.)
- Cuando sintonizamos con el árbol, ¿tenemos el sentimiento de estar protegidos? Algunos árboles pueden envolvernos entre sus ramas como si un ángel nos tomara entre sus alas.
- Tratemos de sentir cuál es la especialidad de este árbol. ¿Para qué podría ser útil desde un punto de vista medicinal?

Practiquemos con diversos árboles de distintas especies.

Comentarios

Cuando estemos aprendiendo a sintonizar, los árboles son muy recomendables, puesto que tienen una naturaleza generosa y disfrutan comunicando su energía. Yo he podido ver cómo diversas personas han experimentado una gran apertura de la percepción mientras sintonizaban con un árbol. Algunos árboles literalmente nos hablan. Cuando lleguemos a ser más receptivos, no resultará extraño que, al pasar junto a un árbol, no tengamos más remedio que pararnos, pues éste nos estará llamando. ¡No dudemos en abrazar los árboles!

Recordemos la práctica 8.12: si tenemos una pena o una energía perversa de la que no podamos librarnos, abracemos un árbol durante suficiente tiempo y pidámosle que la tome para sí. Los resultados pueden llegar a asombrarnos. (La energía no es, de ninguna manera, tan nociva para el árbol como para nosotros.) Si desarrollamos nuestra capacidad de sintonización, seremos capaces de realizar este ejercicio con mucha mayor intensidad.

Hay una bella costumbre que consiste en plantar un árbol cuando nace un niño (enterrando la placenta en la tierra próxima al árbol). De este modo, el niño y el árbol tendrán idénticas cartas astrológicas. Por supuesto, no es sencillo plantar el árbol justo en el instante del parto (pese a que podría ser una experiencia bastante divertida). Por lo tanto, puede procederse del siguiente modo: anótese el minuto en que sale la cabeza del niño y organícese que alguien plante el árbol el día siguiente, exactamente a la misma hora. Aparte de la Luna, los cuerpos celestiales no se mueven demasiado en un día, y 24 horas después tienen prácticamente la misma posición en las casas astrológicas que el día anterior. Otro momento excelente para plantar un árbol es en la Luna nueva que precede al nacimiento. Si el niño todavía no ha nacido para Luna llena, plántese otro. Estos dos árboles, los de la Luna nueva y la Luna llena, tendrán un particular significado para el niño.

Elíjase un buen árbol, en el cual primero el niño, y más adelante el adulto, pueda mirarse a sí mismo.

11.7 Sentimientos relacionados con la sexualidad

Con frecuencia la gente se queja de que nunca se puede saber a ciencia cierta lo que su pareja siente o piensa, debido a que son de sexos diferentes, como si una mujer nunca pudiera saber por sí misma lo que experimenta un hombre, y viceversa.

En realidad, no hay nada más falso. Mediante el arte de la sintonización, tenemos la posibilidad de experimentar todo el abanico de sensaciones y sentimientos que pertenecen al otro sexo.

Por ejemplo, un hombre puede conocer en su propio cuerpo cómo se siente teniendo pechos, útero, menstruando, durante el embarazo... Con esto no estoy implicando cierto tipo de comprensión intelectual, sino la experiencia directa y real del sentimiento, exactamente como si él estuviera dentro de un cuerpo de mujer. Esto también puede aplicarse a una vasta gama de actitudes emocionales.

Este proceso puede considerarse virtualmente como una iniciación. Una vez lo logremos, la forma de relacionarnos con el otro sexo cambiará radicalmente: será mucho más sencilla y basada en una verdadera comprensión. Diversos problemas psicológicos conectados con las relaciones con el otro sexo (y que normalmente implican bastante problemas) desaparecerán automáticamente.

Llegados a este punto, puede ser interesante mencionar un hecho acerca del cuerpo etérico (plano de la fuerza vital, o prana en sánscrito, qi en chino): los esoteristas, como Steiner, han señalado con frecuencia que el cuerpo etérico de la mujer es masculino y el del hombre, femenino. Esto crea un sustrato interno que facilita en gran medida el acceso a los sentimientos del otro sexo.

Con la expansión de la percepción, el ser humano tiende a ser visto como una totalidad compuesta por dos polaridades, y no una mujer como opuesta a un hombre, y viceversa. En este contexto, conceptos como la guerra de los sexos pierden gran parte de su significado. Todos tenemos un hombre y una mujer en nuestro interior y ambos deben conducirse a la iluminación.

No obstante, sería bastante erróneo creer que este proceso dará como resultado un ser andrógino o asexual. Por el contrario, el proceso contribuye a discernir entre las dos polaridades y alcanzar la propia femineidad para las mujeres, o la propia masculinidad para los hombres. Descubrir la polaridad masculina ayuda a que florezca la femineidad de la mujer. Cuando un hombre no está en contacto con su polaridad femenina, su masculinidad es una fachada grosera, mucho más frágil de lo que su actitud prepotente pueda implicar.

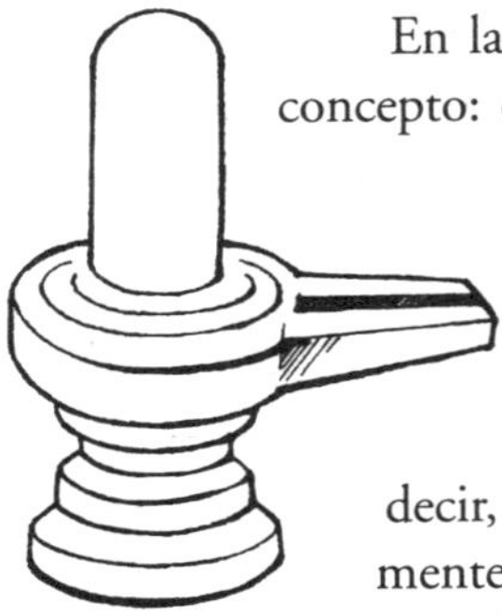

En la tradición hindú, existe un símbolo que ilustra este concepto: el *shiva linga*. El *shiva linga* es un falo erecto, cuyo significado simbólico va más allá de sus connotaciones genitales. Puede encontrarse en los altares de templos a lo largo y ancho de la India. Si observamos de cerca un *shiva linga*, nos daremos cuenta de que el falo en realidad descansa sobre un *yoni*, es decir, el órgano genital femenino. Esto simboliza que solamente sobre la base de su polaridad opuesta podrá establecerse sólidamente la fuerza masculina.

11.8 Somos lo que comemos

Existe un ámbito en el que el arte de la sintonización nos dará resultados particularmente rápidos y espectaculares: la comida. Sintonicemos con la comida cuando esté en el plato y mientras esté en la boca, lo cual hará que comer se convierta en una experiencia inesperadamente intensa. Algunas verduras como las zanahorias o la remolacha y algunas frutas como el limón, están dotadas de energías que, literalmente, explotarán en la boca. En lugar de localizarse únicamente en el tracto digestivo, será como si en el proceso todo el cuerpo estuviera participando y recibiendo vibraciones de la comida. Como subproducto, nos resultará más sencillo reducir el consumo de comida «basura».

Al sintonizar con la comida y observar nuestras reacciones a la misma, se hace viable poner en práctica una dieta que se nos adapte con precisión, sin actitudes dogmáticas. También se hará evidente que el estado de conciencia con el que tomemos la comida podrá tener tanta influencia en nuestro sistema como la propia calidad de ésta.

La mayoría de los modernos sistemas de nutrición parece que no tengan muy poco en en cuenta esta dimensión. Cuando visitan al naturópata pacientes que sufren de cáncer, alergias o parásitos, inmediatamente se les da listas de comidas que deben o no deben toma, pero no suele decirse casi nada acerca de cómo debería tomarse la comida.

Tomemos un grupo de personas que sigan exactamente la misma dieta. Algunos acabarán teniendo parásitos intestinales y otros no. Para el ojo clarividente es como si, a veces, cuando la mente es «parasitada», el tracto digestivo tiende a retener parásitos. En astrología esta conexión se simboliza por el hecho de que el signo Virgo y su planeta Mercurio son a la vez regentes de la mente y de los intestinos.

Hemos visto cómo la capacidad de sintonización es diametralmente opuesta a la rigidez mental. Cuanto más fija en sus estereotipos esté la mente, más difícil será tener acceso a una amplia variedad de sentimientos. En realidad, existe una conexión interesante entre el estado mental en el que se come y el nivel de flexibilidad mental: en función de cómo se come, la rigidez aumenta o disminuye. Cada vez que se traga la comida con escasa conciencia y sin la percepción de sus cualidades energéticas, se favorece la rigidez mental de forma significativa.

Dicho de otra forma, ¡cuando comemos desde la mente alimentamos la mente! Se imprime un sello mental sobre la comida y toda nuestra estructura se hace más mental. Visto desde el ojo, es evidente que uno de los principales trucos que emplea la mente para mantener su hegemonía, consiste en hacer que comamos sin conciencia.

Por otro lado, al resonar en armonía con la comida desarrollamos la flexibilidad de nuestra sustancia mental y nuestra capacidad general de sintonización se amplía en gran medida. A la popular frase «el cuerpo está hecho de lo que se come» se podría añadir: «y la mente está hecha por cómo lo comemos». Por supuesto, además de la nutrición son muchos otros los factores que entran en juego en la economía del plano mental. Sin embargo, podemos ejercer una acción importante sobre la dinámica de la mente, mediante una cuidadosa regulación de la ingestión de las comidas y del estado de conciencia durante las mismas. Por esta razón Gandhi solía decir: «cuando el sentido del gusto está bajo control, todos los sentidos están bajo control».

Otro factor que puede influir positivamente en el proceso de alquimia interior es la regularidad bastante estricta de las horas de las comidas. El cuerpo astral está intensamente implicado en el proceso de digestión. Siguiendo una rutina bastante escrupulosa de las horas de las comidas, haremos que el cuerpo astral trabaje a intervalos regulares, lo cual imprimirá un sentido del ritmo.

Ritmo es exactamente lo que le hace falta al cuerpo astral. El cuerpo astral es el plano en el que tienen lugar las emociones. Ahora bien, consideremos algunas actividades rítmicas básicas del cuerpo físico, como el latido del corazón o la respiración. ¡En cuanto experimentamos una emoción, la frecuencia de ambas se hace irregular! Nuestro cuerpo astral es el enemigo del ritmo: cualquier marejada significativa en el cuerpo astral tiende a perjudicar las cadencias del cuerpo físico. En lo que concierne al ritmo, está todavía por comenzarse la completa educación del cuerpo astral.

De ahí la importancia de tomar las comidas cada día a la misma hora y evitar comer entre las mismas. Los beneficios serán tanto físicos como psicológicos. Al imprimir un sentido del ritmo al cuerpo astral, se reforzará toda su estructura, lo cual redundará en una estabilidad emocional, claridad mental, resistencia y tenacidad acrecentadas. Fomentaremos cierta fuerza del alma, lo cual facilitará la conexión con mundos más elevados.

Además de esta perspectiva espiritual, la regularidad en las comidas debería ser una recomendación esencial para los pacientes que sufren diversos desórdenes, como cáncer, asma, alergias, infecciones parasitarias, etc. Si podemos conseguir que los niños adopten cierta regularidad en la hora de sus comidas, los ayudaremos a estructurarse y desarrollarse armoniosamente.

En lo que respecta a los ritmos del cuerpo, existe una invención moderna que ha demostrado ser un desastre: el cambio de hora (para un supuesto ahorro de energía eléctrica).

Los ganaderos de todo el mundo han notado que el cambio de hora tiene un efecto perturbador sobre el ganado. Tras esta observación existen profundos mecanismos relacionados con los cuerpos sutiles.

Los animales tienen un cuerpo etérico y un cuerpo astral. Cuando los ritmos de su vida son alterados, aparecen diversos problemas. El resultado es una menor productividad, la cual es apreciada inmediatamente por los ganaderos.

Sería una estupidez creer que el cuerpo humano no sufre con dicha interrupción de los ritmos naturales, que ocurre dos veces al año. El número de enfermedades graves y el desgaste general del cuerpo ocasionados por el cambio de hora, son probablemente mucho mayores de lo que se piensa.

Cabe esperar que aumente la conciencia sobre este problema, así como que haya más investigadores que lleven a cabo estudios sobre sus efectos.

11.9 Algunas sugerencias sobre la comunicación con ángeles

Concluiremos el presente capítulo describiendo como se puede aplicar el arte de la sintonización a la comunicación con seres espirituales más elevados. Durante la meditación, una experiencia común consiste en la visión de luces y colores no físicos. Tan pronto como se abra nuestro tercer ojo, veremos muchas de estas luces. Puede suceder que hayamos alcanzado un estadio en que veamos todo tipo de luces en la meditación y nos preguntemos cómo avanzar más. Dichas luces son muy bellas y el proceso proporciona cierta seguridad; pero, ¿cuál es el próximo paso? Es el momento de recordar lo que hemos visto con anterioridad en este capítulo: **siempre que hay una vibración (o una luz), hay un ser tras la misma.** Los colores que aparecen frente a nosotros vienen a ser el atuendo, la apariencia externa de seres no físicos. El paso siguiente es, por lo tanto, sintonizar con las luces, a fin de discernir la presencia de los seres que están tras las mismas.

Otra experiencia que nos puede suceder, tanto en meditación como fuera de ella, es sentir a nuestro alrededor la presencia de un ángel o de algún ser espiritual elevado. No es raro tener dicha experiencia después de una descarga emocional importante (y sincera), cuando se practiquen las técnicas de regresión de Clairvision. Tendremos la sensación de que desciende una energía supremamente pacífica, la cual nos envuelve y derrama luz sobre todo nuestro ser.

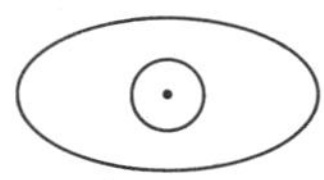

¿Qué hay que hacer con un ángel? Se tiene la sensación de que el momento es precioso y de que, si no exhibimos la receptividad adecuada, gran parte de la experiencia podría perderse. Algunas personas tienden a tratar de establecer un diálogo con el ángel planteando todo tipo de cuestiones, o incluso a canalizar al ángel dejando que éste hable a través de ellos y contestando las preguntas de otras personas. El problema de esta actitud es que se trata de establecer una comunicación mental con un ser que procede de mucho más allá de la mente. Es un desaprovechamiento notorio, pues dicha presencia —bella y superconsciente— está cerca de nosotros y la estamos limitando con los conceptos de nuestra mente. En los términos del ejemplo antes citado, sería como tratar de hacer que el ángel quepa en nuestra jaula.

La propuesta de las técnicas de Clairvision es distinta: permaneceremos extremadamente inmóviles y en silencio, y sintonizaremos con el ángel. Nos convertiremos en el ángel. Permitiremos que su gloria se haga viva en nosotros. Obtendremos infinitamente más del momento, pues ahora la experiencia no estará limitada por filtro mental alguno. Por el contrario, permitirá que nos sean iniciados algunos patrones de conciencia completamente nuevos. Se desencadenarán muchas actividades dinámicas y funciones operativas del Ser Superior, lo cual poco a poco nos hará vislumbrar los estados de conciencia que vendrán más adelante, y activará las semillas de la transformación que conduce a los mismos.

Este tipo de aproximación basado en la sintonización es totalmente análogo al que expresa el antiguo dicho sánscrito: *Devam bhūtva devam yajñet,* «para adorar a un dios, primero hay que convertirse en el dios».

Capítulo 12

LÍNEAS LEY, LÍNEAS DE TIERRA Y POZOS DE ENERGÍA

12.1 El primer reflejo cuando se oye hablar de cáncer

El interés por las líneas Ley se originó hacia los años treinta del siglo XX, principalmente en Alemania y Francia, en algunas ciudades que eran lo bastante pequeñas como para que toda su población fuera tratada por uno o dos médicos solamente. Algunos médicos repararon en el hecho de que, en determinados hogares, los casos de cáncer surgían con una frecuencia insólita. El médico de familia trataba a la abuela de cáncer; la abuela fallecía. Cinco años después, el doctor veía cómo la hija de ésta acudía a la consulta exactamente con el mismo cáncer. Mientras tanto, la hija se había trasladado a la cama de la abuela. O bien una mujer traía a su marido con cáncer. Su marido fallecía. La mujer se volvía a casar y, algunos años más tarde, el nuevo marido, que dormía en la misma cama y en el mismo lado que el anterior, contraía exactamente el mismo tipo de cáncer que el primer cónyuge...

Diversos casos como los anteriores despertaron la curiosidad de los médicos, los cuales decidieron buscar la ayuda de zahoríes profesionales. El resultado fue el descubrimiento de líneas de los denominados «rayos de tierra» nocivos. Realmente, nadie sabe a ciencia cierta de qué están hechas estas líneas, aunque se ha convertido en costumbre denominarlas «líneas de rayos de tierra», o también «líneas Ley». Como nunca se ha identificado ningún rayo que tenga relación con dichas líneas, evitaremos el equívoco término «líneas de rayos de tierra», y nos referiremos a las mismas, más sencillamente, como «líneas de tierra».

La intensidad de las líneas varía de uno a otro lugar. El hecho esencial es que, siempre que los zahoríes investigan la casa de un paciente de cáncer, se encuentran líneas de tierra de intensidad nociva, bien en la cama del paciente o bien en algún lugar donde el paciente pasaba mucho tiempo, como por ejemplo un despacho.

En Alemania se desató una especie de batalla durante algunas décadas, en la que muchas autoridades médicas respetables trataron de desaprobar dicha teoría en su totalidad. Se realizaron estudios sobre miles de casos; en ocasiones sobre treinta o cincuenta mil pacientes de cáncer. Y, cada vez, los resultados estaban de una manera aplastante a favor de la existencia de dichas líneas de tierra perjudiciales, que los potenciales detractores se convertían en sus más ardientes defensores.

Deberíamos resaltar el hecho de que dichas personas no eran facultativos marginales, sino científicos y profesores de medicina que estaban arriesgando su reputación y su carrera. Su sorprendente y casi unánime conclusión fue: es muy improbable que aparezca un cáncer, a menos que se haya estando durmiendo o permaneciendo con regularidad sobre una línea nociva. Dichas líneas de tierra perjudiciales fueron halladas en las casas de casi el 99 % de los pacientes de cáncer.

En febrero de 1987 se alcanzó un punto en el que el gobierno de Alemania Occidental invirtió millones de marcos en un programa destinado a investigar los efectos de las líneas de tierra en los organismos vivos.

No se debería menospreciar la importancia de otros factores en la génesis del cáncer, tales como una dieta pobre o la tensión emocional. Una enfermedad —y especialmente una tan seria como el cáncer—, siempre es el resultado de una combinación de causas. No obstante, las estadísticas de los científicos alemanes son tan rigurosas al respecto que, siempre que oigamos la palabra «cáncer», nuestro primer reflejo debería ser: ¡busquemos las líneas! Y entonces mover la cama, o incluso cambiar de casa, en función de lo que se encuentre. Quitar al paciente de la línea nociva no es suficiente para curar el desorden, aunque parece ser un factor importante para la mejora de sus posibilidades de recuperación.

Las líneas de tierra nocivas también han sido relacionadas como causantes otros procesos patológicos, como la muerte súbita de bebés, problemas en las articulaciones, migrañas, enfermedades del corazón, venas varicosas, incontinencia urinaria y muchos otros.

Una reacción normal cuando se duerme sobre una línea tóxica es tener sueños desagradables, insomnio, o noches pesadas que ocasionan fatiga. La sensación de estar más cansado por la mañana que antes de irse a la cama, es con frecuencia descrita por los pacientes. Por ejemplo, es muy típico el caso del niño que cada mañana se encuentra boca abajo en la cama, como si inconscientemente tratara de escapar de la línea nociva.

12.2 Hechos observados normalmente acerca de las líneas

1. Las líneas forman una malla o emparrillado que abarca toda la superficie terrestre: es la denominada malla de Hartmann. En dicha malla, las líneas están separadas entre sí unos 2,5 metros, aunque esta dimensión puede variar ligeramente de uno a otro lugar.

• Las líneas no están confinadas a la superficie de la Tierra. Si se halla una línea en la planta baja de una casa, dicha línea será encontrada exactamente en el mismo lugar en todos y cada uno de los pisos de la casa.

• Las líneas de la malla son en ocasiones altamente nocivas, y otras veces mucho más ligeras y no tan tóxicas. Aun así **nunca** es recomendable dormir o sentarse sobre una línea.

• Los cruces de líneas son especialmente nocivos.

• En la proximidad de una falla geológica, se refuerza la intensidad (toxicidad) de las líneas.

• Una corriente de agua subterránea origina una línea adicional particularmente nociva, la cual se añade a las de la malla. También hace que las demás líneas a su alrededor sean más tóxicas. Cuanto más intenso sea el flujo de agua, más nociva será la línea.

• Las tuberías de agua (en una casa o por debajo de la misma) actúan como pequeñas corrientes de agua subterránea.

• Los cables eléctricos generan líneas adicionales.

• Cuando se construye una casa como una jaula de Faraday, con metales y cables eléctricos por todas partes, las líneas se refuerzan y aparecen líneas adicionales. Esto hace que los rascacielos sean un desastre ecológico.

• La fuerza y anchura de las líneas:
  – Se refuerza durante tormentas o tiempo tormentoso.
  – Se multiplica por 2 entre la 1 y las 2 de la madrugada.
  – Se multiplica por 3 en la Luna llena.

• La mayoría de organismos vivos enferman cuando se ubican en las líneas: las plantas se mueren, los árboles experimentan crecimientos cancerosos, se favorecen todos los procesos de putrefacción. Los cruces de líneas son, por consiguiente, lugares muy adecuados para colocar el abono orgánico, pero no la cama.

• Por otra parte, determinadas plantas y animales parece que prosperen en las líneas. Esto sucede, más que con ningún otro árbol, con el roble, el árbol sagrado de los druidas. La mayoría de los robles antiguos y de gran tamaño se encuentran sobre líneas potentes. Otros «buscadores de líneas» entre los árboles son los sauces, fresnos, abetos... Entre las demás plantas: muérdago, hongos y setas, espárragos...

Las hormigas aman las líneas, lo cual encaja bien con su función de limpiadoras de todo lo que se descompone en la naturaleza. Los hormigueros suelen encontrarse sobre una línea pesada. Esto nos debería servir de aviso siempre que hallemos un hormiguero cercano a nuestra casa.

A diferencia de los perros, se dice que los gatos buscan las líneas. Así, tradicionalmente se ha dicho que el sitio que suele preferir el gato no será un buen lugar para nosotros. No obstante, según mi propia experiencia, los gatos de hoy en día buscan más los cojines que las líneas de tierra. De modo que, si nuestro gato va derecho a nuestra almohada cada vez que encontremos un nuevo sitio para la cama, no hay que preocuparse.

Los escarabajos y las termitas también son atraídos por las líneas, así como los parásitos y microbios (de ahí los procesos de putrefacción).

12.3 Líneas Ley y líneas de tierra

Estrictamente hablando, debe hacerse una distinción entre las líneas Ley y las líneas de tierra. Las líneas de tierra forman una malla más o menos cuadrangular, la cual hemos descrito anteriormente. Son las que han sido acusadas de la génesis del cáncer y muchas otras enfermedades. Dichas líneas de tierra, que mucha gente denomina «líneas de rayos de tierra», a veces también son denominadas como la red de Hartmann o la malla (parrilla) de Hartmann.

Las líneas Ley, por otro lado, son asimismo líneas de energía telúrica, aunque de distinta naturaleza. No forman una malla cuadrangular y hay una distancia mucho mayor entre ellas: las líneas Ley distan entre sí en ocasiones hasta cientos de kilómetros. Las líneas Ley no son perjudiciales para la salud, sino que son más bien unas líneas de intensidad espiritual que recubren todo el planeta. Se dice que lugares sagrados como, por ejemplo, Glastonbury o la catedral de Chartres se encuentran ubicados sobre líneas Ley. Pero, en la práctica, muchos zahoríes o exploradores de líneas tienden a emplear el mismo término —líneas Ley— tanto para las líneas Ley como para las líneas de tierra.

En el presente capítulo examinaremos las líneas de tierra de la red de Hartmann, dado que se encuentran por todas partes y conciernen a todo el mundo. Debería quedar claro que existen otras mallas de energías telúricas, además de las citadas; pero, para simplificar las cosas, no nos ocuparemos de ellas por el momento.

12.4 ¿Qué son estas líneas?

Nadie conoce la naturaleza exacta de estas líneas. El término «rayos de tierra» es equívoco: pese a que todo el fenómeno aparece como una especie de radiación telúrica, nunca se han identificado «rayos» reales.

Desde el nivel de la clarividencia, dichas líneas de tierra no aparecen como líneas, sino como paredes. Esto también podría haberse deducido del hecho de que una línea que se encuentre en la planta baja de un edificio, también se detectará en el mismo lugar en cada uno de los pisos.

Desde el tercer ojo, estas paredes pueden verse como una especie de energía humeante. Cuanto más tóxica sea una línea, más neblinosa, densa y espesa aparecerá su energía. Por ejemplo, durante tiempo tormentoso o hacia la Luna llena, las paredes de las líneas aparecerán sensiblemente más anchas y oscuras.

Cuanto más tóxica sea una línea, más nauseabunda será la sensación que nos producirá sintonizar con la misma.

Las líneas, y especialmente las más nocivas, parecen concentrar energías negativas. Este efecto se maximiza en el cruce de líneas. Podríamos decir que las líneas actúan como cubos de basura, recogiendo toda la «suciedad etérica» de una habitación.

Las casas que parecen tener malas vibraciones y hacer que la mayoría de las personas se sientan incómodas, suelen estar construidas sobre una malla de líneas nocivas. Cuando se encuentra un ente —o parásito no físico— en una habitación, casi siempre está en un cruce de líneas.

12.5 Pozos de energía

¡Siempre que hay un dragón hay una princesa! Los pozos de energía son la contraparte positiva de las líneas de tierra nocivas. Los pozos de energía son más misteriosos y, ciertamente, no están tan bien documentados como las líneas.

Si se han leído las aventuras de Carlos Castaneda, probablemente se recordará cómo Don Juan le hacía buscar «su sitio» en una habitación, aquel lugar donde podía estar protegido y a salvo: eso es un pozo de energía. Los pozos de energía son lugares dotados de propiedades curativas, así como de propiedades espirituales. Son lugares donde es más fácil rezar, meditar o conectar con los mundos espirituales. Cuando un ángel desea derramar su luz en una habitación, un pozo de energía es un buen lugar para que descienda.

En el nivel de la clarividencia, un pozo de energía se parece a una columna de luz, o incluso a un géiser de luz (aunque no están relacionados con cambio alguno de temperatura). A menudo, el diámetro de la columna oscila entre 45 y 60 centímetros, y posiblemente más si encontramos uno de los grandes.

Así como las líneas pueden clasificarse de acuerdo con su toxicidad, los distintos pozos poseen tamaños, intensidades y potencial sanador diferentes. Pero, al contrario que las líneas y su malla, no parece que haya ningún patrón regular de distribución de los pozos (ninguno del que yo tenga conocimiento, al menos).

12.6 Líneas y práctica espiritual

Si queremos aprender acerca de la energía, en nuestro interior y en nuestro exterior, ciertamente debemos ser muy precavidos con las líneas, pues la malla de un lugar determinará su calidad de energía y, por consiguiente, la calidad de nuestra propia energía siempre que nos encontremos allí.

No existe ningún organismo vivo cerrado. En el nivel de la energía, aún más que en el de la materia, estamos constantemente implica en múltiples intercambios con nuestro entorno. Para llegar a ser clarividente y entrar en contacto con nuestro Ser Superior, precisaremos una profunda transformación de nuestros cuerpos sutiles. Esta alquimia será fomentada, o retardada, en función de si nos situamos en una posición en que la malla trabaje a nuestro favor o en contra. Es, por tanto, fundamental explorar la malla del lugar donde vivimos y asegurarnos que no estemos durmiendo o meditando sobre una línea.

Esta regla se hace todavía más importante cuando se efectúen períodos de meditación prolongados, como, por ejemplo, durante un curso o un retiro.

Mientras meditamos, nuestro cuerpo de energía, o cuerpo etérico, se abre de forma significativa y, por lo tanto, se amplifican los intercambios de energía con nuestro entorno.

Si meditamos sentados sobre una línea, en especial durante períodos prolongados, correremos un riesgo elevado de absorber energías incorrectas y dañarnos. Nos podemos sentir incómodos e inquietos. Son síntomas muy comunes cuando se efectúan largos períodos de meditación: no hace falta estar sobre una línea para sentirse así, pero la agitación asumirá proporciones mucho mayores si estamos sobre una línea. Y si la línea es mala, no hay virtualmente límite al daño que podemos infligir a nuestro cuerpo. Los profesores de meditación deberían ser particularmente conscientes de la malla en la habitación donde den sus clases, pues los estudiantes tienden a llenar el espacio disponible y es muy probable que algunos de ellos acaben sentándose en el sitio incorrecto.

Estamos introduciendo un concepto que hoy en día no está muy extendido, aunque en el pasado muchas culturas tradicionales estaban familiarizadas con el mismo: los resultados de la práctica espiritual dependen del lugar donde ésta se efectúe. Esto no sólo es aplicable al espacio general o al edificio, pues, incluso dentro de una habitación, diferentes emplazamientos pueden inducir experiencias completamente distintas. Hallar el lugar que es adecuado para uno mismo es tan importante como encontrar la enseñanza o técnica correctas. Esto también es aplicable a la sanación y a las terapias en general. Si se pone la mesa de masaje o acupuntura sobre un pozo de energía, los resultados serán diez veces mejores que si no se hace así. Además, para un ayudante invisible será mucho más fácil venir y echarnos una mano. El pozo hará la mitad del trabajo para nosotros, si no más. Contrariamente, si practicamos acupuntura, regresión, renacimiento (*rebirthing*) o algo semejante sobre una línea tóxica, podemos acabar logrando que nuestros clientes estén peor tras nuestro tratamiento.

¡Encontrar las líneas es extremadamente sencillo! En los cursos de Clairvision, al menos el 80 % de los estudiantes consigue encontrarlas el primer día que lo intentan, siempre y cuando hayan seguido —sólo seguido, ni siquiera dominado— las técnicas preliminares de apertura del tercer ojo, tal como se han indicado en el presente libro.

12.7 Exploración de las líneas: el equipo

Se necesitan dos varillas en forma de «L» y dos bolígrafos.

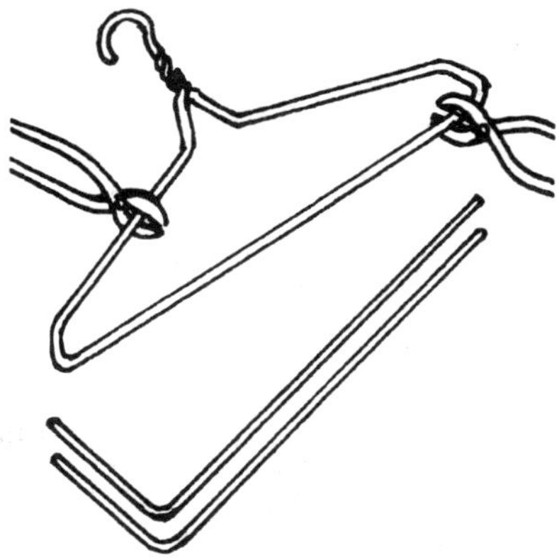

Las varillas serán de alambre grueso. El lado más largo de la «L» es de aproximadamente 40 centímetros (400 milímetros), y el más corto de unos 12 centímetros (120 milímetros). Unos cuantos milímetros de más o de menos no tienen importancia.

Una forma muy práctica de hacer las varillas es a partir de dos perchas de alambre, cortándolas con las dimensiones antes indicadas. Si no se dispone de perchas de alambre, puede emplearse cualquier tipo de alambre metálico, siempre que sea lo bastante rígido como para mantener la forma de «L».

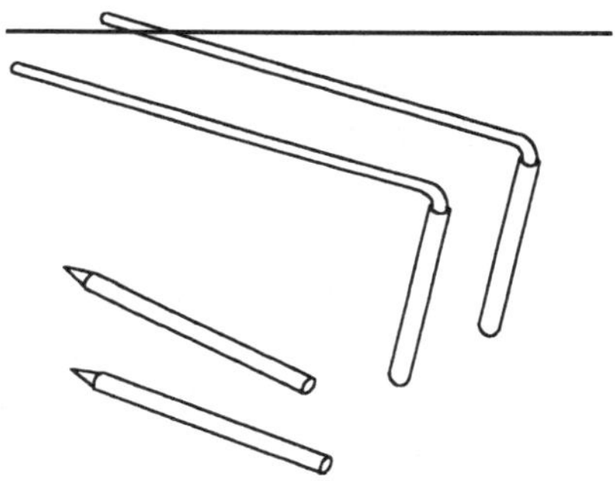

A continuación cogeremos dos bolígrafos baratos, les quitaremos la punta y la carga de tinta, y nos quedaremos únicamente con la carcasa plástica exterior. Insertaremos los lados más cortos de la «L» de nuestras varillas en el interior de las carcasas de los bolígrafos. Es todo cuanto precisaremos para explorar líneas.

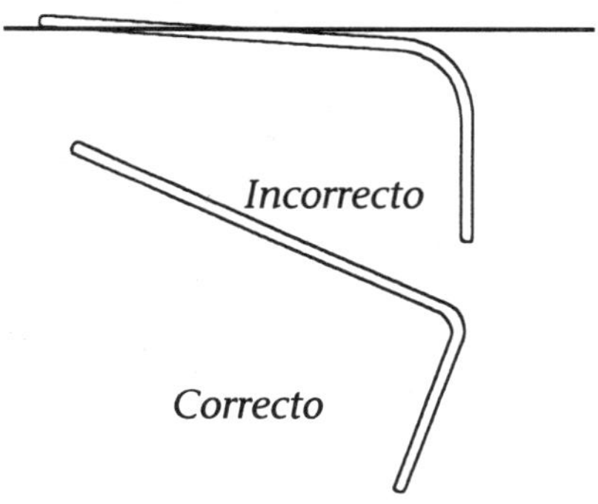

IMPORTANTE: las varillas deberán poder girar libremente en el interior de las carcasas de los bolígrafos, por lo que hemos de asegurarnos que:

1) Hemos hecho el ángulo de 90º entre ambos lados de la varilla de forma clara, y no con una curva progresiva.

2) A cada lado de la «L» el alambre está tan recto como sea posible. Si el lado más corto de la varilla está doblado, aunque sólo sea ligeramente, podría tener lugar una fricción indeseada que impediría el libre movimiento de la varilla.

Sugiero que se dejen estas varillas con sus carcasas en el maletero del coche, de modo que estén a mano siempre que precisemos explorar líneas.

12.8 Aprendizaje de la actitud ojo-vientre para la exploración de líneas

La exploración de líneas guarda relación con la conciencia ojo-vientre, o sea, estar consciente a la vez en el ojo y en el área debajo del ombligo. Para desarrollar la conciencia ojo-vientre hay que practicar primero paseando por la habitación, manteniendo una fuerte conciencia del área del ombligo o, más exactamente, del centro de energía que está unos 2-3 centímetros por debajo del ombligo. No se necesita localizar dicho centro con exactitud, siendo suficiente con estar conscientes del área por debajo del ombligo. Caminaremos «desde el vientre». Imaginémonos que somos un *cowboy* o un policía americano, pues uno y otro suelen ser bastante buen ejemplo de cómo caminar desde el vientre. O bien andemos como un maestro japonés de artes marciales.

Las líneas están hechas de una energía etérica que está muy cercana al plano físico. Desde un punto de vista experiencial, la clave para el etérico es: vibración. Dicho llanamente, siempre que sintamos una vibración estaremos sintiendo el etérico. Algunas vibraciones etéricas son bastante delicadas y sutiles, a medio camino entre una luz y una vibración. Otras, por el contrario, como las que sentimos añ sintonizar con las líneas, son «más densas» y más tangibles físicamente. Para explorar las líneas, hemos de estar conscientes de la vibración en nuestro vientre, y no estar flotando en la luz por algún lugar sobre nuestra cabeza. Cuanto más estemos en la vibración, más cerca estaremos de la percepción de las líneas.

Entonces restableceremos la conciencia centrada en el ojo y practicaremos unos cuantos segundos de reconexión: nos haremos conscientes de la vibración en el entrecejo, respiraremos con la fricción en la garganta y conectaremos la fricción con la vibración en el ojo.

Mantendremos una fuerte conciencia de la vibración en el ojo y permaneceremos simultáneamente conscientes del área debajo del ombligo. Estaremos conscientes de la vibración, tanto en el ojo como debajo del ombligo. Practicaremos, paseando por la habitación con nuestra conciencia ojo-vientre. Notaremos que una fuerte vibración en el ojo nos permitirá estar todavía más en el vientre. Varias técnicas de protección —las cuales se detallarán en los capítulos 18 y 20— están basadas en el fortalecimiento de nuestra energía mediante un fuerte foco mantenido simultáneamente en el ojo y en el vientre.

12.9 Técnica de exploración de líneas

Equivocado, demasiado alto

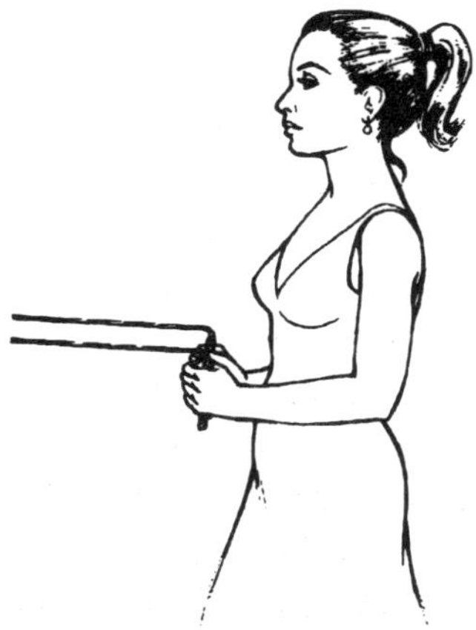

Correcto

Cogeremos una varilla con cada mano, más o menos a la altura del ombligo. Si las cogemos como si fueran pistolas, tendremos la altura adecuada y, probablemente, también la conciencia correcta del vientre: una vez más, no es la ocasión para estar por las nubes, sino bien anclados a tierra en la vibración.

Un error muy corriente consiste en bloquear las varillas con los pulgares. Las varillas deben dejarse girar libremente.

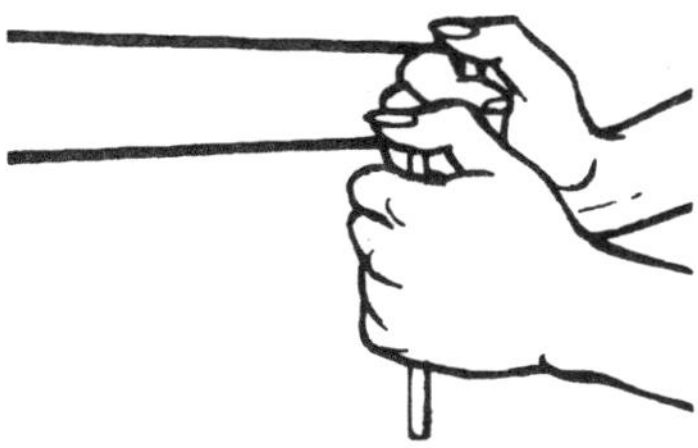

Incorrecto

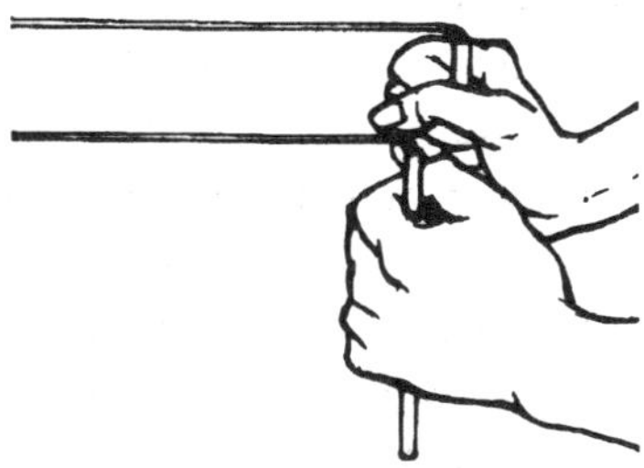

Correcto

Comenzaremos a caminar despacio, como un tigre, con una fuerte conciencia de la vibración, tanto en el ojo como debajo del ombligo. Mantendremos nuestras manos firmes, para evitar cualquier movimiento de las varillas. Las varillas apuntarán frente a nosotros. Si se balancean, debería ser un signo de que hay una línea, y no debido a nuestros propios movimientos al andar. No hemos de bloquear las varillas con los pulgares, han de estar libres. Hemos de estar sintonizados con cualquier sensación que pudiera provenir de nuestro vientre. Seguiremos respirando con la fricción en la garganta, caminando despacio.

• *Cuando atravesemos una línea*

1) Las varillas se balancearán y se colocarán paralelas a la línea. Para determinar la posición de la línea, bastará con mirar la dirección a la que apunten las varillas. No influyen nada el hecho de que las varillas giren a la derecha, a la izquierda, o cada una hacia un lado.

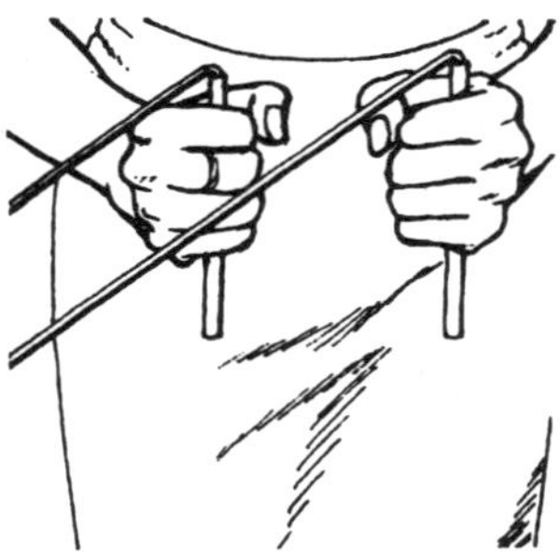

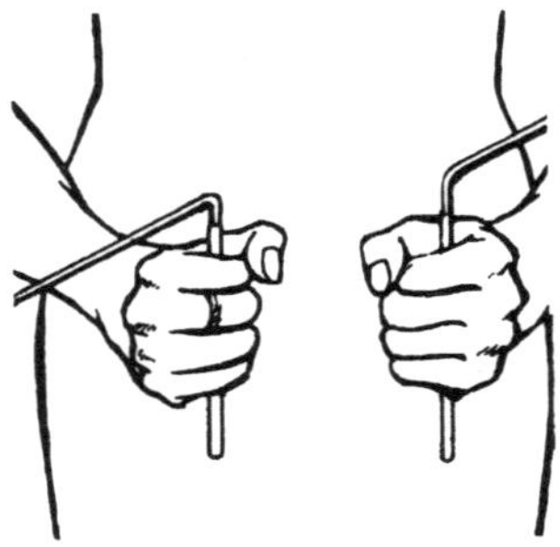

2) Cuando se cruza una línea, justo una fracción de segundo antes de que gire la varilla, puede sentirse una sensación muy «física» en el vientre. Es lo que denomino la «señal del vientre». En realidad no es una sensación muy agradable. Cuanto más tóxica sea la línea, más incómodos nos sentiremos en nuestro vientre. Es un modo sencillo de determinar el grado de toxicidad de una línea.

Tan pronto como tengamos una idea aproximada de la orientación general de la malla, es preferible que caminemos en una dirección perpendicular a las líneas. Entonces, la rotación de las varillas cada vez que crucemos las líneas será más clara. (Si caminásemos casi en paralelo a las líneas, las varillas apenas girarían en el momento crucial de atravesarlas.) Es recomendable llevar un rollo de cinta adhesiva, la cual pegaremos al suelo cada vez que crucemos una línea, para así recordar mejor su posición.

Dado que las líneas forman una malla aproximadamente perpendicular, con frecuencia hallaremos dos grupos de líneas, siendo las de un grupo perpendiculares a las del otro. Una vez hayamos explorado todas las líneas de un grupo, pasaremos a caminar perpendicularmente a las mismas, para explorar la otra parte de la malla.

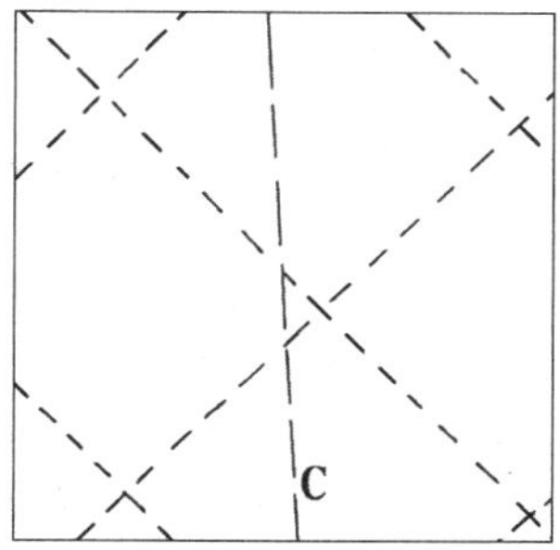

¿Qué ocurre si encontramos una línea que no encaja en la malla, como por ejemplo una línea diagonal? Esto indicaría que se ha localizado algo añadido a la malla natural, como un cable eléctrico, una tubería de agua o, incluso, una corriente de agua subterránea. Entonces hay que ir (aún más) al ojo, sintonizar con la línea y tratar de averiguar qué es. Generalmente los cables eléctricos generan líneas moderadas. El agua subterránea crea el tipo de líneas que nos ponen enfermos cuando las sintonizamos. Las tuberías de agua están más o menos entre ambas, en función del volumen de agua que circule por las mismas.

12.10 Exploración de líneas: lo que hay que hacer o evitar

• Si las varillas comienzan a girar incluso antes de comenzar a caminar, ¡consideremos la posibilidad de que efectivamente estemos sobre una línea! Caminemos uno o dos pasos y comencemos de nuevo.

• Supongamos que encontremos una línea originada por un cable y no existe cable alguno bajo el suelo, ¿qué significa esto?[1] ¡Posiblemente

1. Sabemos que es un cable o una tubería porque no discurre paralelamente a las otras líneas de la malla. Por ejemplo, en el dibujo de la malla de la sección 12.9, la línea C probablemente sería una tubería, un cable o una corriente de agua subterránea ya que no se ajusta a la malla. Si hay un enchufe o interruptor en alguno de los extremos de la línea C, o si hay una lámpara en el techo justamente sobre dicha línea, será prácticamente seguro que la línea haya sido ocasionada por un cable eléctrico.

el cable está en el techo! Las líneas no sólo se generan por encima de un cable o tubería, sino también por debajo de los mismos.

• No hay que explorar líneas durante un período de tiempo demasiado prolongado y en el mismo día. A menos que estemos muy entrenados, la práctica puede agotarnos si se prolonga durante más de media hora. Esto se debe a una sencilla razón: para percibir algo, hemos de sintonizar con ello. Si se pretende explorar líneas, hay que conectar con su energía. Dado que estas líneas son nocivas por naturaleza, fácilmente podemos entender por qué su exploración es una práctica agotadora.

Por esta razón, no es aconsejable explorar líneas cuando estemos bajos de energía o deprimidos. La exploración de líneas no es una buena actividad para mujeres embarazadas ni para niños.

• **Después de explorar líneas hay que lavarse las manos con agua corriente durante un tiempo que resulte adecuado**, de acuerdo con el método descrito en el apartado 4.12. Ducharse es todavía más indicado.

• Existen numerosas asociaciones de zahoríes y de exploradores de líneas, la mayoría de las cuales organizan días en el campo para buscar líneas de tierra. Sería una buena idea unirnos a una de ellas durante uno o dos domingos, a fin de comprobar que nuestra técnica de exploración es exacta.

12.11 La señal del vientre

En el capítulo 11 se vio cómo, mediante el arte de sintonizar, podemos aprender a dejar que las cualidades de un objeto se «hagan vivas» en nuestra conciencia. Para el aprendiz de clarividente, la exploración de líneas es uno de los ejemplos más impresionantes de dicho proceso. Se verá que las líneas son particularmente fáciles de sintonizar. Y que, cuando se atraviesa una línea con las varillas, tiene lugar un efecto tangible en el área del ombligo, alrededor del chakra *manipura,* según la tradición hindú. Es una sensación «en las tripas», muy «física»: inconfundible. El proceso de exploración de líneas es un ejemplo claro de cómo podemos sintonizar y, entonces, sentir como respuesta una modificación de nuestra energía.

Como consecuencia de este efecto tangible, los estudiantes suelen llevarse una sorpresa agradable: tienden a sentir las líneas en los mismos lugares, incluso si están explorándolas por vez primera.

La exploración de líneas de tierra es notable en el sentido de que probablemente sea, de entre todas las percepciones extrasensoriales, la más fácil de objetivizar y reproducir. Si alguien intentara demostrar científicamente la existencia de fenómenos de percepción extrasensorial, ciertamente le recomendaría que trabajara con las líneas de tierra.

Respecto a la «señal del vientre»: es interesante apuntar que determinada fracción de la población parece ser incapaz de explorar líneas; alrededor del 10 % de los estudiantes que conozco. Parece que haya una correlación entre la incapacidad de explorar líneas y los bloqueos emocionales en el área abdominal. Dicho en otras palabras, estos exploradores sin fortuna son, de forma sistemática, quienes tienen las mayores obstrucciones de energía en el área del ombligo. Cuando dichos estudiantes siguen un proceso de regresión y liberan sus bloqueos en el abdomen, ganan (o, más bien, recuperan) la capacidad de explorar adecuadamente.

12.12 Sintiendo las líneas sin varillas

Una vez podamos ubicar las líneas de la malla siguiendo el método de exploración antes indicado, el siguiente paso será sentir las líneas sin utilizar las varillas. Esto sorprenderá en buen grado a nuestros amigos zahoríes o exploradores de líneas. Es una situación bastante divertida: ¿cómo es posible que, tras estar unas cuantas semanas explorando líneas, no sólo las encontremos, sino que también lo podamos hacer sin varillas, cuando ellos han estado trabajando en el tema durante años y no tienen ni idea de cómo hacerlo así? En realidad, es debido a que nuestra exploración de líneas proviene del entrenamiento sistemático de la percepción, no es una habilidad aislada.

Con una fuerte conciencia en el ojo, no es realmente difícil sentir las líneas con las manos, sin las varillas.

Comenzaremos caminando despacio por la habitación, con las manos frente a nosotros. Como antes, mantendremos una fuerte conciencia de la vibración, tanto en el ojo como debajo del ombligo. Respiraremos con la fricción en la garganta para amplificar la vibración. Sintonizaremos con las líneas desde el vientre.

Cuando se atraviese una línea, nuestras manos sentirán una ligera resistencia, como si nos estuviéramos encontrando con algo más espeso y denso que el aire de la habitación. En ocasiones, también habrá una ligera vibración, que se transmitirá a nuestras manos cuando «toquemos» una línea. Demos un paso atrás y vayamos de nuevo a la línea, poco a poco. Explayémonos en la sensación, aprendamos a reconocerla. De hecho, es más apropiado emplear la palabra «pared» que línea, puesto que lo que sentiremos es, en realidad, una pared de vibración, como si estuviera formada de humo.

Como de costumbre, hay un secreto: ¡práctica, práctica, práctica! Si practicamos, seremos capaces de entrar a una habitación y, de inmediato, saber dónde están las líneas y qué grado de nocividad tienen; no se necesitarán varillas y ni siquiera hará falta caminar por la habitación.

12.13 Visión de las líneas

Ver las líneas o, más bien, las paredes de energía humeante, no es mucho más difícil que ver halos o luz alrededor de las personas. Las técnicas que se emplean son exactamente las mismas que se han descrito en los capítulos acerca de la visión.

Llevaremos a cabo el triple proceso de visión:

1) Inmovilidad y foco en el ojo, parpadeando lo menos posible.
2) No buscaremos las líneas. Nos haremos conscientes del hecho de ver, o estado de visión. Si no alcanzamos el estado de visión, nos limitaremos a sentir la imagen frente a nosotros, en vez de mirarla.
3) Trataremos de sentir desde el corazón y, en este caso, también desde el vientre al mismo tiempo. Si encontramos difícil estar en el ojo, el corazón y el vientre a la vez, nos limitaremos al ojo y el vientre. Miraremos desde el vientre, a través del ojo. Si aún esto es demasiado difícil, nos enfocaremos principalmente en el vientre, de 2 a 3 centímetros por debajo del ombligo.

Consejos para principiantes

- Cuantas más personas en la habitación estén en el ojo, más fácil será ver.
- Será más fácil ver las líneas si se intenta mientras otra persona las está explorando en la habitación.
- Según mi propia experiencia, cuando varios principiantes tratan todos a la vez de sintonizar con un objeto, o bien de verlo clarividentemente, se crea en la habitación una gran nube de energía caótica, la cual hace que incluso clarividentes experimentados tengan dificultades en poder discernir cosa alguna. En ocasiones, hay que dejar pasar hasta media hora antes de que alguien pueda percibir de nuevo alguna cosa.

  Esto mismo es aplicable a las líneas de tierra: si tratan de verlas al mismo tiempo demasiados estudiantes inexpertos, es muy probable que, al cabo de 30 segundos, absolutamente nadie pueda ver nada de nada.
- Practiquemos la visión de las líneas hacia la Luna llena y por la tarde, cuando son más anchas.

12.14 Práctica: el aura del explorador de líneas

Una práctica interesante consiste en sentarnos tranquilamente, ejecutar el triple proceso de visión y observar el aura de alguien que esté explorando líneas. Cada vez que cruce una línea podrá verse un cambio en los colores e intensidad de su aura. Incluso aunque no se vean los colores con claridad, no será demasiado difícil sentir la modificación que tiene lugar en la energía de dicha persona.

También sintonizaremos en la energía de su vientre. Cuando atraviese una línea podremos sentir la «señal del vientre» en la persona. Si la línea es realmente tóxica, puede hacernos sentir un poco mal —incluso a cierta distancia— si estamos sintonizando con la energía del explorador de líneas.

12.15 Práctica: diagnosis de estrés geopático

A medida que avancemos podremos desarrollar una interesante habilidad en la diagnosis: sentir las huellas que las líneas dejan en la gente. Si alguien está durmiendo sobre una línea durante meses, le queda una traza en su energía, y podremos realmente sentir y ver la energía de dicha línea en la persona.

Esta práctica es más fácil de lo que pueda parecer. Sólo se requiere haber desarrollado cierta sensibilidad hacia las líneas. Esto es, se precisa saber exactamente cómo se siente la energía de una línea. Entonces, cuando sintonicemos con alguien, buscaremos dicha sensación. Si alguien tiene en su energía trazas de líneas de tierra nocivas, queriendo con esto decir que sufre de lo que se ha denominado «estrés geopático», reconoceremos la «sensación de la línea», que es la misma que sentimos cuando sintonizamos con la malla. Esto nos dará la capacidad de intuir con rapidez si una enfermedad puede deberse a una línea tóxica.

12.16 Encontrar pozos de energía

El tema de los pozos de energía es mucho más misterioso que el de las líneas de tierra nocivas. Se ha hablado muy poco acerca de los mismos. Encontrar los pozos presupone una gran comprensión de las fuerzas telúricas y, asimismo, requiere que se cultive un cierto respeto hacia la tierra, que se aprecien sus energías.

Para encontrar pozos de energía se precisan dos cualidades importantes: respeto y sintonía. No seremos nosotros quienes hallemos los pozos, sino que será la tierra la que nos los mostrará —quizá— si siente que somos buenas personas.

¿Qué es una buena persona desde el punto de vista de la tierra? Llegamos al lugar con nuestra cabeza llena de la actividad mental que genera la vida moderna; pero la tierra vibra a una frecuencia bastante diferente. El primer paso consiste en estar en sintonía con la tierra, dejarnos vibrar a su frecuencia. La tierra también es sensible a nuestro magnetismo, aprecia y respeta a las personas de una cierta densidad. Hemos de estar preparados en nuestro vientre y conectar la energía del vientre con la tierra, anclando la fuerza de nuestros chakras inferiores en ella. Por lo tanto, antes de explorar la casa, es recomendable emplear unos cuantos minutos caminando a su alrededor, sintiendo la energía del área y conectando con la misma.

Una vez estemos con la disposición interior correcta, ¿cómo encontraremos los pozos? Si hemos alcanzado cierta clarividencia, resultará bastante sencillo: será suficiente con mirar a nuestro alrededor. Un pozo de energía se parece a una pequeña fuente de energía, un pequeño géiser, una columna de luz. Incluso aunque todavía no resulta fácil ver auras, practíquese el triple proceso de visión y examínese el espacio de la habitación desde el ojo. Si se está en sintonía con la energía del lugar, puede que tenga lugar una visión repentina e inesperada...

Entonces comenzaremos a caminar muy despacio por la habitación, con las palmas frente a nosotros, como si estuviéramos tratando de sentir las líneas sin las varillas (apartado 12.12). Hay un vocablo alemán de difícil traducción, *gemütlich*, que significa «lleno de sentimiento», «bello y confortable para el alma»; así es exactamente como se siente un pozo de energía.

Por experiencia propia, los pozos de energía se encuentran a menudo adyacentes a una línea de tierra (aunque no en la línea). Por consiguiente, no nos hemos de preocupar si encontramos uno en el borde de una línea, pues no hay nada malo en ello.

El tamaño de los pozos de energía varía. Los que se ven en Sydney suelen ser de entre 30 y 60 centímetros de diámetro, e incluso algo más. Pero, por ejemplo, en algunos emplazamientos aborígenes se pueden encontrar pozos mucho mayores.

Ciertos lugares son realmente mágicos, con pozos de energía por todas partes, como fuegos artificiales de hadas. Caminar por dichos sitios con la conciencia correcta nos transportará a otra dimensión de la existencia.

Las propiedades de los pozos de energía varían de unos a otros; algunos tienen un valor más inspirador, mientras otros lo tienen curativo. Hemos de sintonizar con el ser del pozo para descubrirlo, aunque hemos de ser muy dulces, pues estos seres son reservados. Hemos de mirar sin mirar, sintonizando como desde la distancia. De otro modo, ocultarán su energía y el pozo permanecerá indetectable para nuestro ojo. Únicamente cuando hayamos ganado cierta familiaridad con el pequeño ser que está tras el pozo, éste nos revelará todos sus secretos.

¡Todavía está todo por descubrir acerca de los pozos de energía!

12.17 ¿Podemos neutralizar líneas de tierra nocivas?

Los exploradores de líneas han efectuado numerosos intentos de neutralizar las líneas nocivas. Se han diseñado muchos artilugios, tales como varillas de cobre de diversas formas, bobinas de plomo, aparatos electromagnéticos, velas, lámparas de aceite, mandalas y signos mágicos bajo la moqueta. Tras haber examinado muchos de ellos, he llegado a la conclusión de que, en realidad, nada funciona. Algunos artilugios brindan una mejora temporal, pero no he visto nada que dure. Tras algunas semanas, o como mucho unos cuantos meses, la malla recobra su carácter nocivo.

Tal vez la respuesta sea de una naturaleza diferente. Aunque algunas de las líneas sean malas para nuestra salud, no son necesariamente malas para la Tierra. Las líneas son para la Tierra lo que los meridianos de la acupuntura son para el cuerpo. ¿Por qué deberíamos tratar de bloquear dichos flujos?

Quizá la solución no resida en intentar corregir la malla natural de la Tierra, sino en ubicar nuestras casas en puntos que sean apropiados para la vida humana. La malla no es nociva en todas partes: muchos lugares poseen una energía amable. Si construimos una casa justo encima de una corriente de agua subterránea, aseguraremos la existencia de una malla nociva por toda la casa. Pero, si construimos dicha casa a 50 metros, puede que no haya ninguna consecuencia desfavorable.

En Australia, donde las energías telúricas son particularmente fuertes, he visto algunas casas construidas sobre enterramientos aborígenes, o sobre lugares que los aborígenes tradicionalmente juzgaban inapropiados para la habitación humana. En dichas casas la gente se sentía enferma y peleaba constantemente, iban a la quiebra, cometían suicidio... Incluso los gatos, que suelen pasárselo muy bien en las líneas, se escondían en los armarios y tenían malestares nerviosos. ¿Sería razonable comenzar una guerra contra la tierra para limpiar tales lugares, o deberíamos considerar que nunca debería haberse construido ninguna casa allí?

El problema real reside en que no estamos viviendo en armonía con las energías de la Tierra. Ubicamos nuestros edificios siguiendo consideraciones mentales, tras haber dibujado unos bonitos cuadrados sobre un plano. Estamos desconectados de la tierra: ni siquiera tratamos de consultarle antes de construir sobre ella. Y entonces, cuando las vibraciones de la casa son horrendas, pretendemos que la tecnología venga a nuestro rescate, para interrumpir los flujos telúricos naturales y convertir nuestro desastroso lugar en una agradable casita de campo.

La respuesta está introducir a arquitectos y constructores en la ciencia de las líneas y pozos telúricos. Y en lo que a nosotros respecta, comprobar la malla y las vibraciones de una casa **antes** de trasladarnos a la misma.

¿Qué podemos hacer en la práctica? Explorar nuestra casa con gran detalle, pues siempre hay una malla de líneas, separadas entre sí 2-2,5 metros, pero en muchos casos, la malla no es particularmente nociva. Aún así, necesitamos estar seguros de que ninguna línea atraviese nuestra cama, que no meditemos sobre una línea y que ninguno de los sitios donde regularmente nos sentamos esté sobre una línea. No debemos dudar en cambiar el mobiliario si es preciso.

La segunda etapa es comenzar a cazar (¡dulcemente!) los pozos de energía por toda la casa y explorar lo que podemos ganar de los mismos. Todo esto implica que tendremos que reconsiderar nuestros hábitos y comenzar a utilizar el espacio en armonía con la energía de la casa. Si podemos ser lo bastante brillantes como para diseñar el interior de nuestra casa de tal modo que meditemos, durmamos, comamos, trabajemos... sobre pozos de energía, los beneficios serán inmensos en lo que respecta a nuestra salud física, mental y espiritual.

¿Qué pasa si la malla es nociva, o llena de líneas adicionales, o si la casa se ha diseñado de modo que dondequiera que pongamos la cama hay un cruce de líneas? Mi consejo es trasladarse de casa. El despertar espiritual es un proceso de apertura, el cual no puede ocurrir suavemente en un lugar donde las vibraciones sean tóxicas. Cuando pasemos por hondas transiciones, precisaremos que nuestro entorno nos apoye, no que se nos oponga. Hemos de encontrar un sitio que sea totalmente idóneo para nosotros. Ésta es una parte importante de la búsqueda espiritual y, por lo tanto, si nuestra motivación es correcta, el universo nos apoyará.

12.18 Una geografía de la iluminación

Si realmente se desea saber acerca de la energía, sugeriría aplicarse a percibir las líneas, hasta alcanzar el punto en que pueda saberse inmediatamente dónde están las líneas, tan pronto como se entre en una habitación. No importa si al principio no pueden verse; pero hay que desarrollar la sensación hasta el punto en que podamos abrir la puerta, sintonizar y sentir dónde están las líneas, sin tener siquiera que caminar por la habitación. Esto estructurará una honda conexión con las energías de la tierra.

Entonces, cuando visitemos un sitio nuevo, evitaremos las líneas automáticamente y escogeremos el lugar idóneo para sentarnos. Esto ocurrirá espontáneamente, sin tener ni que pensar en ello. Nos limitaremos a sentarnos en cualquier sitio, y después nos daremos cuenta de que hemos cogido otra vez un pozo de energía. Y si por alguna razón nos sentamos alguna vez sobre una línea, recibiremos inmediatamente una señal desde el vientre y sentiremos el deseo de movernos de ahí. Ni siquiera se necesita ver las líneas de modo clarividente para alcanzar este nivel, pues es suficiente con entrenarnos sistemáticamente para sentirlas.

A medida que nos hagamos más conscientes de las energías telúricas, nos sorprenderá ver como algunas personas están siempre yendo de unas líneas a otras, debido a algún tipo de extraño magnetismo. Si hay un cruce pernicioso en nuestro salón, caminarán derechos hacia allí y se sentarán; si hay una casa maldita disponible en la ciudad, se apresurarán a alquilarla. E, incluso, si su casa es bastante correcta en lo que respecta a las líneas de tierra, se las arreglarán para poner su cama en el peor cruce de líneas que puedan encontrar. De algún modo, ¡podríamos decir que dichas personas han desarrollado sensibilidad hacia las líneas! Pero inconscientemente la emplean en su contra. Estos kamikazes de las líneas de tierra se beneficiarían enormemente de trabajar en su ojo y aprender a explorar las líneas. No obstante, nos encontraremos que muchos de ellos rechazan obstinadamente siquiera intentarlo, o incluso sencillamente reconocer la existencia de las líneas.

Esto nos llevará a sentir que hay una correspondencia entre nuestra propia calidad de la energía y los lugares donde nos sentemos, sea en nuestra casa o incluso en un restaurante, el cine o la casa de un amigo. Esto significa que muchas personas eligen inconscientemente lugares perjudiciales para perpetuar sus desórdenes y faltas de equilibrio energético. Pero también significa que, eligiendo sistemáticamente lugares de alta calidad energética, podremos influir positivamente en nuestro estado de salud y de conciencia, tal vez mucho más de lo que pensamos. Esto además sugiere que dos personas pueden vivir en el mismo ambiente y, aun así, permanecer en dos mundos diferentes, al estar uno de ellos sistemáticamente sobre las líneas y el otro sobre los pozos de energía.

Como estamos llegando al final del presente capítulo, tengo que pedir un favor al lector o lectora. El conocimiento de las líneas es bastante sencillo, a la vez que son enormes los problemas que puede ahorrar. Por favor, háblese de las líneas de tierra. Discútase este asunto en profundidad con amigos y familiares. No se pierda nunca la oportunidad de convertirlo en tema de conversación. Si se es un periodista, escríbase acerca de ello o consígase que se emita por radio o televisión. Si se es un facultativo médico, explíquese la materia a los pacientes. No estropeará nuestra reputación, gracias a la enorme cantidad de evidencias científicas disponibles para poder respaldar el fenómeno. Esto deberíamos entenderlo como un acto de la más elevada compasión, a fin de crear tanto interés sobre este tema como nos sea posible.

Capítulo 13

PRÁCTICA NOCTURNA (1): ASPECTOS TEÓRICOS

Dormiens vigila.
Mientras duerme, permanece despierto.

* * *

En lo que es la noche para todos los seres,
el iluminado está despierto.
En lo que todos los seres están despiertos,
es la noche para el iluminado.

BHAGAVAD-GITA 2.69

La práctica nocturna es un conjunto de técnicas diseñadas para inducir un estado de sueño psíquico y para poder emplear las noches con el propósito de la autotransformación interior. Cuando se realiza durante el día, la práctica nocturna es una manera rápida y segura de recuperarse de la fatiga y la tensión. Los estados más elevados de la práctica nocturna están relacionados con los viajes astrales conscientes, para los cuales se sugieren diversas técnicas preparatorias que se recogen en el capítulo siguiente.[1]

1. Los *Cursos por correspondencia de Clairvision School* incluyen varios casetes para la práctica nocturna y enseñanzas afines.

13.1 Tiempos críticos

¿Adónde se va después de la muerte?

De acuerdo con las tradiciones tibetana e hindú, el momento de la muerte es crítico, puesto que determina las condiciones del viaje después de la vida. Lo semejante atrae lo semejante. Se dice que tiene lugar una resonancia, en el momento mismo de la muerte, entre los contenidos de la mente y el lugar al que se es atraído. El *Bhagavad-Gita* lo expresa en los siguientes versos:

yaṃ-yaṃ vā'pi smaran bhāvaṃ tyajaty ante kalevaram
taṃ-tam evai'ti...

Es deicr, cualquiera que sea el objeto o estado en el que uno piense en el instante final en que se abandone el cuerpo, eso y únicamente eso se obtendrá (8.6).

En la tradición budista, se cuenta una historia acerca de un hombre que había llevado una vida muy virtuosa. Cuando se estaba muriendo, su sobrino se sentó junto a su lecho simulando pena, pese a que secretamente codiciaba la herencia. El hombre se puso muy furioso al ver que la pena de su sobrino era falsa. Los moribundos pueden leer con facilidad las mentes de quienes los rodean, puesto que ellos ya están —a medias— en el plano astral. Su rabia fue suficiente para impulsarlo directamente hacia un infierno en llamas, donde tuvo que permanecer cierto tiempo hasta su próxima encarnación humana. Pues el momento de la muerte es tan crucial que muchas escuelas esotéricas, orientales y occidentales, han desarrollado métodos precisos para abandonar el cuerpo del modo correcto, a fin de poder encontrarse la propia dirección en los mundos no físicos.

Permítasenos observar una experiencia diaria que no difiere de la aventura de la muerte. ¿Adónde vamos cuando nos dormimos? Existe un amplio rango de planos de conciencia que se abren ante nosotros. Algunos son ligeros y refrescantes, mientras que otros son más bien propicios a inducir terribles pesadillas. En lo que concierne a la recuperación de la fatiga y el desarrollo espiritual, el valor del sueño dependerá de la calidad de los planos que el cuerpo astral visite durante la noche. Si se vaga por lugares incorrectos, uno muy bien podrá despertarse más cansado que cuando se acostó, o incluso enfermo.

¿Qué determinará qué planos se visitarán durante el sueño? Una vez más, será crucial el estado de la mente al atravesar el umbral. Tanto en el umbral del sueño como en el de la muerte tiene lugar una resonancia. La calidad de conciencia en el preciso instante de quedarse dormido, desempeña un papel esencial para determinar adónde se viajará durante la noche. De ahí el valor inestimable de estar con la conciencia pura y coherente durante un tiempo, inmediatamente antes de dormir, lo cual permitirá que el cuerpo astral sea atraído al «lugar correcto» durante el viaje. Asimismo, habrá muchos otros efectos derivados valiosos, como disponer de más energía durante el día, tener mayor resistencia a las enfermedades, mejora de la memoria e intensificación de la creatividad.

Nunca debería tratarse con ligereza el momento de la muerte. El paralelo entre ambas experiencias es tal, que el momento de dormir debería ser tratado con la misma consideración.

13.2 La muerte iniciática y el misterio del umbral

Diversas tradiciones han remarcado la analogía entre la muerte y la iniciación. Incluso sin ningún conocimiento de lo oculto, uno puede convencerse a sí mismo de esta correspondencia, tan sólo con observar a una persona moribunda: aquí deben de haber ocurrido traumas y sufrimientos anteriores. Así pues, cuando el momento de la muerte se aproxime, la persona empezará a irradiar una gran serenidad. Podrá sentirse claramente que está teniendo lugar una apertura, a menos que haya sido sedada con demasiadas drogas.

Desde un punto de vista esotérico, la conexión entre la muerte y la iniciación es obvia: el iniciado es alguien que puede —durante su vida— despertar a esos planos visitados por el muerto. El iniciado puede ver planos no físicos y viajar por los mismos, aunque todavía permanezca encarnado en su cuerpo físico. El no iniciado, por otra parte, tendrá que esperar hasta la muerte para descubrir qué hay tras el umbral.

Por otro lado, cuando ocurren ciertos «clics» en la senda de la iniciación, uno puede darse cuenta de que se está consiguiendo, en ese preciso instante, un trabajo que otros únicamente completarán tras la muerte. Y la visión sutil se estimula de repente. Es como una explosión. Uno sabe que, cuando llegue el momento de morir físicamente, gran parte del trabajo ya estará hecho.

No hay nada siniestro en este aspecto del proceso de iniciación. Piénsese en la serenidad y apertura de la persona moribunda. Una vez se comience a cruzar el umbral de la iniciación, una parte de esta serenidad permanecerá para siempre en nuestro interior. Aunque se esté preso de la agitación del mundo, ese suave sentimiento permanecerá en el fondo de uno mismo. Y como se está vivo y muerto al mismo tiempo, se puede comenzar a vivir para bien. El Espíritu es una fuente de magníficas paradojas: habiendo atravesado un proceso semejante a la muerte, uno se transforma en un ser mucho más vivo. Antes, se estaba animado y nada más; ahora se está vivo. Es tan simple que resulta extraordinario.

En la búsqueda de la iniciación, siempre hay una búsqueda del umbral, la puerta que abre la visión de los mundos no físicos. Pero, para el ojo del clarividente, no solamente se cruza la puerta en el momento de morir, pues cada ser humano la pasa todos los días, aunque sin encontrar lo que la tradición occidental ha denominado «el guardián del umbral». Ocurre dos veces al día (cuatro veces si se duerme una siesta): cada vez que uno se duerme y cada vez que uno se despierta, pero la tragedia es que continúa ignorándose al guardián del umbral. Es frecuente dormirse y despertarse de repente, tan rápido como si se resbalara en el hielo: uno va caminando y, de repente, antes siquiera de darse cuenta, se encuentra en el suelo. Sucede tan rápidamente que no se tiene ni idea de lo que ha pasado en ese lapso, ni de cómo tuvo lugar. Esto quiere decir que dos, e incluso cuatro veces al día, se pierde una fantástica oportunidad para el desarrollo personal.

Los umbrales son siempre esenciales. El día es yang, la noche es yin, pero ¿qué es el crepúsculo? El crepúsculo es un momento en el que los pares de opuestos pueden trascenderse. Justo por esta razón muchos sabios y personas iluminadas cuentan que sus primeros destellos de iluminación tuvieron lugar en el crepúsculo.

La parte derecha del cuerpo es el lado masculino, solar; la izquierda, el femenino, lunar. ¿Y qué es la línea central? Es el asiento del fuego de la serpiente de la tradición occidental, simbolizado por el caduceo de Hermes. Lo cual se corresponde con el *sushumna-nadi* del kundalini-yoga, el canal central por el que se mueve la fuerza. Ahora bien, ¿qué ocurre cuando se abre este canal central? No se es ni solar ni lunar, ni macho ni hembra, ni dentro ni fuera. Se trasciende la dualidad de manifestación y se contacta con el Ser Superior eterno. Se podrían seguir investigando diferentes pares de valores opuestos, para encontrar que siempre ocurre algo crítico en la frontera entre ambos.

Uno de los propósitos de la práctica nocturna consiste en explorar la línea divisoria entre estar dormido y despierto. Cultivar el interés en este umbral, ¡maravillarse ante él! (¡Maravillarse es una gran cualidad espiritual, que nunca se practica lo bastante!) Cada vez que se vaya a dormir, debería convertirse en una dulce obsesión preguntarse: ¿qué voy a obtener esta vez al cruzar el umbral? La experiencia completa del umbral es de superconciencia, aunque, como se vio anteriormente, normalmente se pierde porque se cruza con excesiva rapidez. Por lo tanto, la táctica de la práctica nocturna consiste en inducir una transición lenta desde estar despierto hasta estar dormido, mediante una relajación que aumente progresivamente. Se alcanza un estado en el que no se está ni despierto ni dormido, o más bien ambos a la vez, además de estar consciente. Y ahí ya puede comenzarse la búsqueda del guardián del umbral.

13.3 El sueño y los cuerpos sutiles

Para poder entender este tema en su totalidad, precisaremos analizar diversos aspectos básicos relacionados con los cuerpos sutiles. El cuerpo humano puede considerarse compuesto por cuatro partes:

1) El cuerpo físico (CF).

2) El cuerpo etérico (CE), o plano de la fuerza vital. Esta fuerza vital es lo mismo que el prana (sánscrito) o el qi (chino). El cuerpo etérico es denominado *prana-maya-kośa* por la tradición hindú, expresión que significa literalmente «contenedor hecho de prana». En términos de experiencia interna, contamos con

una referencia sencilla: siempre que se sienta una vibración o cosquilleo, será porque en el cuerpo etérico se ha activado algo.

3) El cuerpo astral (CA), o plano de la conciencia mental. Siempre que se piensa o se experimentan emociones, algo está sucediendo en el cuerpo astral.

4) El Ego o Ser Superior.

El cuerpo astral (CA) y el Ego están conectados, formando el «complejo superior». El cuerpo físico (CF) y el cuerpo etérico (CE) también están conectados, formando el «complejo inferior». A menos que se sea un iniciado, los cuerpos físico y etérico nunca se separan mientras se permanece con vida.

El complejo superior (CA + Ego) es el asiento de la conciencia. Mientras se está despierto, este complejo superior interpenetra al inferior (CF + CE), así como una mano entra en un guante. En otras palabras, la conciencia conoce el mundo físico a través de los cuerpos físico (y etérico).

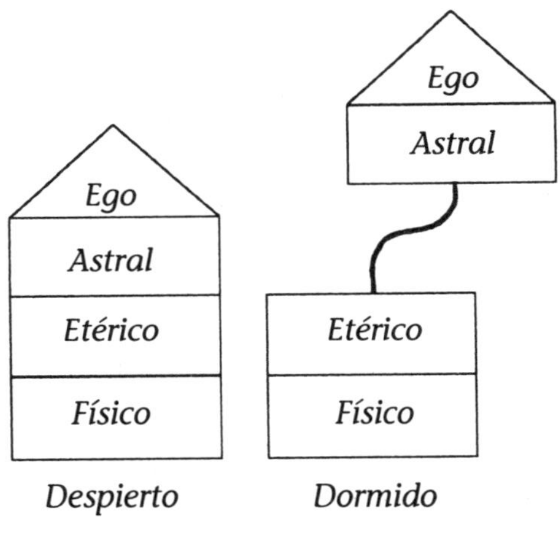

Cuando se comienza a dormir, el complejo superior (CA + Ego) se desinteresa del complejo inferior (CF + CE) y se retira de él. Visto desde fuera, se pierde la conciencia, lo cual significa que uno se queda dormido. Pero, en realidad, no se pierde la conciencia, sino que ésta se halla en algún lugar. En vez de estar conociendo el mundo físico, el complejo superior (CA + Ego) vaga por distintos mundos astrales o, a veces, por los reinos más elevados del espíritu. Se puede experimentar un vasto rango de planos, algunos de los cuales son bellos y regeneradores, mientras que otros son grises y pesados, lo cual dependerá en gran medida de la calidad de conciencia con la que se atraviese el umbral. Si uno se duerme, por ejemplo, bebido, después de haber comido salchichas y haber visto una película de terror el sueño no puede ser demasiado refrescante o aligerante, ya que uno estará en la disposición de ser atraído a áreas poco claras de la esfera astral. Forma parte del proceso de transformación encontrar durante el atardecer y anochecer las actividades y alimentos que, durante la noche, nos permitan dirigirnos hacia los reinos más elevados.

Hacia el momento de despertarnos, comenzaremos a interesarnos de nuevo por el mundo físico, y el complejo superior (CA + Ego) se reintegra en el complejo inferior (CF + CE). La mano vuelve al guante. Éste es otro momento crítico, pues si la reconexión no tiene lugar apropiadamente, probablemente estaremos de mal humor durante todo el día. Seguramente se recordarán ciertos días en los que todo parece ir mal, en los que se desearía no haberse levantado hasta la mañana siguiente. Hasta cierto punto, esto puede evitarse con una gestión apropiada del momento de despertarse. Si dormirse es un arte, despertarse también lo es.

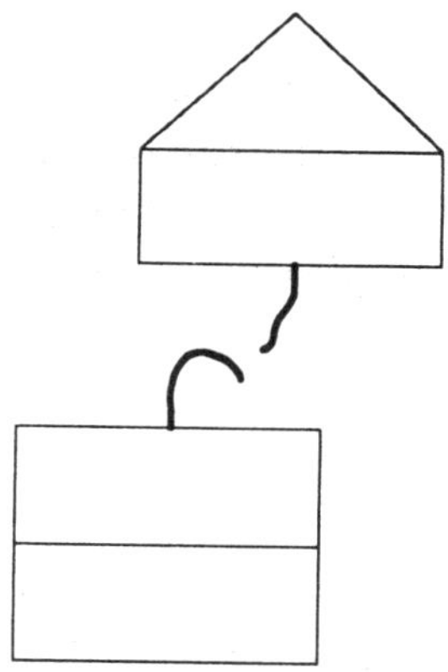

¿Qué sucede en el momento de la muerte, en términos de los cuerpos sutiles? El complejo superior (CA + Ego) sale, para bien. Los cuerpos físico y etérico se deja que se desintegren. Así pues, encontramos otro paralelismo entre la muerte y el sueño. En términos de cuerpos sutiles, dormir es una separación transitoria del cuerpo astral y el Ego de los cuerpos físico y etérico, mientras que la muerte es una separación definitiva.

13.4 Los ángeles y el modelado de los órganos de clarividencia

Al objeto de conseguir una visión directa de los mundos espirituales, se han de construir algunos órganos nuevos. Es obvio que, para poder percibir el mundo físico, se necesitan nervios y órganos sensoriales. De alguna manera, aunque a otro nivel, se precisan algunas estructuras astrales para poder percibir los mundos no físicos. Una de las razones por las que la mayor parte de los seres humanos son, aparentemente, ciegos a cualquier cosa que no sea la realidad física, es la ausencia de dichos órganos de clarividencia. Para que se abra la visión hay que construir dichos órganos.

Durante el día, el cuerpo astral está demasiado ocupado operando dentro del cuerpo físico, como para que tenga lugar la construcción y desarrollo de estos nuevos órganos. Nuestra conciencia mental y, por lo tanto, nuestro cuerpo astral, está orientaa hacia el mundo físico. El cuerpo astral consigue saturarse con las percepciones físicas que recibe desde los sentidos por vía del cerebro. Es, por ello durante la noche —momento en que el cuerpo astral se retira a vivir por sí mismo— cuando podrán ser cincelados los nuevos instrumentos de percepción.

Ahora bien, ¿quién cincela? Ésta es la cuestión clave. Si nos fuera posible responderla, no desde el intelecto, sino mediante la práctica, gran parte del trabajo ya estaría hecho. Mientras el proceso de iniciación se despliegue, uno se dará cuenta de que esculpir los órganos astrales de clarividencia requiere la colaboración de guías no físicos y seres espirituales elevados, como diferentes categorías de ángeles. Esos seres se expresan creativamente a través de nosotros, sembrando nuevas semillas y formando nuevas estructuras. Ellos ponen lo mejor de sí mismos para ayudarnos. Pero el problema reside en que para ellos no siempre es fácil acercarse a nosotros.

Esta tragedia es bastante común. Hay mucha gente que parece estar desesperada por el proceso espiritual. Gimen sin cesar: «Desearía que Dios pudiera ayudarme, si Dios pudiera ayudarme...». Y, si uno mirase justo encima de ellos, ¿qué vería? Guías y ángeles que susurran continuamente: «¡Por favor, sintoniza con nosotros, recibe nuestra luz!». En lugar de lamentarse, si esas personas pudieran sintonizar con ellos, inmediato recibirían una lluvia de regalos espirituales.

¿Cuáles son las condiciones que permiten a estos elevados seres conducir su trabajo creativo de modelación a través de nosotros? Primeramente, percepción, ¡por supuesto! Si se puede percibir la acción de los ángeles, entonces, con sólo sintonizar conscientemente con su energía, se facilitará enormemente el proceso. Aparte de esto, es valioso cultivar una cierta aspiración, rogar por su ayuda. Guías y ángeles tienen, en cierta manera un código ético: muestran un gran respeto hacia el libre albedrío de los seres humanos. Por lo tanto, si se pide previamente, para ellos resultará mucho más fácil dar ayuda. Ahora bien, hay que ser cuidadoso, ya que las peticiones mentales normalmente no llegan muy lejos en el cielo. De hecho, cuanto menos mentales sean los ruegos u oraciones, y cuanto más acompañados vayan de percepción verdadera, mejor funcionarán.

Aparte de la propia receptividad, también intervienen otros factores. Los ángeles viven en esferas de gran pureza, y algunos ambientes físicos sencillamente no hacen viable para ellos la conexión. Si el lugar está excesivamente sucio o desordenado, si las vibraciones son demasiado pesadas, si ha habido gente bebiendo alcohol o luchando, o si el lugar está impregnado de olor a tabaco, entonces será un espacio sofocante para el ángel. En circunstancias como éstas, el ángel no podrá aproximarse ni conectar.

Obsérvese con cuidado la habitación y cuestiónese: ¿bajaría un ángel aquí? Y entonces tómense las medidas correctoras pertinentes para mejorar la situación. (¡Esta perspectiva hace que la limpieza se vuelva mucho más significativa e interesante!)

Existe un arte de generar ondas de buenas vibraciones en una habitación para facilitar la conexión con las esferas más elevadas.

Incluso más importante que el entorno es... ¡uno mismo! Si las propias vibraciones no son las adecuadas, o si se está demasiado agitado, los ángeles no podrán realizar su trabajo. Todos los pensamientos, palabras, acciones del día, entretejen una red de vibraciones dentro de uno mismo, las cuales determinarán en gran medida cuán hondamente podrá penetrar la luz del ángel.

Pero, una vez más, el momento de dormirse es crítico. Puede ser incluso de mayor influencia que las actividades del día, como sucedía en la historia del hombre virtuoso que se enfurecía justo antes de abandonar su cuerpo. Así pues, ya tenemos otra razón por la cual un momento de conciencia coherente antes de dormir puede reportar consecuencias muy positivas. Mediante la práctica nocturna, puede dejarse el cuerpo sutil en una condición que permita que los seres espirituales más elevados vengan en nuestra ayuda.

La práctica indicada en el capítulo siguiente (fases 4 y 6 en particular) opera un reajuste y una poderosa retirada de los sentidos de los objetos de la percepción; lo cual crea una internalización de los sentidos astrales, muy favorable para el desarrollo de los mismos durante la noche.

13.5 La práctica nocturna y el cuerpo etérico

Veamos ahora la relación que existe entre el cuerpo etérico, plano de la fuerza vital o prana, y el cuerpo astral, plano de la conciencia y de las emociones.

Algunas personas tienden a imaginar el cuerpo etérico como un estrato de dos a cinco centímetros de espesor, fuera de los límites del cuerpo físico. Tal estrato puede realmente verse, aunque dicha imagen es inadecuada. Pues lo etérico no está sólo fuera, sino también dentro de los tejidos del cuerpo físico. Imagínese una esponja (el cuerpo físico), impregnada de agua (el cuerpo etérico). La esponja tiene agua dentro, y también hay una capa de agua a su alrededor.

Algo semejante puede observarse en el cuerpo astral, aunque a otro nivel. El cuerpo astral permea el cuerpo etérico y se extiende más allá de él.

Pero el cuerpo astral no siempre interpenetra al etérico con la misma intensidad. A veces, la mano está totalmente dentro del guante, y otras veces sólo está dentro a medias. O, para mencionar otro ejemplo, imagínese una neblina (el cuerpo astral) y un valle (el cuerpo etérico). A veces la neblina está condensada en el valle, como una niebla espesa, esto es, cuando se está completamente despierto. En otras ocasiones, la neblina flota sobre el valle, como una nube; esto sería cuando se duerme profundamente, soñando o bien viajando astralmente. Entre dichos extremos pueden observarse varios estados intermedios. Por supuesto, esto es únicamente una metáfora, la cual no debería tomarse al pie de la letra.

¿Cuáles son las consecuencias para los cuerpos etérico y físico de que el cuerpo astral se acerque o aleje? Veamos primero el cuerpo físico. La acción general del cuerpo astral es hacer que todo se contraiga. Tómese una emoción fuerte, tal como la rabia o el miedo. En el cuerpo astral surge una onda desorganizada, y uno comienza a sentirse furioso o ansioso. Inmediatamente se genera en el cuerpo físico una reacción en cadena de tensiones. Los párpados se contraen, hay tensión en el plexo solar y en los músculos abdominales, el corazón comienza a latir (es decir, contraerse) con más rapidez, y así sucesivamente. Cuanto más se apegue el cuerpo astral al cuerpo físico, más se contraerá y tensará este.

Por otro lado, ¿qué le sucede al cuerpo físico cuando se retira el cuerpo astral, como cuando se duerme o se entra en profundos estados de relajación? El cuerpo físico se relaja, abandona la tensión.

Ahora bien, ¿cómo reacciona el cuerpo etérico cuando el cuerpo astral entra o sale del complejo inferior (CF + CE)? Cuando el cuerpo astral está más interpenetrado en el complejo inferior y, por lo tanto, en el cuerpo etérico, tiene lugar un proceso contractivo, tanto en el nivel etérico como en el físico. El cuerpo etérico se hace más compacto, más comprimido, más denso, más «opaco» y más cerrado a las influencias externas.

Por otra parte, cuando el cuerpo astral se retira del complejo inferior y, por consiguiente, del cuerpo etérico, lo contrario también puede observarse. El cuerpo etérico se expande, se esparce, se disemina, se abre. Esto es más que una simple relajación, ya que la materia etérica está lejos de ser tan rígida como la materia física; es mucho más maleable y fluida. En consecuencia, es una dilatación real, un hinchamiento del cuerpo etérico, lo que tiene lugar cuando el cuerpo astral se retira del mismo. El cuerpo etérico ya no se siente tan denso. Puede sentirse que los límites de la propia energía llegan mucho más lejos que cuando el cuerpo astral está estrechamente interpenetrado con el etérico.

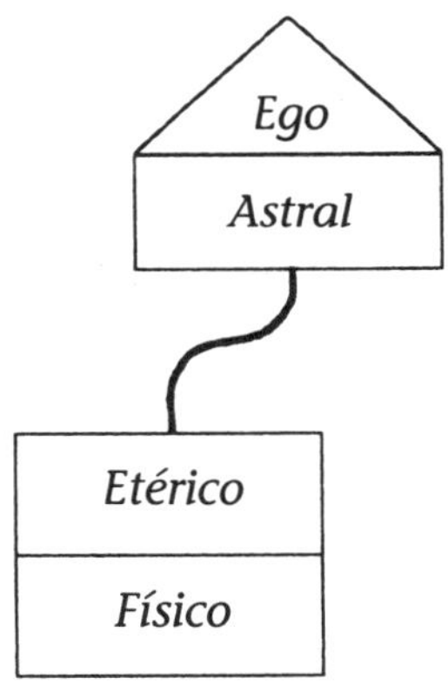

Viaje astral

Así pues, en conjunto, el cuerpo etérico está en ocasiones cerrado y compacto, y otras veces dilatado y más permeable, dependiendo de si el cuerpo astral está cerca o lejos del mismo. En los capítulos 18 y 20 se aprenderá cómo emplear un dominio consciente de este equilibrio a fin de proteger nuestras energías.

Hay un determinado modo de estar completamente presente, que impacta al cuerpo astral en el etéricoy blinda a éste último frente a las influencias negativas. Proporciona la sensación de que el aura sea cerrada e impermeable.

Pero ninguna estructura viviente puede florecer si permanece siempre contraída. Para mantener la salud del etérico, debe haber ocasiones en que éste pueda relajarse y expandirse por completo. Cuanto más se libere la sujeción del cuerpo astral, más libre quedará el cuerpo etérico. La tensión de la vida moderna tiende a generar una condición restrictiva en que el cuerpo astral, de hecho, nunca abandona su asimiento al etérico. A largo plazo, esto origina desgaste y agotamiento en el plano etérico. La práctica nocturna permite alcanzar un grado de relajación que es notablemente superior al del sueño normal.

El estado perfecto de relajación etérica es muy parecido al que un bebé experimenta naturalmente. ¿Por qué los recién nacidos se pasan todo el tiempo durmiendo? Porque su cuerpo astral apenas ha descendido sobre el planeta. El cuerpo astral del bebé flota por encima del mismo y sólo se encarna en el etérico de vez en cuando. Por lo tanto, el etérico del bebé está completamente abierto y en un estado de absoluta relajación.

Esto también significa que debe tenerse sumo cuidado de los recién nacidos, pues su apertura los hace en extremo vulnerables a su entorno. El bebé «respira a través de su piel» todas las influencias del mundo que le rodea. Algunos padres llevan al bebé a reuniones o fiestas, considerando que es absolutamente correcto porque el recién nacido permanece profundamente dormido, incluso en medio del ruido y la agitación circundantes. Es un grave error. Las vibraciones desorganizadas del ambiente fluyen hacia el niño y crean muchísima más turbulencia de la que los padres puedan llegar a ser conscientes.

Mediante la práctica nocturna se aprende a lograr el clímax de relajación del bebé, no solo para el cuerpo físico, sino también para el etérico. Al cuerpo etérico se le ofrece un lapso de completa apertura y expansión. Por este motivo, la práctica nocturna favorece una recuperación mucho más rápida que una siesta ordinaria. Un estilo de vida que nunca permita una plena apertura y expansión del cuerpo etérico, como en el caso de la mayor parte de la gente hoy en día, generará procesos de envejecimiento acelerado, así como de agotamiento.

Sin embargo, la apertura implica también que deberían tomarse determinadas precauciones durante la práctica nocturna. Por ejemplo, no sería apropiado entrar en un estado de relajación profunda en el vestíbulo de una estación de ferrocarril atestada de gente. Se predispondría al cuerpo etérico a absorber toda suerte de energías negativas, lo cual podría suponer unas cuantas semanas de limpieza etérica —si no más— hasta quedar libre de las mismas.

Durante la práctica nocturna, el cuerpo etérico se abre significativamente más que durante la meditación. La meditación se practica en posición sentada y, debido al hecho de operar estando despierto, se ejerce mucho más control sobre los cuerpos físico y etérico. Es posible, aunque no necesariamente recomendable, meditar en medio de una multitud, puesto que se mantienen varios mecanismos de defensa. Pero sería absurdo tratar de hacer una práctica nocturna en medio de una multitud, así como es una locura llevar a un bebé a una manifestación. Incluso durante una siesta, o durante el más inconsciente de los sueños, el etérico permanece mucho más cerrado e impermeable que durante la práctica nocturna.

De ahí podemos deducir algunas recomendaciones concernientes a la práctica nocturna. Su lógica es simple: cuando el cuerpo etérico esté abierto, debería estarse en un ambiente etérico tranquilo, limpio y protegido.

Veamos algunos de los factores de «polución etérica»:

- **No** es aconsejable realizar la práctica nocturna sobre una línea de tierra. Las líneas forman una malla de energía etérica densificada, la cual ha demostrado ser tóxica para el cuerpo etérico humano. El cuerpo etérico está más abierto durante el sueño nocturno normal que cuando se está despierto, por lo que las líneas de tierra son más tóxicas mientras se duerme que durante el día. El etérico está todavía más abierto durante la práctica nocturna; así pues, hay que asegurarse de no emplear la técnica sobre una línea. ¡Estúdiese el capítulo 12 y rastréese la habitación!
- Evítense camas que contengan o estén hechas de hierro o acero, colchones de muelles, etc. El hierro tiende a amplificar cualquier factor de polución electromagnética. Por la misma razón, conviene evitar cableado y equipamiento electrónico en la vecindad de la cama. Las sábanas o mantas eléctricas deberían descartarse, incluso aunque estén desconectadas. Antes de dormir en una cama de agua, considérese que no hay nada mejor para atraer entes de toda clase, que una masa de agua estancada en movimiento. La tecnología moderna a veces conduce a desastres energéticos.

Un frigorífico puede ser muy tóxico para el etérico si se practica a menos de unos 5 metros del mismo. Sugiero que se haga el siguiente experimento: coloque un colchón en la cocina, a 1-2 metros del frigorífico, y efectúe la práctica nocturna. Los frigoríficos permanecen «dormidos» durante algún tiempo, hasta que su sistema eléctrico se activa, momento en que comienzan a zumbar. En el preciso instante en que el frigorífico comience a hacer ruido, si se está en un estado de relajación etérica, se sentirá una especie de latigazo en el cuerpo etérico. ¡No se puede pasar por alto! Es una descarga repentina y dolorosa, extremadamente tangible, y a menudo acompañada por la percepción de un destello de color. ¡Inténtese! No es perjudicial si sólo se hace unas cuantas veces.

Lo antedicho inducirá a meditar sobre la conexión entre el plano etérico y la fuerza electromagnética. Ciertamente, no son idénticos: el campo electromagnético pertenece a la esfera física y el etérico está más allá de dicha esfera física. No obstante, existen puentes que conectan ambos directamente, como muestra el experimento antes mencionado. Una experiencia similar puede ocurrir cuando se duerme en un edificio lleno de hierro, como un rascacielos con calefacción central. De vez en cuando, una descarga de electricidad estática discurre por los calefactores, con frecuencia acompañada por un pequeño sonido abrupto. Entonces, si se está haciendo la práctica nocturna, se sentirá exactamente el mismo tipo de latigazo en el cuerpo etérico que en el caso del experimento con el frigorífico.

- No es recomendable realizar la práctica nocturna mientras se yace demasiado cerca de alguien (o de un animal, o incluso de plantas). La razón es obvia: el cuerpo etérico comienza a expandirse. Si encuentra la resistencia del etérico de otro ser vivo, el proceso de expansión sencillamente se interrumpirá. Y el etérico comenzará a retraerse de nuevo, debido a un mecanismo de autoprotección. La práctica nocturna sería de carácter superficial y no se podría bucear profundamente, hacia un estado de extrema relajacion. Si se insistiera y se forzara la apertura, se podrían absorber energías negativas indeseadas procedentes de la otra persona, así como ver disminuida la propia quintaesencia o fuerza vital.

Una vez más, debe recordarse que, durante la práctica nocturna, el cuerpo etérico se hace significativamente más abierto y dilatado que durante el sueño corriente. Por lo tanto, incluso si se convive con alguien, se comparte la cama y se tienen relaciones sexuales con otra persona, es preferible mantener cierta distancia mientras se realice la práctica nocturna, tanto si la otra persona está practicando como si no.

En la práctica, ¿a qué distancia se debería estar? Un metro y medio es ideal. Por consiguiente, si se comparte la cama, el consejo es: déjese durante la práctica nocturna y vuélvase una vez se haya concluido. Esto tiene la ventaja de disminuir las probabilidades de quedarse dormido a mitad de la práctica. Sugiero que, durante la práctica, se trate de sentir hasta dónde se expande el etérico y descubrir por uno mismo —como siempre— cuál debería ser la distancia correcta.

No obstante, se verá que la presencia en la habitación de alguien que también esté practicando (siempre y cuando haya suficiente espacio entre ambos) es de gran ayuda. Las energías astrales combinadas de ambos, ayudarán a superar la pesadez de la inconsciencia y harán más fácil que se mantenga cierta conciencia durante el sueño. El viaje astral se facilitará significativamente. Podría ser que en las próximas décadas apareciera una nueva forma de socialización...

13.6 Práctica nocturna y conciencia en el ojo (1)

Una característica es común a todas las técnicas descritas en el presente libro: mantener la conciencia en el entrecejo. Tanto si se está meditando, viendo auras como rastreando líneas de tierra, siempre se mantiene un foco en el tercer ojo. Pero hay una excepción a esta regla: la práctica nocturna. No es aconsejable conectar la vibración en el ojo mientras se practican las técnicas de sueño psíquico, pues hay varias sencillas razones para ello.

Mientras se practica la circulación energética se puede haber observado que, cuando se despierta la vibración en las manos, automáticamente tiene lugar una estimulación de la energía, tanto en el ojo como por todo el cuerpo. Esto tiene un efecto de anclaje a tierra: si estamos sintiéndonos algo adormecidos o «flotando», esto vuelve a anclarnos dentro del cuerpo físico y nos despierta. ¿Qué es lo que origina esto, en términos de cuerpos sutiles? El tipo de fuerte vibración generada en el ojo al frotar las manos, atrae el cuerpo astral hacia el etérico. Este movimiento del cuerpo astral es similar a lo que ocurre cuando nos despertamos. Nos hacemos más conscientes y puede sentirse cómo fluye por todo el cuerpo la fuerza vital.

Ahora bien, tambiéntiene lugar un movimiento hasta cierto punto semejante cada vez que se despierte una fuerte vibración en el ojo, incluso aunque no se froten las manos: el astral es traído al etérico. Por supuesto, si el propósito es dormir, ¡se desea lo contrario! Se pretende que el cuerpo astral se aleje de los cuerpos físico y etérico. Y se desea que los cuerpos físico y etérico lleguen a estar muy tranquilos, sin vibrar. Así pues, lógicamente, no se debería tratar de estimular la vibración en el ojo durante la práctica nocturna. Si se hiciera, bien podría uno agitarse y encontrar difícil concilir el sueño.

Éste es un motivo por el que algunas de las personas que siguen un camino de meditación suelen atravesar períodos durante los que no pueden dormir por la noche. Puede que no se den cuenta, pero inconscientemente fomentan la vibración en el tercer ojo, es como si lo apretaran. Y, debido a los mecanismos antes citados, se mantienen despiertos.

Se puede mejorar notablemente el sueño de dichas personas, ayudándolas a hacerse conscientes de lo que está ocurriendo, haciendo que liberen la vibración en el ojo. Un buen método consiste en enfocarse en el corazón. Un texto sánscrito bien conocido, el *Brihad-Aranyaka-Upanishad* (2.1.17-18), explica que para dormir debe haber una retirada del *pranas* (energías etéricas) y de los sentidos en el corazón. Una suave conciencia (¡no concentración!) en el centro del corazón (debajo del centro del pecho) favorecerá el correcto recogimiento de las energías, cosa que, por lo tanto, inducirá el sueño.

13.7 Llamaradas en el tercer ojo, una experiencia posible

Si se sigue un entrenamiento sistemático para la construcción de los cuerpos sutiles, puede suceder que se atraviese una fase en la que una fuerte vibración esté automática y permanentemente conectada en el tercer ojo, de día y de noche. Ni siquiera se está presionando inconscientemente, es como una parte natural del proceso, que a menudo tiene que ver con que los guías están vertiendo energía en la propia estructura. Se siente el ojo con bastante intensidad, hay un montón de vibración y también puede haber mucha luz. A veces, hay tanta luz interior que se siente como si fuera mediodía, incluso aunque se esté reposando en una habitación oscura a medianoche. Puede muy bien ocurrir que no se pueda dormir porque la vibración en el ojo sea demasiado intensa. Otro síntoma común es que se precise orinar varias veces durante la noche, como consecuencia de la descarga de energías astrales en el cuerpo físico.

Si se está viviendo esta situación, siempre puede tratar de enfocarse en el corazón con suavidad. Esto ayudará. Pero básicamente no hay mucho que pueda hacerse; el proceso tiene que seguir su curso. Así que, si esto sucediera, no hay que apesadumbrarse, sino ser pacientes. Hay que aceptar que vamos a tardar en dormirnos durante algún tiempo. Disfrútese de la luz. En cualquier caso, con frecuencia se encontrará que la mañana siguiente no se está cansado, aunque se haya disfrutado de escaso sueño normal. Pues, a pesar de que se esté completamente despierto, se estará a medio camino de una forma de sueño psíquico, por lo que el cuerpo se podrá recobrar hasta cierto punto. Además, suele haber un efecto narcotizante natural (sin tomar drogas, por supuesto) que tiene lugar simultáneamente, el cual proporciona una gran dosis de energía extra. El proceso se interrumpe por sí mismo tras cierto tiempo.

¿Cuánto dura esta fase del despertar? Unos cuantos días, o bien unas pocas semanas; a veces, aunque raramente, hasta unos cuantos meses. Véase su lado positivo: se están implantando poderosas fuerzas en el tercer ojo. Cuanto más intensa sea esta fase, más poderosa será la visión que seguirá a la misma. Pero obsérvese que esta fase de «insomnio iluminado» no es ciertamente obligatoria. Muchas personas caminan hasta su completo desarrollo, sin ni siquiera encontrarse con ella. Puede que suceda o no, en función de la propia organización interna.

13.8 Práctica nocturna y conciencia en el ojo (2)

Por lo que se ha dicho hasta ahora, debería estar claro que hacerse consciente del tercer ojo **no** fomenta el impacto del cuerpo astral en los cuerpos físico y etérico, y dificulta por consiguiente el sueño. Es únicamente si hay una vibración en el entrecejo cuando ello sucede, no cuando se siente el espacio púrpura.

Recuérdese lo que se describió respecto a la primera técnica de meditación (apartado 3.5). Cuando se siente vibración, cosquilleo o presión en el entrecejo, esto indica que se ha activado la parte etérica del ojo. En términos de cuerpos sutiles, una fuerte vibración en el entrecejo indica que el cuerpo astral se impacta más en la parte etérica del tercer ojo, y en el cuerpo etérico en general.

No obstante, cuando se entra en la percepción del espacio púrpura, el cuerpo astral se orienta hacia los mundos astrales y no hacia los cuerpos etérico y físico. Ya que el espacio púrpura no es otra cosa que un plano de los espacios astrales.

El problema es que, al principio, cuando se entra en el ojo se encuentra difícil disociar la vibración de la luz y el espacio. Se tiene de todo un poco: vibración, luz y espacio al mismo tiempo. Por lo tanto, en la práctica nocturna es mejor evitar el tercer ojo por completo, dado que la intensificación de la vibración se opondría a la dirección natural del sueño.

Aunque, cuando se esté más avanzado y se pueda traer el espacio al tercer ojo a voluntad, sin vibración alguna, no hay ninguna razón para no estar en él durante la práctica nocturna.

13.9 Permita que haya suficiente sueño normal

Cuando algunas personas oyen hablar de técnicas de relajación profunda, sueño psíquico y otras de índole parecida, a veces diseñan extrañas aritméticas. Oyen, por ejemplo, que una hora de sueño psíquico puede permitir una recuperación semejante a la de tres o cuatro horas de sueño normal. Entonces piensan: «Una hora de sueño psíquico equivale a cuatro horas de sueño normal. Por lo tanto, tendré tres horas de sueño psíquico cada noche, lo cual será suficiente. ¡Cuánto tiempo me ahorraré!»

¡Este tipo de cálculos se basa en un malentendido! Quienes piensen que dormir es una pérdida de tiempo, se están olvidando por completo de todos los eventos astrales que normalmente tienen lugar en el transcurso de la noche.

En primer lugar se precisaría ser un gran maestro del sueño psíquico, antes de que el cuerpo se pudiera recuperar lo suficiente con sólo tres o cuatro horas por noche. Pero, aunque éste fuera el caso, continuará siendo beneficioso disfrutar de todas las experiencias de maduración y viajes que ocurren durante la noche. El deseo de reducir la cantidad de horas dormidas procede de una perspectiva muy materialista, y no se corresponde con la realidad del proceso de transformación.

La práctica nocturna debería entenderse como un medio para hacer el sueño más eficiente e iluminador, no para reemplazarlo. Un tiempo razonable de práctica nocturna es de 30-60 minutos antes de dormir, además de una o más sesiones durante el día si se desea. Pero, para permitir que el proceso de transformación y construcción de los cuerpos sutiles siga su curso, cada noche deben mantenerse las horas normales de sueño.

Capítulo 14

PRÁCTICA NOCTURNA (2): INSTRUCCIONES PARA LA TÉCNICA

14.1 Si se leen las instrucciones para amigos

Un método muy eficaz para aprender la práctica nocturna consiste en emplear los casetes que forman parte de los cursos por correspondencia de Clairvision School. También puede realizarse con alguien que nos lea las instrucciones mientras yacemos acostados. En cualquier caso, todo consiste en dejarse guiar por la voz, de modo que uno esté completamente relajado, y dejarse llevar. Cuanto más se abandone el control y se permita ser guiado por el fluir de la voz, más profundamente se viajará.

Quien lea las instrucciones debería sentarse en el suelo, preferiblemente en una postura de meditación. Los demás yacerán tumbados, con sus cabezas cerca de la persona que lee: el lector debería tener las cabezas de los participantes orientadas hacia sí mismo, y no los pies. Si no hay alfombra ni moqueta, los participantes deberían descansar sobre una manta delgada o bien sobre una o dos sábanas. No deberían tocarse los cuerpos de los participantes entre sí, a fin de evitar transferencias de energía indeseadas (como se comentó en el capítulo precedente).

Si se practica durante el día, cúbranse las ventanas, para crear una atmósfera de penumbra. Si se practica durante la noche, manténgase al menos una luz tenue para evitar que la oscuridad sea completa. No obstante, si se practica en la cama justo antes de dormir, no se precisa luz alguna.

Quienquiera que no siga la práctica debería abandonar la habitación. Asegúrese de que no hay factores de distracción en la habitación, de otro modo nadie «despegará».

Generalmente, es recomendable que quienes yacen acostados se cubran con una sábana, ya que es frecuente sentir frío en el estado de relajación profunda, incluso aunque no se sienta al iniciar la práctica. Si se utilizan almohadas, éstas deben ser delgadas, pues de otro modo pueden aparecer tensiones en el cuello que interferirían en el proceso.

Los brazos deberán descansar relajados a ambos lados del cuerpo. Las piernas no deberían cruzarse (cruzar las piernas mientras se lleva a cabo un proceso en posición yacente es, generalmente, un signo de resistencia). El cuerpo deberá estar totalmente recto y, asimismo, la posición tiene que ser absolutamente cómoda, de modo que durante la práctica no asome tensión alguna que pueda llevar a la persona de vuelta a la conciencia de superficie.

A continuación se dan unas recomendaciones para quien lea las instrucciones:

- Asegúrese de que nadie yazca sobre una línea de tierra. Si se da cuenta de que alguien está sobre una línea de tierra una vez ya comenzada la práctica, trate entonces de sentir qué clase de interferencia crea dicha línea.
- No lea las instrucciones escritas entre corchetes: «[ ]».

Cada vez que encuentre tres puntos en el texto: «...» haga una breve pausa (unos cuantos segundos, o algo más) antes de continuar la secuencia de instrucciones.

Cada vez que encuentre tres puntos entre corchetes: «[...]» haga una pausa más prolongada (medio minuto o más).

Muy importante: haga la práctica usted mismo a medida que imparte las instrucciones. Por ejemplo, hágase consciente de las partes del cuerpo a medida que las nombra. Entonces, su voz sonará «correcta», pues hablará desde el espacio de la práctica. Habrá una comunicación de la experiencia correcta. En cambio, si se dan las instrucciones mientras la mente está pendiente de otros temas, los participantes no obtendrán tanto beneficio de la práctica.

- Preste atención a los pequeños signos, tales como la tensión en los párpados. Cuando un participante esté bien adentro, los párpados estarán completamente relajados y no habrá el menor movimiento en el cuerpo. Si los párpados se siguen moviendo, esto indicaría que la persona no está «buceando». Asimismo, observando la respiración se puede tener una buena indicación de cuán profundamente están los participantes en la experiencia. (Estas indicaciones son también apropiadas cuando se practican las técnicas Clairvision de regresión, «ISIS».)

• Sintonice con los participantes. Sienta lo que ellos sienten. Penetre en su experiencia. Trate de ver quién sale del cuerpo y cómo se refleja cuando esto tenga lugar. Durante la fase 7 en particular, esté mucho más en el ojo y en el estado de visión. Trate de percibir si algunos participantes consiguen elevar sus cuerpos astrales. Cuando esto sucede, puede apreciarse una formación nebulosa sobre el cuerpo físico. Si alguien despega por completo, lo cual puede ocurrir durante cualquiera de las fases de la práctica nocturna, entonces la formación nebulosa es mayor (por lo común, ligeramente mayor que el cuerpo físico) y planea sobre el cuerpo físico, en algún lugar por debajo del techo. Mientras se observa esto, búsquese el cordón plateado, el cual se dice que conecta el cuerpo astral con el físico. Después de la sesión, comparta sus impresiones con los participantes, a fin de confirmar sus percepciones.

No es imprescindible que alguien lea las instrucciones para poder efectuar la práctica nocturna. Puede muy bien hacerse a solas. Aunque la experiencia muestra que los principiantes tienden a quedarse dormidos sistemáticamente, tan pronto como alcanzan un estado profundo. Por lo tanto, recomiendo, especialmente durante la fase de aprendizaje, que se busque la ayuda de un amigo y que se lean las instrucciones el uno al otro.

A continuación se expone el conjunto de instrucciones:

[Preparación]

Quítese los zapatos, el cinturón y el reloj de pulsera.

Compruebe que no está sobre una línea de tierra.

Acuéstese sobre la espalda, con los brazos a los lados.

Asegúrese de que el cuerpo esté recto.

Descruce las piernas. A menudo es preferible que se cubra con una sábana, dado que la temperatura del cuerpo tiende a disminuir a medida que se entra en las etapas profundas de la práctica nocturna.

Compruebe que no está tocando el cuerpo de otra persona [...]

• Fase 1

Convertirse en un maestro en el arte de exhalar

Haga unas cuantas exhalaciones largas...

Trate de exhalar como si estuviera expirando, como si estuviera dando su último aliento...

Es una búsqueda del suspiro absoluto...

Busque la exhalación final, la que deja su cuerpo totalmente vacío y suave, libre de toda tensión [...]

• Fase 2

Circulación por las partes del cuerpo

[2a] *Cada vez que se nombre una parte del cuerpo, hágase consciente de la misma. [Si practica a solas, repita mentalmente el nombre de la misma conforme se hace consciente de ella, o, preferiblemente, escuche a la voz interior diciendo el nombre de dicha parte.]*

Hágase consciente de la coronilla, el área en el extremo superior de la cabeza.

Entonces, hágase consciente de la parte superior izquierda de la cabeza...

parte superior derecha de la cabeza,
parte izquierda de la frente, parte derecha de la frente,
ojo izquierdo, ojo derecho,
oído izquierdo, oído derecho,
mejilla izquierda, mejilla derecha,
fosa nasal izquierda, fosa nasal derecha,
lado izquierdo de los labios, lado derecho de los labios,
lado izquierdo de los dientes, lado derecho de los dientes,
lado izquierdo de la lengua, lado derecho de la lengua,
barbilla y mandíbula inferior izquierda, barbilla y mandíbula inferior derecha,
todo el lado izquierdo de la cara, todo el lado derecho de la cara...

Conciencia del lado izquierdo de la garganta, lado derecho de la garganta,
lado izquierdo del cuello, lado derecho del cuello...

Hombro izquierdo, hombro derecho,
parte superior del brazo izquierdo, parte superior del brazo derecho,
codo izquierdo, codo derecho,
antebrazo izquierdo, antebrazo derecho,
muñeca izquierda, muñeca derecha,
mano izquierda, mano derecha,
pulgar izquierdo, pulgar derecho,
dedos de la mano izquierda, dedos de la mano derecha,
todo el brazo izquierdo... todo el brazo derecho...

Cadera izquierda, cadera derecha,
muslo izquierdo, muslo derecho,
rodilla izquierda, rodilla derecha,
parte inferior de la pierna izquierda, parte inferior de la pierna derecha,
tobillo izquierdo, tobillo derecho,
pie izquierdo, pie derecho,
pulgar izquierdo, pulgar derecho,
dedos del pie izquierdo, dedos del pie derecho,
toda la pierna izquierda... toda la pierna derecha...

La parte izquierda del abdomen, por debajo del ombligo...
la parte derecha del abdomen, por debajo del ombligo...
la parte izquierda del abdomen, por encima del ombligo...
la parte derecha del abdomen, por encima del ombligo...
el lado izquierdo del pecho...
el lado derecho del pecho...

El lado izquierdo de todo el cuerpo...
El lado derecho de todo el cuerpo...
Conciencia de todo el cuerpo [...]

Ahora circularemos una segunda vez. En esta ocasión, tratemos de llegar a un grado de conciencia más profundo de cada parte del cuerpo, como si nos hiciéramos uno con la misma. Hagámonos uno con la parte del cuerpo cuando sea nombrada.

[Lea otra vez la secuencia de las partes del cuerpo, como antes.]

Tercera circulación. Cada vez que se nombre una parte del cuerpo, hágase consciente de ella y hágase consciente del estado de visión al mismo tiempo. Active el estado de visión y sintonice con dicha parte del cuerpo.

[Lea por tercera vez la secuencia de las partes del cuerpo, recordando de vez en cuando el estado de visión a los participantes. No olvide que hay que llevar a cabo el estado de visión para uno mismo. Al final de la secuencia, agregue:]

Estado de visión de todo el cuerpo... Conciencia de todo el cuerpo y estado de visión... ¿Qué puede ver de su cuerpo? [...]

Explorando los órganos

[2b] *Hágase consciente del bazo, a la izquierda, detrás de las costillas y el estómago... Hágase uno con el bazo...*

*Entonces, hágase consciente del hígado... Hágase uno con el hígado, como si uno **fuera** el hígado...*

Hágase consciente de la vesícula biliar...

Hágase consciente del corazón... Esté totalmente en el corazón...

Hágase consciente de los riñones... Hágase uno con los riñones...

Hágase consciente de los pulmones... Hágase uno con los pulmones...

Hágase consciente del útero... Si es hombre, hágase consciente en la pelvis, la parte inferior del abdomen bajo el ombligo... Y busque el equivalente energético del útero femenino. Hágase consciente del útero de energía...

Se repite por segunda vez la secuencia de los órganos, agregando la cualidad del estado de visión.

Hágase consciente del estado de visión, del hecho de ver, y sintonice con el bazo... Busque el elemento tierra en el bazo [...]

Hágase consciente del estado de visión, la pura cualidad de ver, y sea uno con el hígado... Trate de sentir la cálida humedad del hígado [...]

Estado de visión y vesícula biliar... Sintonice con la vesícula biliar... Busque el fuego de la bilis [...]

Hágase consciente del estado de visión y del corazón... Sea uno con el corazón... Busque la presencia en el corazón [...]

Hágase consciente del estado de visión y de los riñones [...]

Hágase consciente del estado de visión y sintonice con los pulmones... Hágase consciente del elemento aire en los pulmones [...]

Estado de visión y útero... Sintonice con el útero... Busque el elemento agua en el útero [...]

• *Fase 3*
Tomando conciencia del aliento

[3a] *Hágase consciente del área unos 2,5 cm por debajo del ombligo. Hágase consciente del movimiento natural de dicha área, cuando se inhala y cuando se exhala. Limítese a contemplar el flujo natural de su aliento, sin modificarlo. Es como observar su cuerpo respirando. Cada vez que inhale, el área por debajo del ombligo subirá. Cada vez que exhale, bajará de nuevo. Comience a contar hacia atrás la respiración desde 33 hasta 1, del siguiente modo:*

33 cuando el cuerpo inhala y el área por debajo del ombligo sube,
33 cuando el cuerpo exhala y el área por debajo del ombligo baja.
32 cuando el cuerpo inhala y el área por debajo del ombligo sube,
32 cuando el cuerpo exhala y el área por debajo del ombligo baja.
31 cuando el cuerpo inhala y el área por debajo del ombligo sube,
31 cuando el cuerpo exhala y el área por debajo del ombligo baja [...]

Continúe con la cuenta atrás, siguiendo el ritmo natural de su cuerpo... Cuando alcance el 1, comience otra vez desde 33 [...]

[Recuerde a los participantes su cuenta atrás cada uno o dos minutos, con instrucciones como:]

«Conciencia del área por debajo del ombligo.»

[O bien:] *«Permanezca consciente de la cuenta atrás por debajo del ombligo»*.[1]

[3b] *Ahora hágase consciente del área en el centro del pecho, en torno al centro del esternón. Igual que antes, cada vez que su cuerpo inhale, el centro del pecho subirá. Cada vez que su cuerpo exhale, dicha área bajará. Comience una cuenta atrás de la siguiente manera:*

---

1. La frecuencia promedio de la respiración es de alrededor de 18 respiraciones por minuto, y por lo tanto completar una cuenta atrás desde 33 hasta 1 suele durar algo menos de dos minutos.

33 cuando el cuerpo inhale y el pecho suba,
33 cuando el cuerpo exhale y el pecho baje.
32 cuando el cuerpo inhale y el pecho suba,
32 cuando el cuerpo exhale y el pecho baje...

Continúe su cuenta atrás, siguiendo siempre el ritmo natural de su respiración. Cuando llegue al 1, comience otra vez desde 33 [...]

[Recuerde a los participantes su cuenta atrás cada 1-2 minutos, con instrucciones como:]

«Cuenta atrás de la respiración al nivel del pecho» [o bien:]

«Observando la respiración en el centro del pecho».

[**3c**] *Hágase consciente de la respiración que entra y sale por los orificios nasales. Cada vez que inhale, el aire entrará. Cada vez que exhale, el aire saldrá. Observe el movimiento natural de la respiración. Limítese a ser un testigo, no interfiera.*

Hágase consciente de la mucosa, en el interior de los orificios nasales. Cada vez que inhale habrá como un chasquido entre esta membrana y el aire entrante. Hágase consciente de este agudo contacto entre la vibración del aire inhalado y la vibración de la membrana interior de la nariz.

Comience la cuenta atrás de la respiración:
33 cuando el cuerpo inhala y el aire entra,
33 cuando el cuerpo exhala y el aire sale.
32 cuando el cuerpo inhala y el aire entra,
32 cuando el cuerpo exhala y el aire sale...
Cuando alcance el 1, comience otra vez desde 33.

[Cada uno o dos minutos, agregue una frase como:]

«Hágase consciente de la respiración entrando y saliendo de la nariz.»
«Cuente atrás la respiración al nivel de los orificios nasales.»

[**3d**] *Deje la cuenta atrás y hágase más consciente de la vibración en la mucosa, en el interior de los orificios nasales, cada vez que el aire entre... Trate de coger cada vez más energía del aire... como si estuviera bebiendo el aire... Al mismo tiempo, hágase consciente del área en la raíz del tronco, alrededor del perineo y el coxis... Trate de ver si algo se estimula en dicha área mientras se está cogiendo cada vez más fuerza vital a través de los orificios nasales [...]*

• Fase 4

Los sentidos sutiles, en la raíz de los sentidos físicos

[4a] *Huela el aire y enfóquese en un olor durante 1 minuto [...]*

Entonces, deje caer la conciencia de dicho olor y trate de coger otro olor, uno que provenga de más lejos... Permanezca consciente del olor durante 1 minuto [...]

Y ahora, huela otra vez. Esta vez intente encontrar un olor que venga a través de la ventana, desde realmente lejos... y enfóquese en el mismo durante 1 minuto [...]

Entonces abandone dicho olor. En lugar de estar consciente de algún olor en particular, tome conciencia del hecho de oler, la cualidad pura de oler... Conciencia del estado de olfatividad, la acción de oler, independiente de cualquier olor en particular [...]

[4b] *Abandone el sentido del olfato y hágase consciente de un sonido en particular, que proceda del exterior del edificio. Cualquier sonido... Permanezca consciente de dicho sonido durante 1 minuto, enfocándose únicamente en la acción de este sonido en el sentido del oído [...]*

Entonces, abandone dicho sonido e intente encontrar otro, procedente de aún más lejos, a través de la ventana... Incluso un sonido muy débil... Permanezca con el mismo durante 1 minuto. Observe cómo dicho sonido interactúa con el sentido del oído [...]

Entonces, busque un sonido que venga de muy, muy, muy lejos... Tan débil que apenas pueda discernirse si es un sonido físico o no físico... Permanezca consciente de dicho sonido durante 1 minuto, tratando de observar cómo es afectado el sentido del oído por dicho sonido [...]

Entonces, olvídese de cualquier sonido. Hágase consciente del hecho de oír... la cualidad pura de oír, independiente de cualquier sonido... Conciencia del estado de oír, del hecho de oír [...]

[4c] *Recuerde un fuerte sabor de comida. Escoja una determinada comida y recuerde cómo se siente teniendo en la boca dicha comida... La textura y gusto en la lengua, el flujo de saliva... Esté absolutamente inmerso en el sabor, como si no existiera otra cosa [...]*

Entonces, recuerde el sabor de otra comida. No piense, sólo tome la primera comida que venga. Y entonces retorne al sentimiento de tener dicha comida en la boca... Ponga todo el ser en el sabor, experimentándolo por completo [...]

Entonces, busque el sabor no físico del néctar: como un chorrito o un pequeño fluir en la parte trasera de la garganta, muy fresco y dulce... El gusto del néctar fluyendo en la parte trasera de la garganta... Déjese alimentar por el mismo [...]

Ahora abandone todos los sabores. Hágase consciente del hecho de saborear, la cualidad pura de saborear, independiente de cualquier sabor en particular [...]

• Fase 5
Moverse hacia atrás a lo largo del día

Comience a retomar las imágenes del día. Empiece con lo que estaba haciendo inmediatamente antes de la práctica nocturna... No fuerce, deje que suceda: limítese a dejar que las imágenes del día vuelvan ante uno mismo... Y continúe, moviéndose hacia atrás a través de todo el día...

Imágenes de lo que se hacía por la tarde-noche [...]

Imágenes de la cena [...]

Imágenes de las actividades vespertinas [...]. La gente con la que se ha hablado [...]

Imágenes de la comida [...]

Imágenes de las actividades de la mañana [...]

Imágenes del desayuno [...]

Verse a uno mismo mientras se hacía la meditación matutina [...]

Imágenes mientras se efectuaba el aseo tras levantarse [...]

Hasta las imágenes verdaderamente primeras de la mañana, en la cama, antes de levantarse [...]

• Fase 6
Imágenes espontáneas

[6a] *Ahora llega la fase de las imágenes espontáneas. Se trata de dejar que cualquier imagen aparezca repentinamente en frente de uno mismo...* ***cualquier*** *imagen, la primera que venga... Esté con dicha imagen unos cuantos segundos [...]*

Y entonces deje que llegue otra imagen... Recuerde: no hay que imaginar, no hay que hacer nada. Todo consiste en tomar la primera imagen que venga [...]

Y entonces otra imagen [...]

Abandone dicha imagen y permita que venga otra... Sólo hay que estar en el espacio y dejar que las imágenes vengan a uno mismo [...]

[6b] *Deje que otra imagen venga ante sí mismo. Pero esta vez hágase consciente tanto de la imagen como del hecho de ver, del estado de visión...*

Otra imagen y estado de visión, el proceso de ver [...]

Otra imagen y estado de visión [...]

[6c] *Abandone las imágenes y permanezca únicamente consciente del estado de visión... la cualidad pura de ver, independiente de cualquier objeto [...]*

• *Fase 7*

Ejercicios preparatorios para viajar

[7a] *Hágase consciente del brazo derecho astral —no el brazo físico sino el astral —superpuesto al brazo físico. El cuerpo físico permanece completamente inmóvil. Practique el levantamiento de la mano y brazo derecho astrales... Y entonces ponga de nuevo la mano y brazo astrales con los físicos.*

Ahora hágase consciente de la mano y brazo izquierdo astrales... Sin mover el cuerpo físico, practique el levantamiento del brazo izquierdo astral... Entonces vuelva a poner el brazo izquierdo astral con el físico...

Comience de nuevo el mismo proceso en el lado derecho: practique la separación de la mano y antebrazo astrales de los físicos. Elévelos... y entonces devuélvalos a su posición inicial...

Repita con el lado izquierdo [...]

El lado derecho [...]

Eleve el brazo izquierdo astral [...]

[Esto puede repetirse unas cuantas veces más.]

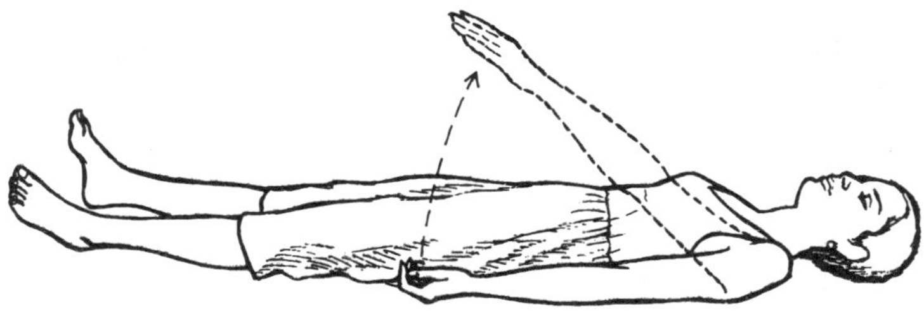

[7**b**] *Hágase consciente de la pierna derecha astral. Sin mover nada del cuerpo físico, practique la elevación del pie y pierna derechos astrales fuera de los físicos... y entonces devuélvalos a su posición inicial...*

Hágase consciente de la pierna izquierda astral... Trate de levantarla, fuera de la física... y entonces vuelva a situarla con la pierna física...

Practique del mismo modo, unas cuantas veces en cada lado. Elevando la pierna derecha astral... Poniéndola de nuevo en su posición inicial...

Levante la pierna izquierda astral... Bájela...

Levante la pierna derecha astral... Bájela ...

Levante la pierna izquierda astral... Bájela ...

[7**c**] *Hágase consciente del cuerpo astral como un todo...*

Hágase consciente del cuerpo físico como un todo...

La naturaleza del cuerpo físico es la gravedad, la naturaleza del cuerpo astral es la levedad o antigravedad...

Hágase consciente de la gravedad del cuerpo físico... Hágase consciente del peso del cuerpo sobre la manta... Todo aquello que puede sentirse como pesado pertenece al cuerpo físico...

Ahora, busque dentro de sí mismo aquello que es ligero... Busque el principio de levedad, la fuerza que mueve hacia arriba... Hágase consciente de la fuerza que empuja hacia arriba, el opuesto exacto del principio de gravedad... Esta ahí, dentro de uno mismo. Es cuestión de sintonizarse con él... Sintonice con la fuerza que mueve hacia arriba... Deje que se difunda por todo el cuerpo... Deje que lo eleve todo hacia arriba [...]

Ahora vuelva a la percepción de la gravedad... Busque el principio pesado [...]

Entonces hágase de nuevo consciente del principio de antigravedad... Hágase consciente de la fuerza que mueve hacia arriba [...]

[7**d**] *Hágase consciente del estado de visión, del hecho de ver...*

Practique la visión del propio cuerpo desde arriba...

Hágase consciente del estado de visión y sintonice con la imagen del propio cuerpo, visto desde arriba [...]

Reconexión:

Comience a escuchar los sonidos de afuera [...]

Hágase otra vez consciente del propio cuerpo... Vuelva al cuerpo...

Tome unas cuantas inhalaciones largas, largas [...]

Mueva un poco las manos... y los pies...
Estire el cuerpo...
Ruede sobre el costado... y abra los ojos.

[Si está practicando en la cama justo antes de dormir, no es preciso seguir este último conjunto de instrucciones. En vez de reconectar con la conciencia de vigilia, basta con rodar sobre el costado y dormirse.]

(Fin de la práctica nocturna.)

14.2 Si no se tiene mucho tiempo

Si el propósito es recobrarse rápidamente durante el día y no se dispone de mucho tiempo, una buena opción es comenzar con una rápida rotación por las partes del cuerpo (fase 2). Entonces, efectúe una cuenta atrás de la respiración (fase 3) en una parte del cuerpo de su elección. Tan pronto como esté profundamente relajado, trasládese a la conciencia de las imágenes (fases 5 y 6). Cuando las imágenes fluyan clara y libremente delante de uno mismo, es el momento en que se habrá alcanzado un estado de intensa relajación y una rápida recuperación de las energías. Por lo tanto, esta fase 6 es particularmente útil cuando se desee tener una «supersiesta».

A menudo, cuando se está cansado durante el día, la fatiga se concentra o enfoca en un área concreta del cuerpo: hay un punto, una zona focal de cansancio. Por ejemplo, puede estar en algún punto de la espalda, o tal vez en la garganta, especialmente si se ha estado hablando mucho.

Si puede localizarse dicho punto, y efectuar la cuenta atrás de la respiración ahí mientras se sigue la fase 2, se recuperará muy rápidamente de su fatiga.

Capítulo 15

PRÁCTICA NOCTURNA (y3): ANÁLISIS DE LA TÉCNICA

15.1 Preparación

Es importante ser bastante cuidadoso con los detalles, tales como quitarse los zapatos, yacer en la posición correcta y demás indicaciones. Supondrá una diferencia significativa respecto a la profundidad de la experiencia que alcancen los participantes. Tan sólo con que una o dos personas no sigan los procedimientos preparatorios y permanezcan en la superficie durante la sesión, distorsionarán las vibraciones de todo el grupo e impedirán que los demás accedan a la experiencia.

15.2 Fase 1: exhalación

Exhalar es la última cosa que hace un ser humano en este planeta. De ahí el uso del verbo «expirar», el cual significa tanto morir como la expulsión del aire en la respiración. Así como hay una fantástica tensión, asociada con la primera inhalación del recién nacido, de la misma manera hay una tremenda liberación cuando los moribundos dan su último suspiro.

El arte de exhalar es una búsqueda de la última exhalación. Hágalo como si estuviera en el lecho de muerte, tras haber completado una vida muy plena.

Se puede aprender a emplear la exhalación como el vector que transporta tensiones y energías negativas fuera del cuerpo. La práctica de suspirar puede ser bastante terapéutica.

15.3 Fase 2*a*: circulación por las partes del cuerpo

La práctica de la toma de conciencia de las distintas partes del cuerpo, no debería ser considerada como una mera técnica de relajación, sino como una importante herramienta en el camino de la alquimia interior. Al conectar la conciencia con las partes del cuerpo, se infunde conciencia en el plano físico, y comienza a tener lugar una profunda transformación. A medida que nos relajamos y abrimos, la conciencia alcanza mucha mayor profundidad en el plano físico que si se circulara por las partes del cuerpo con la conciencia usual de vigilia.

Cuanto más nos «hagamos uno» con cada parte del cuerpo, más profundamente se infundirá la conciencia en el plano físico. Sintonicemos con la parte del cuerpo y permitamos que sus cualidades se hagan vívidas en nosotros, como se describió en el capítulo 11. El sentimiento que llega al sintonizar es el de un conocimiento a través de la identificación: uno se «convierte» en la parte del cuerpo. Uno de los secretos de la transformación física reside en alcanzar esta unidad metafísica, mucho más allá de una mera conciencia mental de la parte del cuerpo.

No es raro que, mientras se circula por las partes del cuerpo en el estado de visión, que se reciban visiones inesperadas de huesos, articulaciones y órganos.

Por ejemplo, enfoquémonos en las cavidades de las articulaciones. Entre los huesos hay un espacio relleno de un fluido singular, llamado líquido sinovial (es de destacar que *synovia* es un término introducido por el gran ocultista Paracelso). Cuando se sintoniza con la cavidad sinovial, se tiene una sensación de espacio. Tanto en alemán como en francés, la cavidad sinovial se denomina «espacio sinovial» (*synovial raum; espace synovial*). La clarividencia revela cómo el cuerpo conecta con el espacio astral universal a través de este «espacio en la articulación», lo cual sugiere un nuevo e interesante modo de ver las patologías de las articulaciones.

Una poderosa variación de esta fase consiste en añadir un momento de conciencia del punto neutro, a la mitad del cuerpo, después de cada par de partes del cuerpo. Por ejemplo: el ojo izquierdo... el ojo derecho... el área en el medio de ambos ojos...

O bien: la rodilla izquierda... la rodilla derecha... el área equidistante de ambas rodillas...

Los lados izquierdo y derecho del cuerpo encarnan polaridades de energía opuestas, al igual que día y noche, masculino y femenino, yin y yang, representan diferentes pares de polaridades opuestas.

Cuando se circula la conciencia de acuerdo con la fase 2*a* , primero se toma contacto con la polaridad izquierda de una parte del cuerpo, y luego con la derecha. Con el punto de en medio se conecta con el espacio donde las polaridades se anulan: es el «punto Tao», ni yin ni yang, o ambos —yin y yang— al mismo tiempo. Pruébese a sentirlo por uno mismo.

Otra forma interesante de circular a través del cuerpo es mediante la escucha del sonido interno de cada parte del cuerpo.

¿Por qué se comienza por la parte izquierda en todos los casos? Curiosamente, los soldados hacen lo mismo cuando caminan: «izquierda, derecha, izquierda, derecha...». En hatha-yoga, la práctica llamada *nadi-shodhana* (respiración alternativa), en la que se respira por un orificio nasal mientras se bloquea el otro con los dedos, siempre se empieza con una inhalación por el orificio nasal izquierdo. En diversos casos encontraremos que, cuando se maneja energía, el lado izquierdo se activa antes que el derecho.

Aparte de lo antedicho, cuando se está inmerso en actividades espirituales, tales como lanzar las monedas para desentrañar el *I Ching*, tradicionalmente se emplea la mano izquierda (la mano del corazón). Esto mismo es aplicable cuando se corten las cartas del tarot. Puede establecerse una conexión con el hecho de que el lado izquierdo del cuerpo se relaciona con el hemisferio derecho del cerebro, más intuitivo que analítico, y, en consecuencia, más orientado espiritualmente. Y en hatha-yoga, la principal circulación de energía en el lado izquierdo del cuerpo es *ida-nadi*, el *nadi* lunar, la cual crea una interiorización de las energías y una apertura a los espacios internos. Rudolf Steiner predijo que, en el distante futuro de la humanidad, la mano izquierda llegará a ser predominante, hasta el punto de que la mano derecha finalmente se atrofiará.[1]

15.4 Fase 2*b*: conciencia y «visión» de los órganos

A medida que la propia clarividencia se incremente se tendrán —mientras se practique esta fase— visiones fascinantes de los órganos, las cuales irán acompañadas por una profunda comprensión intuitiva de sus funciones. Aparte de su valor sanador, este proceso conduce a un conocimiento diferente de los órganos. Se realizarán descubrimientos inesperados que arrojarán una luz bastante diferente sobre determinados lugares comunes de la anatomía, fisiología y patología. El camino de los buscadores está lleno de sorpresas.

Cuanto más clarividentemente se perciban los órganos en el propio interior, más se podrá percibir lo mismo dentro de los demás: ¡una gran ayuda para la diagnosis! Un hecho esencial acerca de la percepción en general es que, siempre que algo puede verse o sentirse en el interior de uno mismo, también podrá verse o sentirse en otra persona. «Dentro» o «fuera» no es muy distinto en términos de habilidades clarividentes.

¿Por qué esta particular secuencia de órganos? La tradición hermética (alquímica) establece correspondencias entre los órganos de nuestro cuerpo y los planetas del sistema solar. El hombre es el microcosmos; el universo es el macrocosmos. Cada órgano encarna en el cuerpo todos los símbolos y funciones de su planeta correspondiente. La secuencia de órganos indicada para la fase 2*a* sigue la secuencia tradicional de las esferas planetarias: Saturno (bazo), Júpiter (hígado), Marte (vesícula biliar), Sol (corazón), Venus (riñones), Mercurio (pulmones), Luna (útero).[2]

---

1. Steiner, Rudolf, *Foundations of Esotericism*, final de la conferencia 3 (Berlín, 28 sepiembre, 1905). Rudolf Steiner Press, Londres, 1982, p. 23.
2. Estas correspondencias se analizan con detalle en *Planetary Forces, Alchemy and Healing*, del mismo autor.

Una etapa más avanzada consiste en ser capaz de percibir las fuerzas planetarias tras los órganos físicos, con lo que esta técnica se convierte en una meditación astrológica en el interior del propio cuerpo. Para llegar a ser un genuino astrólogo o alquimista, las energías planetarias deberían comprenderse intuitivamente, sentirse dentro de uno mismo, y no únicamente entenderlas en el ámbito intelectual.

Las personas interesadas en la tradición de los astros y sus correspondencias con el microcosmos humano, podrían inspirarse añadiendo una fase adicional a su práctica nocturna. Dicha fase consistiría en circular por las áreas del cuerpo, siguiendo la correspondencia tradicional con las constelaciones: Aries/cabeza; Tauro/cuello y garganta; Géminis/hombros; Cáncer/pechos; Leo/corazón; Virgo/intestinos; Libra/riñones; Escorpio/órganos sexuales; Sagitario/muslos; Capricornio/rodillas; Acuario/tobillos; Piscis/pies. Nombre mentalmente la constelación mientras está consciente del área correspondiente del cuerpo.

15.5 Fase 3: conciencia de la respiración y cuenta atrás

Ésta es la parte en la que todo el mundo se queda dormido. ¡Incluso los que padecen insomnio recalcitrante parecen colapsarse a la mitad de esta fase! Pero dormirse no es necesariamente erróneo. Permítasenos volver a un punto importante de la teoría. Uno de los propósitos de la práctica nocturna es permitir la exploración de ese «filo de la navaja» entre dormir y estar despierto.

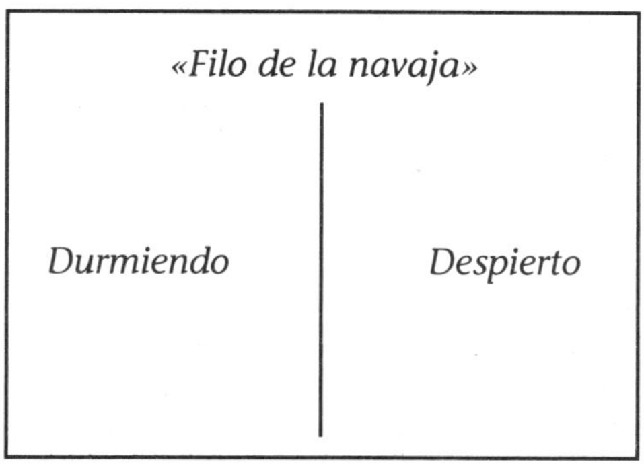

Si se permaneciera completamente despierto durante la práctica, implicaría que nunca se atravesaría el límite, y se perderá el propósito. Por otra parte, si se cae dormido de inmediato y se permanece «roncando» hasta el final, asimismo la práctica tampoco será tan iluminadora.

El problema es que, tan pronto como se alcanza la línea divisoria entre estar dormido y despierto, se pierde la conciencia. Se está familiarizado con el estado de vigilia, así como con el de estar dormido, pero el espacio que separa ambos nos resulta extraño. Cada vez que uno se acerca al mismo, se pierde y queda inmediatamente subyugado por el lado del sueño.

Éste es el motivo de que esta parte de la práctica sea mucho más poderosa si se emplea una cinta pregrabada, o bien si alguien lee o recita las instrucciones. Uno cae dormido, y rápidamente la voz reclama: «permanezca consciente de la cuenta atrás». Unos cuantos minutos después, queda dormido de nuevo, y la voz nos trae otra vez al estado de vigilia. Así pues, nos mantendremos oscilando alrededor del filo de la navaja, lo cual será un excelente medio de familiarizarnos con él. Gradualmente se aprenderá a retener más conciencia mientras se esté en la frontera del sueño.

Con práctica y práctica, práctica se alcanzará una experiencia de estar a la vez dormido y despierto, y **consciente** al mismo tiempo. Cuando uno pueda estabilizarse en dicha frontera durante algo más que unos cuantos segundos, la conciencia se transformará en superconciencia, se entrará en contacto con el misterio del umbral. Éste es también el estado que nos dará la capacidad de recobrarnos de forma inusualmente rápida y llegar a ser maestros del sueño, al estilo de Napoleón.

De este análisis podemos extraer las siguientes conclusiones prácticas: no incluir la fase 3 si se practica a solas, sin que las instrucciones sean leídas por un amigo o escuchadas de una grabadora, o bien si se está practicando en la cama justo antes de dormir, especialmente si uno tiende a quedarse dormido cada vez que atraviesa la cuenta atrás.

Debe incluir la fase 3:

- Si tiene dificultad en dormir.
- Si está practicando durante el día para recuperarse de la fatiga, la mejor manera de revitalizarse es practicando la cuenta atrás, lo cual proporcionará un estado de dormitación intermitente.
- Si la conciencia se ha consolidado y está comenzando a ser capaz de aproximarse al filo de la navaja, sin ser proyectado al sueño.

– Si la práctica nocturna es conducida por un amigo. En este caso, puede resultar interesante emplear más tiempo en la fase 3, y continuar oscilando en la frontera del sueño, durante tanto tiempo como sea posible, tal como se vio anteriormente.

En estos casos pueden emplearse 15-20 minutos en la fase de la cuenta atrás.

15.6 Fase 3*c*: vibración en la nariz durante la inhalación

Si se practica con regularidad, este ejercicio ampliará en gran medida la sensibilidad a los olores. Además, se mejorará significativamente la capacidad de absorber la energía del aire. A medida que llegue a ser más experto en este ejercicio, se hará obvio que, cada vez que el aire penetra, tiene lugar un chasquido entre la vibración del aire y la membrana de la nariz y se desarrolla un agudo sentimiento de vibración en la nariz. Tendrá lugar un inesperado despertar en las fosas nasales.

Es casi como si se estuviera «bebiendo» el aire, lo cual nutrirá y reforzará toda la faringe, teniendo asimismo un efecto directo de estimulación sobre el tercer ojo. Recuérdese que el tercer ojo no es un punto en algún lugar de la frente, sino más bien un túnel que va desde el entrecejo hasta la parte trasera de la cabeza. Los nervios olfativos parten de la mucosa nasal, pasando a la cavidad craneal a través de la placa cribiforme del hueso etmoides, aproximadamente 2 centímetros por debajo del entrecejo. De ahí el efecto directo sobre el tercer ojo que tiene el despertar del sentido del olfato.

Para tener una imagen más clara de la conexión entre el tercer ojo y el olfato, sintonícese en el ojo de un perro. El tercer ojo de este animal es totalmente «olfato». Apreciará con claridad cómo su tercer ojo se extiende por sus fosas nasales.

Además de sus efectos locales, este ejercicio es un poderoso estimulante de la vitalidad en general, tanto por la entrada adicional de energía como por la estimulación refleja desde la mucosa nasal de varios órganos del cuerpo. La capacidad de recibir energía más vibrante persistirá durante el día y se desarrollará una sensibilidad prodigiosa a los olores. La nariz se convertirá en una constante fuente de asombro.

En el kundalini-yoga, el sentido del olfato se relaciona con el *muladhara-chakra*, el chakra raíz, localizado en el perineo, en la base de la espina dorsal. En *muladhara* descansa el nivel más primario, más conectado a tierra y físico de la vitalidad corporal. Cualquier despertar intenso del sentido del olfato, se considera que desencadenará una reacción en el *muladhara* y, por lo tanto, activará las funciones de dicho chakra. Lo cual puede aprovecharse para el tratamiento de pacientes con depresión, que hayan perdido motivación en el plano físico, y que no deseen ni vivir ni morir. (Recuérdense las sales que se emplean para volver a la conciencia a alguien que se ha desmayado.)

El olfato es el más primario de los sentidos físicos. Por ejemplo, el lóbulo olfatorio, el cual se relaciona con las funciones olfativas, es una de las partes más antiguas del cerebro en términos de filogénesis. La técnica antes citada para estimular el «poder de la nariz» puede, por lo tanto, producir resultados inesperadamente poderosos cuando se emplee para volver a despertar la fuerza vital de personas deprimidas, o pacientes con enfermedades incurables.

Gran parte de los adictos a las vitaminas se sorprenderían mucho si se dieran cuenta que su vitalidad podría incrementarse notablemente con sólo educar su nariz. La nariz es un órgano primordial de recepción del etérico (fuerza vital) del aire, que no solamente puede absorberse durante la práctica nocturna, sino también durante las actividades diarias.

Consejos

La práctica regular de *neti* (véase el capítulo 16) servirá de poderosa ayuda para el desarrollo de la sensibilidad de nuestras fosas nasales y para construir el «poder nasal».

Mientras se realice esta fase 3*c* —y durante la práctica nocturna en general— deberá tenerse cuidado con los olores. La habitación no debería estar cargada ni poco ventilada, y sería preferible mantener abierta una ventana. No debería apreciarse olor a tabaco, incienso o perfumes fuertes. Esto es debido a que la sensibilidad se acrecienta en tal medida, que dichos olores nos causarían incomodidad, e incluso podrían dañar el sentido sutil del olfato y la capacidad de recibir energía del aire.

15.7 Fase 4

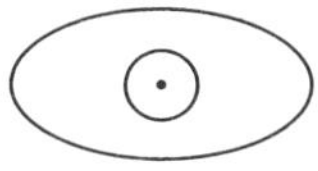

Mediante la separación de las imágenes del hecho de ver, o estado de visión, es como se puede llegar a ser clarividente. El mismo principio puede aplicarse al desarrollo de otros sentidos sutiles, de ahí este trabajo de discernir entre el hecho de oír y los sonidos, el hecho de oler y los olores, y así sucesivamente.

Asimismo, esta fase es un poderoso método para lograr interiorizar los sentidos, para separar los sentidos astrales de los físicos, y para dejar el cuerpo astral en un estado que permita la máxima ayuda de los seres espirituales más elevados durante la noche.

15.8 Fase 5: retomando las imágenes del día

Este ejercicio, considerado esencial por diversas escuelas occidentales de esoterismo, a menudo se hallará mencionado en la literatura esotérica. Trabaja sobre varios niveles y tiene diversos propósitos. Trataremos de explicar algunos de ellos.

Una observación común, que relatan quienes han vuelto tras una experiencia cercana a la muerte, es que han presenciado la secuencia completa de su vida, la cual se ha desarrollado frente a ellos como si fuera una película. Aparte de este hecho bien conocido, los ocultistas describen el ciclo de reencarnación como compuesto de dos fases alternantes: vida sobre la Tierra, durante la cual se realizan acciones y, después, viajes a través de planos no físicos. Esta última es seguida por otra vida encarnada en la Tierra, y así sucesivamente.

¿Qué sucede durante el viaje entre la muerte y el siguiente nacimiento? Entre otras cosas, hay un trabajo de integración de lo que se ha conseguido en la Tierra. Es como una maduración de las experiencias físicas que atravesó el alma, y una lenta incorporación de su quintaesencia.

Un punto crucial lo supone el hecho de que el alma viajera sea confrontada con la imposibilidad de cambiar nada de lo que hizo durante su encarnación en la Tierra. El alma puede trabajar en la digestión de las acciones que se realizaron y tratar de preparar su próxima encarnación de la mejor manera posible. Pero, si se han realizado hechos deplorables o bien se han perdido oportunidades, está simplemente fuera de lugar cambiar cualquier acción pasada. Esto puede llegar a ser un drama terrible para el alma viajera.

Este hecho espiritual también puede encontrarse en la tradición hindú. Los textos sánscritos describen cómo el alma individual, mientras todavía no se ha encarnado, o incluso mientras está en el vientre materno, aún está llena de buenas intenciones: «seré un gran adorador de Shiva, dedicaré mi vida a la práctica del yoga...».

Pero, tan pronto como el individuo es atrapado por el remolino de la vida, inmediatamente se olvida de las buenas intenciones y empieza a comportarse de acuerdo con las motivaciones del ego inferior. Así, tan pronto como el alma deja el cuerpo al morir, se da cuenta dolorosamente de que se perdieron de modo irremisible muchas ocasiones; y el ciclo se repite a sí mismo una vez más. Puede que se haga algún progreso, pero con frecuencia no es nada comparado con lo que podría haberse conseguido si se hubiera mantenido la memoria del propósito.

Este ejercicio, en el cual el día se ve hacia atrás, apunta a la creación cada noche del equivalente de la fase de contemplación de las propias acciones, que por lo común únicamente tiene lugar tras la muerte. En vez de esperar hasta la muerte, el proceso de maduración puede empezarse aquí y ahora, acelerando así el curso de la propia evolución.

Tómese nota de que sería bastante inapropiado pasar una revista mental y tratar de juzgar el valor moral de nuestras acciones, con un diálogo interno del siguiente tipo: «Debería haber hecho esto. No debería haber hecho aquello...». El ejercicio trabaja a un nivel mucho más profundo. No es mediante un diálogo mental, sino a través de una profunda apertura del alma, como el proceso de maduración será iniciado. La conciencia superficial de una valoración moral se mostrará totalmente inadecuada para desencadenar el resultado esperado.

Después de la muerte, la visión retrospectiva de las circunstancias de la vida no solamente ocurre durante los primeros tres días y medio, sino que es repetida en diferentes etapas del viaje, con diversas modalidades. Si se ha observado pacientemente el panorama del día, cada noche antes de ir a dormir, se ahorrará una gran cantidad de energía. No es que haya ninguna urgencia después de morir; pero, si se ha hecho este trabajo, la energía estará disponible para realizar otras tareas importantes, y la transición será más fructífera.

En lo que respecta a la técnica de revisar las imágenes del día, puede optarse entre dos opciones: la primera posibilidad es revisar la secuencia del día comenzando por la noche y acabando por la mañana; la segunda, y más exacta, es ver el día exactamente como una película moviéndose hacia atrás. Si se ha caminado, se verá a uno mismo moviéndose hacia atrás; se verá la comida saliendo de la boca, etcétera. Puede parecer difícil al principio, aunque, con cierta práctica, se alcanzará un estadio donde todas las imágenes se desarrollarán por sí mismas sin esfuerzo, cubriendo el día entero en 4-5 minutos. Es una de esas cosas que uno en verdad no puede «hacer», sino dejar que suceda.

A menudo se cuestiona hasta qué nivel de detalle debe llegarse en la revisión del día, cuántas circunstancias triviales o detalles intrascendentes deberían incorporarse. Parece razonable completar la técnica en unos 5-10 minutos. Cuanto más eficiente se llegue a ser, más detalles se incluirán en dicho lapso de tiempo.

15.9 Fase 6: imágenes espontáneas

Tan pronto como las imágenes fluyan libremente en la conciencia, se sabrá que se ha alcanzado un estado de sueño psíquico. Se ha integrado la precisión de las imágenes del estado de sueño con la clara conciencia del estado de vigilia. Éste es un estado en el que ocurre una rápida recuperación de la fatiga. Mientras se practique, se observará que la revisión de la secuencia del día (fase 5) es una transición lenta, conducente a la fase de las imágenes espontáneas.

Una vez alcanzada cierta maestría en esta sexta fase, todo lo que hay que hacer es estar en el espacio (el mismo espacio púrpura de todas las prácticas del presente libro) y dejar que las imágenes acudan.

Para ir más lejos, trate de hacerse consciente del estado de visión y de la propia presencia en el corazón, cada vez que aparezca una imagen. ¿Qué es lo que quiere decir esto, en los términos del trabajo de clarividencia que hemos hecho hasta ahora? Significa llevar a cabo el triple proceso de visión desde el estado del sueño, en lugar del estado de vigilia. Significa extender nuestra varita mágica a las experiencias de la noche, en lugar de sólo emplearla durante el día. Esto nos conducirá a visiones magnificentes y realizaciones inesperadas.

15.10 Experiencias durante la práctica nocturna

Tensión

Puede ocurrir que la tensión vaya aumentando, hasta el punto en que haya que girar sobre el costado y acabar la práctica. Generalmente, tan pronto como uno deja de yacer de espaldas y se ha abandonado la práctica de esa noche, la tensión se desvanece y se puede dormir.

Esta experiencia, la cual es semejante al aumento de tensión que puede aparecer durante la meditación (véase el apartado 10.11), es debida a bloqueos energéticos y emocionales. No hay que tratar de forzarse a yacer de espaldas a toda costa, pues esto fácilmente puede convertir la práctica en una experiencia penosa. La verdadera respuesta está a otro nivel: explorando el bloqueo mediante técnicas apropiadas, tales como la regresión ISIS.

Hay otra razón que puede ocasionar o exagerar la tensión muscular durante la práctica nocturna: mantener la vibración en el tercer ojo. Recuérdese que durante la práctica nocturna no debería haber vibración alguna en el ojo, ni fricción en la garganta, tal como se ha visto en el capítulo 13. Cada vez que se sienta tensión durante la práctica nocturna, hay que cerciorarse de que no se mantiene una particular conciencia en el ojo. Enfocarse en el corazón puede ser de ayuda.

Quedarse dormido todo el tiempo

No desespere si esto le ocurre —no será el único— y al menos se habrá encontrado la respuesta final al insomnio. Aquí se presentan algunas sugerencias para mejorar la situación:

- Practique en el suelo, no en la cama.
- Si se queda dormido en un punto de la técnica en particular, omítase dicha fase durante cierto tiempo y vaya directamente a la siguiente fase. Esto ayudará a romper lo que puede convertirse en un mal hábito. Retorne a la fase omitida algunos días o semanas más tarde.
- Emplee los casetes de la práctica nocturna. En Clairvision, la experiencia ha demostrado que un buen número de estudiantes que encontraban dificultad en practicar esta técnica, han apreciado una mejora inme-

diata tan pronto como empezaron a utilizar los casetes de los cursos por correspondencia.

• Practique durante el día, además de hacer la sesión nocturna. Esto incrementará la capacidad para permanecer consciente en el «filo de la navaja».

• Consiga un reloj con una cuenta atrás y una alarma **suave.** Prográmelo cada 5 minutos durante la práctica nocturna.

Mire las estrellas: mírelas cada noche durante unos pocos minutos, antes de acostarse. Esté totalmente presente en sí mismo, mientras mira las estrellas. «Beba» de la luz de las estrellas absorba su energía. Esto tendrá una fuerte influencia en la calidad de la conciencia, no sólo durante la práctica nocturna, sino también durante la noche.

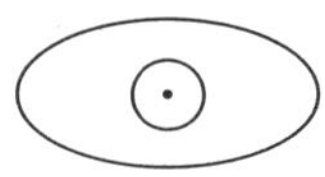

Básicamente, si se encuentra dificultad en mantener la vigilia durante el sueño, será debido a que el cuerpo astral es débil y a que hay una ausencia de puentes entre el plano astral y el físico. Por lo tanto, antes de comenzar el viaje nocturno, será de ayuda saturar la conciencia con una energía astral extremadamente aguda y refinada: la de las estrellas.

A menudo, durante la práctica nocturna, y particularmente cuando se siente que va a perderse la conciencia, no hay que dudar en invocar la energía de las estrellas para que nos rescate. Puede ayudar la invocación de las imágenes de las constelaciones que se han estado observando antes de ir a la cama. Beba de su energía.

Para concluir este apartado: la capacidad para retener la conciencia consciente durante el sueño depende mucho de cómo estén construidos los cuerpos sutiles. Éste es, por lo tanto, un proceso enteramente de alquimia interior, y no sólo de práctica nocturna; es lo que se precisa para alcanzar un estado más elevado de sueño psíquico. Es sabio aceptar que tomará tiempo y práctica, antes de poder recordar todos los viajes realizados durante la noche, al despertar por la mañana.

15.11 Tomando la noche por ambos extremos

El trabajo del sueño psíquico no solamente tiene lugar al principio, sino también al final de la noche. El propósito de la práctica nocturna es mantener despierta la conciencia durante el sueño. El propósito del «trabajo matutino» es recordar cuanto más sea posible de los sueños y los viajes astrales durante la conciencia diaria.

Seguidamente se exponen algunas sugerencias para trabajar en esta dirección.

15.12 Comentarios por la mañana

Si duerme en la misma habitación que el cónyuge o un amigo, cuenten el uno al otro al despertar cuanto haya ocurrido durante la noche. Hágase tan pronto como sea posible, mientras todavía se está en la cama y aún es sencillo rememorarlo. Habrá una tendencia a recordar mucho más si se comenta sistemáticamente por las mañanas. Esto motivará al subconsciente a retener más memorias de las experiencias nocturnas futuras.

Si hay niños alrededor, haga que le cuenten sus sueños tan pronto como los salude por la mañana.

15.13 Emplee un símbolo como puente

Durante la práctica nocturna de la noche, antes de dormir, tome una firme resolución de que la primera cosa que hará, cuando recobre la conciencia la mañana siguiente, será tratar de recordar lo que ha ocurrido durante la noche. Un buen método consiste en elegir un símbolo (una estrella de 5 o de 6 puntas o algo que se juzgue apropiado) y tratar a toda costa de estar consciente del símbolo, en el último momento en el que se quede dormido, e inmediatamente después de despertarse.[3] Tan pronto como se recobre la primera hebra de conciencia despierta por la mañana, llamar al símbolo creará un puente entre ambos instantes.

3. Puede combinarse un sonido con el símbolo, para imprimir una huella más fuerte en la conciencia.

15.14 Siga recordando los sueños en la zona intermedia

El límite entre estar dormido y estar despierto es más un espacio que una línea.

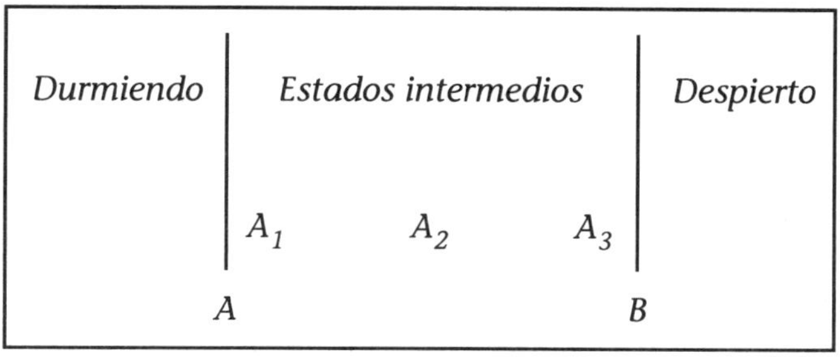

Por la mañana, digamos que primero se recobra la conciencia en A. Puede ser que no se esté despierto del todo; pero se ha de cruzar del todo el espacio que hay entre A y B antes de estar completamente despierto. Esto sucede automática e inconscientemente. La mayor parte de la gente nunca se da cuenta de ello.

Ahora, supóngase que se recuerda un sueño o un viaje astral en A, por ejemplo. Cuando se alcance B es muy posible que ya se haya olvidado otra vez. Así que, para traer memorias al estado de vigilia, hay que recordarlas varias veces mientras se cruza la zona intermedia. Por ejemplo, tendrá que recordarse primero en A, después en A_1, en A_2, en A_3 y en B.

Los sueños hay que recordarlos inmediatamente, tan pronto como se recobre un poco de conciencia de vigilia. De otra manera se acabará en A_3, o incluso en B, sin siquiera darse cuenta de ello, y ya será demasiado tarde, pues se habrá olvidado todo.

Por dichos motivos, cuando recupere la conciencia, debe permanecer extremadamente inmóvil en la cama. Al cambiar de posición se acelera la transición de A a B. Tan pronto recobre el hilo de conciencia de vigilia por la mañana, **permanezca inmóvil** y trate de recordar cuanto pueda.

15.15 Utilizando la memoria del tercer ojo

Hay un modo de evitar los inconvenientes de las anteriores recomendaciones y recordar todavía lo importante.

A medida que se desarrollen los cuerpos sutiles, se hará evidente que se comienza a acceder a una nueva forma de memoria: la del tercer ojo. Numerosas cosas que la mente consciente había olvidado por completo, podrán recordarse de inmediato cuando se utilice la memoria del tercer ojo.

Esto nos lleva a discriminar dos memorias diferentes: la de la mente y la del tercer ojo. Muy curiosamente, no registran las mismas cosas. Por ejemplo, la memoria del ojo recuerda auras. Si se ha visto un aura hace diez años, podrá recordarse al instante con sólo sintonizar la memoria del tercer ojo. Esta memoria es mucho más fiable que la mental. La memoria del ojo nunca olvida nada, tal vez porque no depende de las células cerebrales. Y, a diferencia de la memoria de la mente, la del ojo funciona sin esfuerzo, las cosas llegan automáticamente.

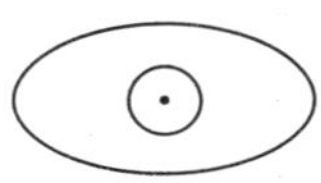

En lo que respecta a las noches, la mente tiende a recordar sueños, mientras que el ojo tiende a recordar viajes astrales y experiencias de la conciencia. Por lo tanto, esta memoria del ojo es la solución para el tan común problema de la «amnesia matutina».

Por desgracia, no existe ninguna fórmula sencilla para desarrollar el acceso a la memoria del ojo. Llega como resultado del proceso completo de la alquimia interior. Pero el caso es que esta memoria del ojo ya está presente en muchas personas. El problema consiste en que ni siquiera piensan en utilizarla. Cuando han de recordar algo, buscan en su mente, y ni siquiera piensan en tratar de recordar desde el ojo.

Así pues, vaya cada mañana al tercer ojo y trate de recordar desde allí. Será como efectuar una lectura de auras de la pasada noche. Si convive con alguien descubrirá que —una vez se puedan recordar las propias experiencias desde el ojo— también se podrá ver lo que sucedió por la noche a los demás.

Como se vio anteriormente, las percepciones del tercer ojo no están confinadas a los límites de la propia piel.

15.16 Si no puede recordar nunca nada

Espere a las próximas vacaciones y entonces, durante unas 5 noches consecutivas, despiértese después de cada sueño y anote todo cuanto pueda recordar. Mantenga un cuaderno de notas, un bolígrafo y una linterna junto a la cama. A algunas personas les basta con efectuar una fuerte resolución antes de dormir, para conseguir levantarse después de todos y cada uno de sus sueños. Si éste no es el caso, utilice un reloj electrónico y prográmelo para que la alarma suene cada hora.

Si ha de pasar la noche en un tren, o en cualquier situación en que más bien dormite que duerma, no debe dejar pasar por alto la ocasión de anotar cuantos sueños tenga, uno tras otro.

15.17 Variación para acupuntores

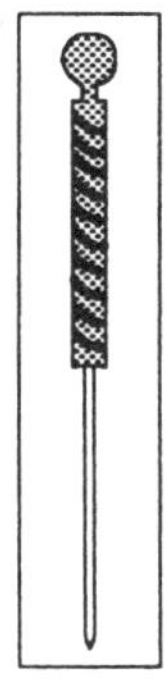

Quienes practiquen acupuntura, shiatsu u otras áreas de la medicina oriental, hallarán valiosa la incorporación de una fase de conciencia de los meridianos, entre la fase 2 (circulación por las partes del cuerpo y los órganos) y la fase 3 (conciencia de la respiración). Esta fase adicional de los meridianos es similar al trabajo de las circulaciones energéticas (capítulos 4 y 6); pero sin frotación, ya que el cuerpo permanecerá completamente inmóvil de principio a fin de la práctica noctur-na. Si el tiempo disponible es limitado, hágase sólo una vez la circulación de la fase 2.

En cada meridiano, primero debe tratar de sentir la vibración o cosquilleo, que no es otra cosa que la percepción del qi o energía etérica. Entonces, procure percibir el flujo de la vibración en el meridiano (¡no siempre fluye en la dirección indicada en los libros chinos!). Después, trate de activar el flujo, moviendo conscientemente la energía
a lo largo de la línea del meridiano, siguiendo la técnica de las «manitas», descrita en el apartado 4.10.

En lo que respecta a la secuencia de los meridianos, sígase el orden tradicional de circulación de la energía: pulmones, colon, estómago, bazo, corazón, intestino delgado, vejiga urinaria, riñón, constrictor del corazón, triple calentador, vesícula biliar, hígado. Finalícese con concepción, gobernador y, por último, la chimenea central del *chong mai*, la cual tiene semejanzas con la *sushumna* hindú, el canal principal ubicado en el centro del cuerpo, tal como se desarrolla en kundalini-yoga y kriya-yoga. Dado que los recorridos anatómicos de los meridianos están descritos en todos los libros de acupuntura, aquellos lectores interesados en el tema pueden consultar la abundante literatura especializada existente.

Capítulo 16

TÉCNICAS COMPLEMENTARIAS

16.1 *Neti*

En los antiguos tratados sánscritos de hatha-yoga, se describen diversas técnicas de purificación interior. Entre ellas existe un grupo de 6, denominadas las *sat karman*, o «seis acciones», las cuales son:

– *neti*, purificación de la cavidad nasal.
– *dhauti*, purificación del estómago.
– *basti*, una variación de un enema.

Aparte de su acción local, *dhauti* y *basti* actúan como limpiadoras (clarificadoras) de los elementos tierra y agua de todo el cuerpo.

– *trataka*, mirar fijamente una vela o un objeto diminuto (véase apartado 5.6).
– *nauli*, en la que los dos músculos recto abdominales se contraen, uno después del otro, lo que consiguientemente da una impresión de rotación. *Nauli* es un fuerte estimulante del fuego abdominal y del fuego del cuerpo en general.
– *kapalabhati*, consistente en una corta pero intensa hiperventilación.

Estas técnicas no sólo purifican los cuerpos sutiles y el físico, sino que también despiertan el cuerpo de energía y sus centros. Por lo tanto, a un buscador sincero se le pueden recomendar todas ellas.

De entre estas seis técnicas examinaremos la primera, *neti*, dado que tiene una notable acción directa sobre el despertar del tercer ojo. Aparte de su efecto sobre el chakra frontal, también se dice que *neti* purifica todos los canales de energía del cuello y de la cabeza, teniendo por lo tanto una significativa acción sanadora sobre cualquier desorden localizado en dichas áreas.

En la forma tradicional del hatha-yoga, *neti* se realiza con un recipiente provisto de un largo pico, denominado *lota*. El *lota* se llena con agua salada. El yogui inclina su cabeza hacia un lado e introduce el extremo del pico en el orificio nasal del lado opuesto. Se deja que el agua fluya por un orificio nasal y salga por el otro. Se repite la operación con el otro lado.

Para nuestro propósito, existe un modo más eficaz de realizar *neti*, el cual no requiere un *lota* (vasija de pico largo):

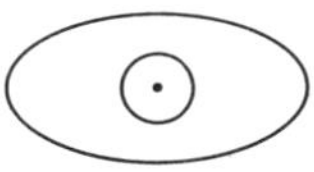

Cogeremos una jarra o, mejor todavía, un pequeño bol, o bien un recipiente más pequeño pero con la boca más ancha que una jarra. Lo llenaremos con agua tibia, más o menos a la misma temperatura que el interior de la boca (emplearemos agua limpia, purificada). Añadiremos una cucharadita de sal marina o de roca. Pero **no** hay que emplear sal de mesa finamente granulada, pues irritaríamos la nariz.

Pondremos nuestra nariz en el agua. Comenzaremos «bebiendo» el agua salada a través de nuestros orificios nasales: absorberemos el agua por la nariz y la dejaremos salir por la boca. El agua irá directamente desde la cavidad nasal a la boca, desde donde se expelerá.

Esta operación es rápida y no es en absoluto desagradable. Proporciona una sensación muy refrescante y estimulante. Genera claridad interior y una aguda percepción de la energía en los orificios nasales.

Comentarios

Uno de los secretos consiste en no tomar aire mientras se esté absorbiendo el agua. Por este motivo, se recomienda una vasija más ancha. De otro modo, tras «beber» un cuarto de la jarra comenzaríamos a aspirar tanto aire como líquido, y como resultado nuestra nariz se irritaría ligeramente.

Otro secreto reside en el arte de secar la nariz tras haber concluido la expulsión del agua. La mayor parte de los tratados modernos de hatha-yoga son vagos y evasivos respecto a este particular, limitándose a aconsejar que nos sonemos la nariz. ¡Error! Si practicamos la técnica de secado que se expone a continuación, nos sorprenderá ver cuánta más agua expulsaremos de nuestras cavidades nasales, incluso aunque hayamos estado sonándonos la nariz previamente unos cuantos minutos.

Nos pondremos de pie con las piernas separadas y medio flexionadas, descansando los brazos sobre las rodillas.

Sin mover el tronco, proyectaremos la cabeza hacia arriba y hacia abajo, al mismo tiempo que exhalamos violentamente por la nariz. Esto se hará en medio segundo, tras lo cual efectuaremos una inhalación normal.

Entonces, tras medio segundo de total inmovilidad, proyectaremos rápidamente la cabeza hacia abajo, mientras soplamos fuertemente hacia fuera el aire de la nariz. Inhalaremos normalmente.

Proyectaremos entonces la cabeza hacia arriba otra vez, mientras soplamos vigorosamente hacia fuera. Inhalaremos normalmente.

Continuaremos durante medio minuto más o menos, soplando el aire hacia fuera y proyectando la cabeza arriba y abajo alternativamente.

Entonces repetiremos el proceso, aunque esta vez inclinaremos la cabeza una vez hacia la izquierda y la siguiente hacia la derecha. Cada vez que proyectemos la cabeza hacia un lado, soplaremos vigorosamente hacia fuera el aire de nuestros orificios nasales.

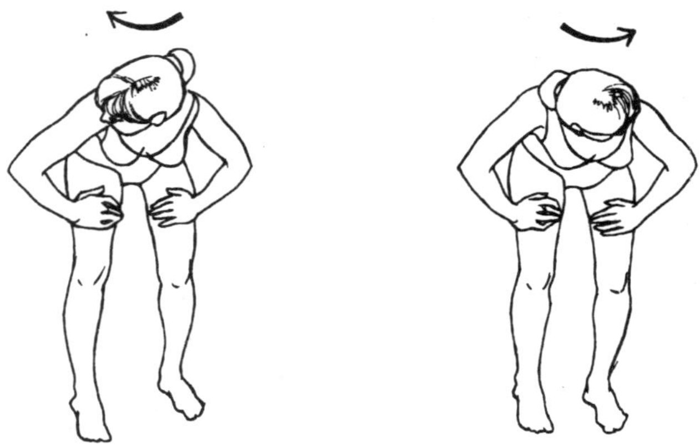

(No hace falta que nos sonemos la nariz ni antes ni después de practicar este método de secado.)

La práctica *neti* debería efectuarse por la mañana, antes de meditar y, por lo tanto, antes de comer. Cuando se tenga práctica, se completará en 2-3 minutos, incluyendo el secado.

Practíquese cada mañana, durante uno o dos años, y entonces déjense transcurrir varios años antes de volver a reanudar un año de práctica.

Neti tiene una aguda acción vigorizante. Nos hace sentir agudamente conscientes, despiertos y refrescados. Fortalece el tercer ojo de un modo notable y estimula la visión clarividente. Si somos lo suficientemente valientes como para sobreponernos a la incomodidad de los primeros intentos, pronto disfrutaremos muchísimo, y obtendremos sustanciales beneficios de esta práctica.

Una vez dominemos *neti* seremos capaces de eliminar cualquier resfriado, en caso de que pillemos alguno. Ganaremos la capacidad de ajustar la energía en la parte trasera de la garganta, de un modo que parará cualquier descarga nasal. (El truco funciona mejor si se trata el resfriado en sus inicios.)

No obstante, ¡advierto claramente que no se haga eso! Hay que respetar las pequeñas descargas del cuerpo, y no suprimirlas. Son una forma natural de eliminación: tienen la función de mantener el equilibrio general de nuestro sistema. Por consiguiente, déjese el resfriado y, de acuerdo con uno de nuestros lemas, «déjese fluir». El moderno hábito de correr al médico cada vez que se tiene un pequeño síntoma, es infantil, al tiempo que está basado en una falta de comprensión de la economía corporal.

En muchos casos, debería permitirse que las molestias o achaques menores siguieran su propio curso. El tratamiento de enfermedades menores puede, a veces, acabar creando graves enfermedades a largo plazo.

16.2 El empleo de los ritmos

En el apartado 11.8 vimos cómo el cuerpo astral tiene una carencia de sentido del ritmo. A continuación, expondremos diversas sugerencias, encaminadas al fortalecimiento de esta debilidad del cuerpo astral.

El primer consejo es efectuar los ejercicios todos los días exactamente a la misma hora. Los resultados de esta medida son desproporcionados al esfuerzo que nos exigirá ponerla en práctica. Al fin y al cabo, si dedicamos cierto tiempo cada mañana a la meditación, ¿supone alguna diferencia comenzar a las siete en punto, respecto a hacerlo en algún momento entre las siete menos cuarto y las siete y cuarto?

Además, en lo que respecta a los resultados, la diferencia será muy significativa. ¡Cada día, nuestro sistema comenzará las prácticas, automáticamente, en el momento preciso! Necesitaremos menos esfuerzo para alcanzar el estado de meditación y las experiencias de conciencia serán notablemente más hondas. Aparte de estos simples resultados, la meditación y demás ejercicios tendrán un impacto mucho mayor sobre el cuerpo astral.

La regularidad ejerce una acción inesperadamente potente sobre el cuerpo astral y refuerza toda su estructura. Imaginemos un barco con una vía de agua en el casco. Podemos tratar de hacer toda suerte de mejoras en la nave: velas de más calidad, añadir un motor... mejorarán la velocidad del barco. Pero arreglar la vía de agua tendrá una acción aún más directa, pues corregirá una debilidad básica del barco. Esto es exactamente lo que conseguiremos, cuando trabajemos para reforzar el sentido del ritmo del cuerpo astral.

Podemos potenciar aún más nuestras prácticas si las precedemos de una secuencia concreta de acciones. Por ejemplo, lavándonos las manos, yendo al baño, duchándonos; lo que se quiera, pero siempre exactamente en el mismo orden. Hay que hacer exactamente los mismos movimientos, uno tras otro, una mañana tras otra, y algo se coagulará en la estructura de nuestro cuerpo astral. También sería útil realizar cada noche una secuencia similar de acciones, antes de la práctica nocturna.

Cuanto más participe el cuerpo astral en dichas acciones, más eficaz llegará a ser el ejercicio. Esto quiere decir que hemos de efectuar cada operación con completa conciencia, totalmente en nuestro ojo, poniendo todo nuestro ser en la acción, incluso aunque sea algo aparentemente insignificante, como lavarnos las manos o beber un vaso de agua. Realizaremos cada simple movimiento «con intención» y nunca automáticamente. Más que conscientes, ¡estaremos despiertos!

Crepúsculo

La noche es yin, el día es yang, ¿y qué es el crepúsculo? Más allá del par de opuestos, el crepúsculo es un momento para la trascendencia: conciencia del Ser Superior. El alba y el ocaso deberían considerarse momentos preciosos, en los que está disponible una energía muy especial para el despertar espiritual.

No resulta difícil averiguar el momento en que tienen lugar el alba y el ocaso, ya que la mayoría de los periódicos suelen indicarlos. Estos momentos varían poco de un día a otro, por lo que será suficiente comprobarlos una o dos veces a la semana. En cualquier caso, no son un instante puntual, sino más bien un período de varios minutos.

Es de un gran valor espiritual sintonizar y estar conscientes en el ojo y en el corazón, al menos cada tarde al ocaso (si nuestra agenda hace que nos resulte difícil estar despiertos al alba). No hace falta interrumpir nuestras actividades, basta con sintonizar. Tratemos de estar en armonía con esa energía tan especial del alba y del ocaso y permitamos que trabaje sobre nosotros.

Luna nueva y Luna llena

Análogamente, las noches de Luna nueva y Luna llena poseen una energía que puede facilitar grandes cambios interiores. Una vez más, deberíamos mantener una vigilancia particular en dichas ocasiones.

16.3 El ayuno y la apertura de la conciencia

Si nuestra percepción está completamente bloqueada, si nunca vemos o sentimos nada a pesar de practicar con regularidad, la respuesta puede estar en el ayuno. He podido comprobar que muchos estudiantes conseguían notables cambios y aperturas de conciencia, tras ayunar algunos días. Otra buena ocasión para el ayuno será cuando estemos trabajando sobre algún bloqueo, en particular si parece que nunca responda o se rinda ante nuestros esfuerzos.

No hará falta necesariamente seguir un ayuno drástico. Primero comenzaremos con dos o tres días, a base únicamente de zumos, o de frutas (de cultivo ecológico): a menudo es suficiente para lograr que vuelvan a moverse las cosas. Comer solamente frutas un día a la semana, puede también ser una buena manera de ayudar al proceso de apertura.

Un ayuno más intenso y prolongado puede también ser bastante valioso; pero es preferible tratar previamente el asunto con un profesional naturópata.

16.4 Adecuada gestión de las energías sexuales

Los taoístas han diseñado numerosas técnicas de alquimia interior y longevidad, basadas en una administración adecuada de la energía sexual. Dichas técnicas pueden llegar a suponer una diferencia sustancial para nuestra salud y para el proceso de desarrollo de nuestros cuerpos sutiles. Por lo tanto, las recomiendo como valioso complemento de los métodos indicados en el presente libro.[1]

1. Sobre este asunto, véanse los libros de Mantak Chia: *Taoist Secrets of Love, Cultivating Male Sexual Energy*, y *Healing Love through the Tao, Cultivating Female Sexual Energy*.

16.5 Vacunaciones

De acuerdo con los homeópatas, las vacunaciones favorecen lo que ellos denominan «miasma psicótico», el cual es una condición de la energía en que, entre otras cosas, la mente racional se rigidiza, en detrimento de la intuición. Las tendencias psicóticas son exactamente lo opuesto a la apertura que se precisa para el desarrollo de la percepción clarividente. Si nos sentimos por completo bloqueados, podría ser interesante visitar un homeópata y pedirle consejo al respecto.

Desde un punto de vista clarividente, las vacunaciones aparecen como mucho más tóxicas, en potencia, de lo que las actuales autoridades científicas parecen creer. Mi predicción es que determinadas manipulaciones de la fisiología humana, que están siendo realizadas actualmente, tal vez demuestren algún día ser más desastrosas para la humanidad que las armas atómicas, al ocasionar una dilapidación del capital genético, esterilidad a gran escala y un colapso total del sistema inmunológico. ¿Podría ser que las vacunaciones estén introduciendo una semilla para el colapso de nuestro sistema inmunológico? La cuestión debería al menos formularse y considerarse seriamente.

16.6 Teléfono

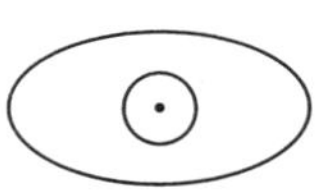

Cada ocasión en que suene el teléfono, en lugar de apresurarnos, permanezcamos muy quietos en nuestro interior durante uno o dos segundos, y tratemos de sentir quién está llamando. Tengamos cuidado de no permitir que nuestra mente racional interfiera, haciendo «inteligentes» deducciones. Hemos de volvernos vacíos y receptivos durante un corto lapso de tiempo. Hagamos de esta técnica un hábito sin esfuerzo: practiquémosla sistemáticamente (pegar un papelito al teléfono suele ayudar). No nos supondrá ningún tiempo extra. Esta práctica puede extenderse a otras situaciones de la vida diaria. Por ejemplo, cada vez que alguien llame a la puerta, sintonicemos y tratemos de «ver» quién es.

Con el teléfono, esta práctica será de diferente naturaleza, por los siguientes motivos: vista por el ojo clarividente, una llamada telefónica es una curiosa mezcolanza de conciencia y señal electromagnética. Las dos se mezclan en una onda, no diferente de las manipulaciones de la radiónica. La llamada telefónica no solamente es una señal transportada por una corriente eléctrica. Se genera una onda en un determinado plano astral y la señal eléctrica no es sino la manifestación externa de dicha onda.[2]

Por esta razón, algunos sanadores pueden llegar a ser tan eficaces cuando ayudan a un paciente por teléfono: la onda telefónica transporta su impulso psíquico. Y éste es también el motivo de que nos sintamos a veces tan abatidos tras una llamada telefónica, puesto que puede converger hacia nosotros una gran cantidad de negatividad emocional, a través del plano astral de la comunicación.

Predigo que, en los próximos siglos, algunos seres humanos desarrollarán capacidades psíquicas asombrosas, mediante la utilización de dispositivos electrónicos (o los sucesores de nuestros actuales dispositivos electrónicos). No todos los seres humanos, sino determinadas escuelas, trabajarán empleando el electromagnetismo y otras tecnologías, para amplificar sus poderes psíquicos. Conectarán su sistema nervioso a extrañas máquinas, lo cual redundará en una monstruosa simbiosis bioelectrónica. La neurocibernética llegará a ser un camino de conciencia y las fuerzas oscuras intentarán tomar ventaja de los poderes que otorga. Podría llegar a emplearse como una importante forma de guerra.

Hay un grupo de almas —que están siendo entrenadas actualmente— que reencarnarán con el propósito concreto de combatir las fuerzas oscuras, que estarán manipulando el campo radiónico. Este plano astral tendrá que ser limpiado a fondo, en una tarea semejante a la limpieza que Hércules hizo de los establos auleos.[3]

Las batallas serán increíblemente violentas, aunque de una naturaleza bastante diferente a las presentes formas de guerra. La victoria de las fuerzas de la luz dependerá del apoyo e integridad de una gran cantidad

2. Esto mismo es aplicable a los módem de ordenadores.
3. Muchos homeópatas y practicantes de la radiónica, que utilizan una caja negra, no son conscientes de la naturaleza increíblemente oculta de las fuerzas que manejan. En ciertos casos, uno se maravilla de si utilizan la caja, o de si las fuerzas del campo radiónico les utilizan a ellos mediante la misma.

de seres humanos. Algunos de los que están leyendo el presente libro participarán en dicha guerra —directa o indirectamente— y las fuerzas del alma que estén desarrollando actualmente mediante su práctica espiritual, demostrarán ser fundamentales para decidir qué lado resultará victorioso.

16.7 *Moxas* en *bai hui* (gobernador 20)

Los *moxas* son palos con la forma de un puro, rellenos de una planta denominada *Artemisia vulgaris*, la cual puede encontrarse en establecimientos de comida china o en herbolarios. Se emplean en acupuntura para aplicar un calor suave sobre los puntos, en vez de pincharlos con la aguja.

El punto de acupuntura *bai hui,* o gobernador 20, está en la zona trasera de la parte superior de la cabeza.

Para encontrarlo, tomemos el eje de las orejas y extendámoslo hacia arriba en un arco, siguiendo el cuero cabelludo. *Bai hui* se ubica donde los dos arcos se juntan, en la parte superior trasera de la cabeza. Para usar *moxas* no se necesita una localización muy precisa de dicho punto.

Encenderemos la *moxa* con una vela y la mantendremos a unos 2-3 centímetros sobre el punto. La persona debería sentir un calor suave y agradable. Si no se siente calor, muévase la *moxa* más cerca. Si comienza a estar demasiado caliente, aléjese un poco la *moxa*. No debería sentirse la sensación de quemarse en ningún momento de la práctica. Mantengámonos calentando suavemente el punto de 5 a 10 minutos. No olvidemos quitar las cenizas de la *moxa* de vez en cuando, de otro modo caerán y podrían quemar la cabeza de nuestro amigo.

Cuando se haya terminado, hay una forma especial de apagar la *moxa*. Al ser muy grueso, no puede tratarse como la colilla de un cigarrillo. Hemos de colocar el extremo encendido de la *moxa* en la tierra para apagarlo (en una maceta, por ejemplo).

Los *moxas* sobre *bai hui* absorben las energías hacia arriba y liberan ligeramente el cuerpo astral del etérico, y el etérico del físico. Por supuesto, el cuerpo etérico no es separado por completo del físico, pero está algo menos apegado. Esto originará una situación temporal que será favorable para las percepciones sutiles.

No recomiendo que las *moxas* sobre *bai hui* se utilicen con regularidad, sino que se experimente con ellos de vez en cuando, para dar un empujón a nuestra visión (por ejemplo, antes de hacer contacto visual).

Tampoco deberían usarse cuando el tiempo sea muy caluroso, para evitar una acumulación de calor en el cuerpo.

16.8 Cola de caballo

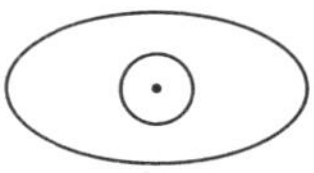

Otro modo de estimular *bai hui* (gobernador 20) y el chakra coronario, es haciéndonos una coleta en el pelo en dicha zona (véase figura). Esta costumbre la practicaban monjes de diversas procedencias. Otros, en cambio, afeitaban esta parte de la cabeza para amplificar su receptividad a los mundos superiores, ¡aunque esto no es muy conveniente si vivimos en el mundo!

Nos sorprendería ver cómo la cola de caballo en el área del *bai hui* amplifica inmediatamente la energía de nuestro chakra coronario. Es un

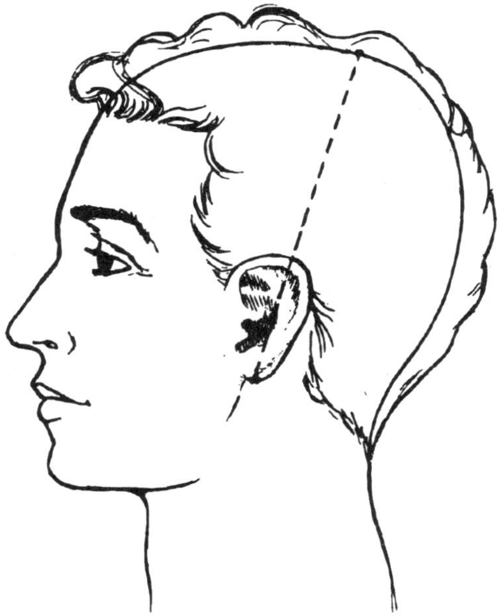

Bai hui, *gobernador 20.*

complemento menor, aunque beneficioso, que puede emplearse cuando estemos en un retiro, practicando incesantemente.

16.9 Caminando a ciegas

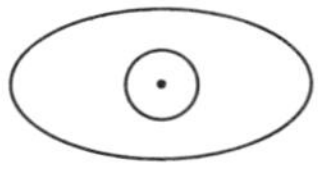

Tapémonos los ojos y hagamos que algún amigo nos guíe en un paseo por el campo.

Este ejercicio proporciona la ocasión de apoyarnos principalmente en el ojo para sentir y explorar nuestro entorno.

También es bastante interesante para desarrollar confianza.

Capítulo 17

PROTECCIÓN

Nivel 1 de protección: refuerzo de la estructura

17.1 Las cosas sencillas primero

Saber cómo preservar nuestras energías y cómo protegernos de influencias negativas es, ciertamente, un aspecto importante. Pero, antes de introducirnos en las técnicas y en la anatomía esotérica, nos detendremos en un hecho básico: cuanto más sanos y equilibrados seamos, más protegidos estaremos. Es algo sencillo, a la vez que absolutamente cierto.

Por lo tanto, las primeras recomendaciones para conseguir protección estarán relacionadas con un estilo de vida saludable. Sería bastante erróneo pasarlas por alto, pese al hecho de sonarnos tan poco metafísicas. Sin un estilo de vida saludable, que sostenga nuestros fundamentos, otros métodos de protección serían poco eficaces y, en cualquier caso, el proceso general de desarrollo espiritual sería drásticamente ralentizado.

Pasaremos seguidamente a examinar este consejo básico.

17.2 Dormir y descansar lo suficiente

Cuando estamos cansados tendemos a absorber energías negativas. En un estado de fatiga, nuestro potencial es bajo, estamos «vacíos», estado que crea un campo favorable para la penetración de toda suerte de energías indeseables.

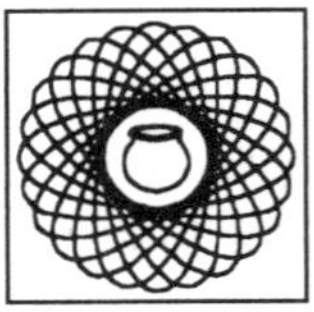

En la medicina china tradicional, se dice que la falta de sueño agota y daña los riñones. Más que como un simple filtro, la acupuntura ve los riñones como la reserva de la vitalidad más profunda, denominada *jing*, o quintaesencia de qi. Qi es el etérico o fuerza vital. *Jing* es la quintaesencia de la fuerza vital, semejante a los *ojas* de la tradición hindú y cercana a la quintaesencia que buscaban los alquimistas. Cuando nuestro *jing* o quintaesencia es fuerte, no hemos de preocuparnos demasiado acerca de la preservación de nuestras energías. Por supuesto, siempre hemos de tomar precauciones, seguir las técnicas, etc. No obsante, si por alguna razón fuéramos a coger una energía negativa, nuestra vitalidad general sería tal que no sería demasiado difícil deshacernos de ella, bien nosotros mismos, bien con la ayuda de un experto.

Pero si nuestro *jing* (quintaesencia) está débil o agotado, no solamente cogeremos una energía negativa tras otra, sino que su eliminación no será sencilla.

Por lo tanto, si queremos seguir un proceso de desarrollo esotérico, la primera recomendación consistirá en seguir una rutina adecuada, que nos permita dormir y descansar lo suficiente. Si llevamos a cabo las técnicas de la práctica nocturna, es poco probable que tengamos dificultades en dormirnos.

Dicho sea de paso, ¿se ha visto alguna vez un animal que se pase un día entero sin período alguno de descanso? Siempre que podamos, no dudemos en efectuar también una corta práctica nocturna durante el día, por ejemplo después de llegar a casa desde el trabajo.

17.3 La dieta correcta

No insistiremos en factores tales como la superioridad de los productos de cultivo biológico, etc. Son importantes y no se precisa percepción extrasensorial para hallar abundante literatura sobre dicho tema. Nos limitaremos a fijar nuestra atención en unos cuantos puntos.

• Evitemos las dietas desequilibradas, como las de sólo verduras crudas, o nada más que arroz, durante semanas. Hay una forma de entender la macrobiótica que nos puede llevar a una ingesta muy desequilibrada, con consecuencias catastróficas. Cuando se prolonga durante un largo período de tiempo una dieta que no nos aporte lo que nuestro cuerpo necesita, nos dejará débiles y expuestos a energías e influencias negativas.

- Una rutina regular de horas de las comidas tiene un efecto inesperadamente intenso, en el reforzamiento del cuerpo astral y de la vitalidad en general (véase el apartado 16.2).
- Nuestro estado de conciencia y foco en el ojo mientras comemos, puede ampliar enormemente el valor espiritual de la comida y nuestra apertura de la percepción. Comer con percepción es una experiencia completamente distinta (véase el apartado 11.8).
- Algunas comidas tienen una acción estimuladora de la percepción sutil, las zanahorias crudas, por ejemplo (las cocinadas ya no tanto). Otras, como la remolacha, tienen el poder de estimular el Ego en el cuerpo físico. Algunas especias han sido usadas tradicionalmente para protegerse, como el ajo. Su acción será amplificada si sintonizamos con su energía. Empleemos nuestra percepción para descubrir qué es bueno y para qué.
- ¿Tenemos que ser vegetarianos para llegar a ser iluminados y clarividentes? ¡Ciertamente no! Los maestros tibetanos comen carne (no hay manera de hacer crecer cosechas en las montañas del Tíbet). Sin embargo, la mayoría de occidentales consume excesiva carne. Si se come carne, es preferible hacerlo al mediodía que por la noche, al objeto de asegurar una mejor calidad de sueño psíquico.
- El principal consejo es: seguir la propia sensibilidad antes que cualquier dogma. Si escuchamos nuestro cuerpo y observamos los resultados de las distintas comidas en nuestro estado de conciencia, aprenderemos a discernir lo que deberíamos favorecer o evitar. A medida que procedamos en la senda de la apertura de la percepción, nuestro gusto cambiará por sí mismo. Entre otras cosas, es muy probable que descienda de forma natural nuestro consumo de carne.

17.4 El ejercicio físico correcto

Técnicas como el hatha-yoga, por ejemplo, casan muy bien con el camino interior. Asimismo, ciertas artes marciales, como el aikido. Las personas que han ganado cierta maestría en un arte marcial, no suelen tener mucha dificultad en protegerse a sí mismas cuando siguen un entrenamiento psíquico.

La jardinería o un poco de trabajo duro en la tierra son actividades estupendas para personas psíquicas: cuanto más anclados en tierra estén nuestros pies, con más seguridad podrá vagar nuestra cabeza por las estrellas.

17.5 ¡Seamos felices!

La tristeza y la depresión tienden a vaciarnos y debilitarnos. Un estado de alegría es en sí mismo una forma de protección. Cultivemos la risa y, si somos terapeutas, hagamos también que nuestros pacientes se rían. Si el camino espiritual no nos conduce a la alegría, hay que cambiar de camino espiritual.

17.6 Alcohol y trabajo espiritual, una mezcla peligrosa

Nunca aconsejaría a nadie que fumara; pero es un hecho que uno puede avanzar mucho en el camino espiritual y seguir siendo adicto a los cigarrillos. El tabaco genera vibraciones negativas, pero su acción no es letal para la vida espiritual.

Por otro lado, el alcohol puede conducirnos muy rápidamente al desastre si estamos aprendiendo a explorar los mundos no físicos. El alcohol nos conecta automáticamente con las áreas más bajas del plano astral, las cuales están llenas de entes nocivos. Por consiguiente, el alcohol debería evitarse a toda costa, tan pronto como uno comience a trabajar en el tercer ojo.

Los tranquilizantes, neurolépticos y otras drogas psiquiátricas nos desconectan de los mundos más elevados y niegan la acción del trabajo de apertura.

Las drogas duras, como la heroína, son totalmente incompatibles con el trabajo interior, siendo su efecto semejante al del alcohol aunque mucho peor. Tratar de abrir la percepción mientras se vive en la misma casa que un adicto a la heroína, es como fumar puros dentro de una refinería de petróleo: peligroso.

¿Qué hay de las demás drogas? Haría el comentario habitual: nunca son necesarias. Crean cicatrices e introducen toxinas en el etérico y en el astral, no sólo en el físico. Si alguien puede forzar una apertura de percepción, dicha apertura es transitoria, incontrolada, completamente desprotegida y muy a menudo retorcida. Incluso la marihuana, cuando se toma con regularidad, tiende a hacer que el cuerpo astral sea pesado y falto de respuesta. Y así e lo demás... Todo tipo de hechos que probablemente se hayan oído con anterioridad.

No obstante, me parece que la respuesta real al problema de las drogas es que, al desarrollar los cuerpos sutiles, ganaremos la capacidad de intoxicarnos sin necesidad de sustancia alguna. Un verdadero buscador es alguien que está permanentemente intoxicado con lo que recibe del universo y más allá. No deberíamos creer que esto es sólo una imagen, que no hay que tomar demasiado al pie de la letra. ¡Aguardemos hasta beber la primera gota del néctar de la inmortalidad! Nos dejará riendo y rodando por el suelo durante media hora. Seguro. Y es excelente para la salud.

Sintonicemos por encima de la cabeza e inmediatamente estaremos colocados (pero no pesados). Abramos nuestro corazón y tendremos éxtasis. La compañía de los ángeles nos otorga beneficios secundarios, mucho más dulces que el chocolate.

Alcancemos el Espíritu de Vida, el glorioso cuerpo etérico transformado, y tendremos la heroína absoluta... A un nivel sencillo, varias técnicas del presente libro, cuando son realizadas —ni siquiera dominadas, sólo practicadas— generan un flujo instantáneo de endorfinas. Es uno de los dramas de nuestra civilización, confundir la ingestión de drogas con la intoxicación y, más generalmente, buscar afuera aquello que ya nos está esperando en el interior.[1]

---

1. Todo comenzó poco después de la inundación de la Atlántida, cuando Noé se aventuró a emborracharse: véase Génesis 9:21. Véase también mi libro *The Fourfold Model, Subtle Bodies and Healing* 19.11.

Nivel 2 de protección: manejo correcto de las energías

17.7 Elijamos nuestros colores

Vistamos las ropas correctas: encontremos los colores que se nos adecuan y que nutren nuestra energía.

Si una superficie aparece como blanca es porque no mantiene la vibración de ningún color, sino que las refleja todas. Así se entiende fácilmente la razón por la que el color blanco significa pureza. El blanco es el reflector por excelencia. Lo envía todo hacia atrás, no retiene nada. Y esto no sólo es aplicable a los colores, sino a las vibraciones en general. El blanco es el símbolo de lo que permanece intocable por las influencias externas. Por consiguiente, si estamos en un contexto en que realmente necesitemos protección, no hay mejor color para llevar que el blanco. No es por casualidad que, en los hospitales, el personal médico vaya de blanco, o que tradicionalmente se vista a los bebés de este color.

Por otra parte, si una superficie es negra, es debido a que no refleja ninguna de las vibraciones de los colores. El negro lo retiene todo, es un principio absorbente. De ahí que el negro sea el color más absurdo para los funerales: atrae toda suerte de estados de ánimo, energías e influencias oscuros, precisamente cuando se precisa protección adicional.[2] En ciertos contextos, los vestidos negros pueden literalmente actuar como aspiradores de malas vibraciones. Por lo tanto, siempre que practiquemos masaje o cualquier tipo de terapia, tratemos con personas enfermas o vayamos a lugares dudosos, deberíamos evitar el color negro. Esto mismo es aplicable si nuestra vitalidad está baja, o estamos cansados o deprimidos. Cuanto más sensibles seamos a las energías, más fuerte tendrá que ser la razón para que vistamos de negro.

Estas consideraciones no sólo sirven para la ropa, sino también para las paredes de las habitaciones. Desde el punto de vista de la energía, los tonos oscuros hacen que sea difícil mantener limpia una habitación.

2. En India, el color para los funerales y el luto es el blanco.

17.8 Encontremos nuestro sitio

El conocimiento de las líneas de tierra será de gran ayuda para nuestra protección. Sentarnos o descansar sobre una línea de tierra nos hace vulnerables a las influencias indeseables. Por otro lado, si podemos localizar un pozo de energía en la habitación donde desarrollamos nuestras actividades y sentarnos allí, conseguiremos que gran parte del trabajo de protección se haga naturalmente. Si se es terapeuta, hay que ser muy cuidadoso con la calidad de la habitación donde se trabaje: generalmente los grandes problemas surgen en malos lugares.

17.9 Cómo purificar una habitación

Si el lugar ha tenido malas vibraciones desde que fue construido, mi consejo es abandonarlo y encontrar otro sitio. Cierto porcentaje de las casas es inapropiado para la habitación humana, siendo esto un fallo de los arquitectos, no nuestro. A menudo, con sólo haber construido la casa unos cuantos metros más allá, se podrían haber evitado todos los problemas. Pero una vez la casa está en el sitio equivocado, es poco lo que podemos hacer.

Ahora bien, ¿qué pasa si una habitación tenía una atmósfera razonablemente buena y, de repente, sus vibraciones se han estropeado? A continuación expondremos una serie de sugerencias para restaurar la calidad de la energía.

- Encendamos incienso y velas de forma intensiva, en los cruces de líneas de tierra, durante unos cuantos días. Tradicionalmente, los chinos solían poner sacos de sal de roca en las esquinas de la habitación y «golpear» las paredes como para borrar su memoria (esto puede hacerse fácilmente con una toalla grande).
- Otro truco consiste en emplear una estufa y calentar la habitación, enfriándola después tanto como se pueda y alternando así cada varias horas. Este proceso es similar al de la purificación de las manos, en que alternábamos agua fría y caliente.
- Si nada de esto funciona, es probable que la habitación haya cogido un ente, es decir, una presencia no física indeseable, como un parásito. En este caso es mejor recurrir a un experto en la eliminación de entes.

Cuando nos traslademos a una nueva casa, siempre es recomendable pintar las paredes, quitando todo el papel pintado viejo y llevar a cabo alguna de las medidas antes mencionadas, para eliminar las vibraciones de nuestros predecesores.

17.10 Trabajo en armonía con el ciclo lunar

La energía varía de acuerdo con diversos ciclos. El más obvio es el ciclo de la Luna. Al desarrollar la sensibilidad, se hará evidente que la energía se sentirá de forma diferente hacia la Luna nueva que hacia la Luna llena. Hacia la Luna nueva todo se internaliza y se hace tranquilo; es el momento del retiro más hondo. Alrededor de la Luna llena hay una especie de explosión de la energía. Las hadas se ponen frenéticas y todos los pequeños elementales de la naturaleza están en plena actividad. Hay variaciones de un ciclo lunar a otro, en función de diversos factores, aunque podemos dar algunas recomendaciones básicas.[3]

El día de la Luna llena es muy bueno para meditar, para sintonizar con nuestros guías, para tener realizaciones espirituales..., pero es un mal día para el sexo. Además, en acupuntura se dice que no deberían usarse agujas en el día de Luna llena ni efectuar ninguna manipulación intensa de la energía (tal como una operación quirúrgica o ir al dentista), pues, caso de hacerlo, dañaríamos el cuerpo. En dicho día, todas las energías están intensamente externalizadas y, por consiguiente, deberíamos permanecer suaves y contenidos para evitar pérdidas de energía. La hiperactividad o un trauma podrían agotar nuestro depósito de energías más profundas.

17.11 Uso frecuente de agua corriente

En el apartado 4.12 describimos una importante técnica para eliminar energías negativas, mediante el lavado de las manos en agua corriente. ¡Empleémosla! Tan

3. Entre los factores a considerar está la posición de la Luna en las constelaciones, sus aspectos con los planetas y estrellas fijas, su posición al Norte o al Sur de la eclíptica, otros tránsitos planetarios...

pronto como sintamos una energía incorrecta en nuestras manos, no dudemos en eliminarla con agua. Si lo hacemos sistemáticamente, desarrollaremos una mayor sensibilidad y nos volvemos conscientes de cualquier energía negativa, tan pronto como se nos adhiera; ello nos permitirá tomar medidas para eliminarla antes de que pueda penetrar profundamente.[4]

A medida que desarrollemos la conciencia de las energías, surgirá una función esencial en el cuerpo etérico: la excreción. En la actualidad, la mayoría de la gente es apenas consciente de los movimientos en el interior de su etérico, y es incapaz de expeler a voluntad una energía. A pesar de todo, el desarrollo de dicha habilidad es crucial, especialmente (pero no únicamente) si se es un sanador o terapeuta de cualquier tipo.

17.12 Práctica: liberación de energías en los elementos

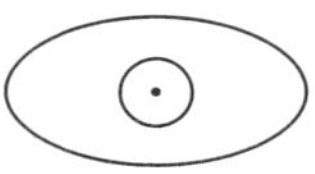

Permanezcamos inmóviles y conscientes de la vibración en el ojo. Respiremos con la fricción en la garganta y fortalezcamos la vibración durante 1-2 minutos.

Entonces hagámonos conscientes de la vibración por todo el cuerpo y conectémosla con el ojo. Empleémosla en la garganta para amplificar la percepción de la vibración por todo el cuerpo. En otras palabras, hagámonos conscientes de nuestro cuerpo etérico como un todo.

Pongamos nuestros brazos y antebrazos bajo el agua corriente, mientras permanecemos conscientes de la vibración por todo nuestro cuerpo etérico. Al mismo tiempo, abramos la boca y exhalemos con una vigorosa fricción en la garganta, y con intención. Liberemos tanta energía negativa como podamos en el flujo de agua corriente.

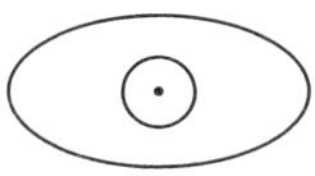

Repitamos el proceso de excreción etérica, esta vez usando la llama de una vela en vez de agua corriente.

Sentémonos frente a la llama de la vela. Fortalezcamos la vibración en el ojo. Hagámonos conscientes de la totalidad del plano de la vibración. Usemos la fricción en la garganta para amplificar la

4. Véase mi libro *Entities, Parasites of the Body of Energy* para un estudio más pormenorizado de las energías perversas.

vibración en el plano etérico y su conexión con el ojo. Coloquemos entonces las manos a cada lado de la llama.

Sintonicemos con el fuego. Del mismo modo que se asocia un flujo de energía descendente con el agua corriente, alrededor de la llama puede percibirse un flujo ascendente. Sintonicemos con este flujo. Mientras permanecemos conscientes de nuestra vibración etérica, mantengamos la boca muy abierta y exhalemos con una sonora fricción en la garganta, y con intención. Proyectemos cualquier energía negativa en el flujo ascendente. Sintamos nuestro etérico y liberemos en el flujo todo aquello que deseemos eliminar.

Continuaremos durante unos cuantos segundos, hasta un minuto como máximo.

Comentarios

Siempre que estemos cerca de una hoguera, no perdamos la oportunidad de poner en práctica esta técnica. Un gran fuego genera una energía que es muy superior a la de la vela, haciendo posible alcanzar un nivel de purificación elevado.

Esta misma técnica puede aplicarse para la liberación de energías en el viento y en la tierra.

Cuando estemos enfadados o agitados, nos beneficiará liberar nuestro fuego y nuestro aire en la tierra. Sentémonos sobre la tierra (¡tiene que ser suelo de tierra, no de cemento o de asfalto!). Sintonicemos con la presencia de la tierra. Sintamos nuestra vibración etérica. Pongamos las palmas de las manos planas, sobre la tierra. Abramos la boca. Pretendamos que somos dragones y exhalemos con una fuerte fricción en la garganta, y con intención. Permitamos la liberación.

Con el elemento tierra necesitaremos más tiempo que con el elemento fuego, por lo menos unos cuantos minutos.

Capítulo 18

PROTECCIÓN: SELLADO DEL AURA (1)

18.1 La reacción de luchar o huir

Antes de examinar las técnicas de protección, puede ser interesante observar lo que hace la naturaleza cuando quiere que estemos protegidos. ¿Cuál es la reacción natural, cuando la vida de un ser humano es amenazada por un gran peligro? Es la de «luchar o huir», mediante la descarga masiva de secreciones del sistema nervioso simpático, entre ellas la adrenalina. La presión arterial se incrementa, el corazón late más rápida y fuertemente, y tiene lugar una serie de cambios fisiológicos drásticos, los cuales acrecientan la fuerza muscular y la actividad mental. De repente, estamos completamente despiertos.

¿Qué significa esto, en términos de cuerpos sutiles? Recordemos lo que vimos en el apartado 13.5: cuando el cuerpo astral (plano de la conciencia mental y de las emociones) está flotando, separado de los cuerpos físico y etérico, estamos dormidos o somnolientos, o en un estado profundo de meditación. Todo está muy relajado en el cuerpo físico y el cuerpo etérico se encuentra, hasta cierto punto, dilatado y expandido.

Por lo que hemos descrito hasta ahora, es fácil concluir que, en la reacción de «luchar o huir», tiene lugar exactamente el hecho contrario. El cuerpo astral se introduce fuertemente en los cuerpos físico y etérico y ejerce su acción, lo cual tiende a hacer que todo se contraiga.

Por supuesto, no sería apropiado efectuar una fuerte descarga de adrenalina cada vez que deseemos inducir protección psíquica. No obstante, es importante observar que, en términos de cuerpos sutiles, la respuesta natural cuando se precise protección física será un vigoroso impacto del cuerpo astral en los cuerpos físico y etérico.

18.2 Sellado del aura: cuándo y por qué

Siempre estamos intercambiando energías con nuestro entorno, del mismo modo que inhalamos y exhalamos aire, ingerimos líquidos y comida, y evacuamos orina y heces. En el presente marco de existencia, no es posible la vida sin intercambio, pero esto no significa que debamos ingerirlo todo. Por ejemplo, ¡inhalemos suficiente monóxido de carbono, o traguemos un poco de cianuro, y nuestro cuerpo físico morirá! Así como algunas sustancias físicas son venenosas para el cuerpo físico, algunas energías etéricas y astrales también lo son para nuestros cuerpos sutiles. Análogamente, del mismo modo que las pérdidas crónicas de sangre agotan el cuerpo físico, una pérdida de energía etérica puede vaciar nuestras reservas de fuerza vital y dejarnos deprimidos, cansados y enfermos, incluso aunque un examen médico no revele nada.

La compañía de determinadas personas por ejemplo, lnos deja agotados. Pasemos con ellas sólo media hora, o incluso menos, y de repente nos sentiremos cansados y menos alegres, por no decir medio deprimidos. Estábamos ligeros y ahora nos sentimos pesados; estábamos contentos y ahora nos sentimos rendidos. Es muy probable que haya tenido lugar una pérdida de energía, una especie de vampirismo de nuestra fuerza vital. Todo este proceso es en verdad un despilfarro, ya que generalmente la persona que nos drena la energía, ni siquiera recibe dicha energía que hemos perdido. Lo que tiene lugar es más una disipación que una transferencia.

El problema puede llegar a ser acuciante para los terapeutas, sobre todo —aunque no únicamente— cuando hay contacto físico, como en el masaje. Muchas personas que aprenden masaje y que al principio se dedican a ello con entusiasmo, acaban abandonándolo tras dos o tres años de práctica, sencillamente porque no son capaces de protegerse a sí mismas y acaban demasiado vacías. Otra situación de alto riesgo de vampirismo se da cuando tenemos que tratar con mucha gente, por ejemplo si vendemos billetes de tren en una estación, o pan en una tienda. La necesidad de una técnica para sellar el aura es obvia.

¿Cómo saber cuándo se ha absorbido una energía negativa? Éste es, precisamente, uno de los problemas: la mayoría de las personas no se dan cuenta de ello cuando sucede, pues son completamente inconscientes de sus energías. Podemos fácilmente llegar a la conclusión de que **percepción y plena conciencia son los primeros pasos hacia la protección real**. Si no somos capaces de sentir lo que ocurre en una habitación al nivel de la energía, caminaremos por la vida como si fuésemos ciegos tratando de cruzar un bosque lleno de ciénagas. Por lo tanto, todo el trabajo que se sugiere en el presente libro, desde las circulaciones energéticas hasta la visión de auras y la exploración de líneas de tierra, será el primer paso a fin de lograr una protección genuina. Por ejemplo, algunas casas que en el pasado nos hubieran parecido normales, ahora serán reconocidas como sospechosas en cuanto traspasemos la puerta de entrada. Entonces, podremos ponernos en guardia, sellar nuestra aura y tomar cualquier otra precaución necesaria.

18.3 Apertura y cierre del aura: práctica introductoria

Una habilidad importante que conviene desarrollar es la capacidad de reconocer cuán abierta o cerrada está nuestra aura y, más adelante, la de modificar dicho equilibrio a voluntad.[1] Por ejemplo, inmediatamente después de una práctica nocturna o una meditación profunda, o bien cuando estamos flotando y «expandidos», nuestra aura está muy abierta. Hemos visto anteriormente que la reacción de «luchar o huir» cierra nuestra energía. No obstante, estamos buscando algo que sea menos pesado o tenso. A continuación veremos un ejercicio destinado a introducirnos en el arte de sellar el aura.

1. Aura es un término vago. En el presente contexto debería tomarse como todas las energías etéricas y astrales, dentro y a nuestro alrededor.

• *Fase 1*
Apertura

Nos sentaremos en postura de meditación sobre una alfombra o una silla. Mantendremos los ojos cerrados a lo largo de toda la práctica. Comenzaremos meditando, yendo a través de las distintas fases de la primera técnica: fricción y vibración en la garganta, vibración en el ojo, luz en el ojo, el espacio púrpura (apartado 3.7).

Tras 5-10 minutos, nos haremos conscientes por encima de la cabeza. Permaneceremos «solamente conscientes» del espacio, flotando por encima de la cabeza; sin hacer nada, sólo estando conscientes. Nos dejaremos esparcir por encima de la cabeza.

Entonces trataremos de sentir los límites de nuestra aura. ¿Hasta dónde se extiende nuestra energía? ¿Podemos sentir la presencia de objetos a nuestro alrededor (incluso aunque no podamos verlos)? Si hay otras personas en la habitación, ¿podemos sentir su presencia dentro de nuestro propio espacio? ¿Cómo se mezcla nuestra aura con las personas y objetos a nuestro alrededor? ¿Podemos incluso tener una sensación de las paredes del cuarto? ¿Cuán densa sentimos nuestra aura? Sintonicemos con la energía, dentro y alrededor de nuestro cuerpo. ¿Sentimos nuestra energía espesa o esparcida? Sigamos explorando en todas direcciones durante algunos minutos, con una conciencia abierta por encima de la cabeza.

• *Fase 2*
Sellado

Ahora volveremos a enfocarnos en el entrecejo. Comenzaremos a respirar con una marcada fricción en la garganta y fortaleceremos una fuerte vibración en el entrecejo.

Vibración, luz y espacio en el ojo corresponden a tres niveles de creciente profundidad de la experiencia. Cuando estamos en el espacio, estamos más hondamente en la conciencia astral que cuando estamos viendo colores. Y cuando estamos viendo colores, estamos más profundamente en la conciencia astral que cuando sentimos la vibración.

Ahora es el momento de despertar una vibración intensa en el ojo. Puede que haya alguna luz; pero una luz espesa y que vibra intensamente, ¡no una luz que flota suavemente! No nos dejaremos difuminar por el espacio.

Frotaremos las manos durante unos segundos, tras lo cual permaneceremos inmóviles con las palmas boca arriba. Sentiremos la vibración en las manos, como en el trabajo de las circulaciones energéticas (capítulos 4 y 6). Conectaremos la vibración en las manos con la vibración en el ojo. Al frotar las manos, despertaremos en el ojo una vibración muy «física» y anclada a tierra, que es exactamente lo que pretendemos. Mantendremos la fricción en la garganta para beneficiarnos de su efecto amplificador. Entonces, trataremos de sentir por todo el cuerpo la misma vibración intensa.

Ahora intentaremos obtener otra vez una sensación de los límites del aura. ¿Hasta dónde se extiende? ¿Podemos sentir todavía los límites de la habitación? ¿Podemos todavía «tocar» con nuestra aura a las demás personas y objetos que están en la habitación?

Luego sentiremos la densidad del aura. Nos haremos conscientes de la energía, dentro y fuera de nuestro cuerpo físico. ¿Es tan fluida como antes? Pasaremos un par de minutos explorando, manteniendo una fuerte vibración en el ojo y la fricción en la garganta.

Comentarios

Una experiencia muy corriente, cuando se hace esta práctica, consiste en sentir (en la primera fase) que nuestra aura es mucho más ancha, más abierta y diluida. En la segunda fase, el aura se percibirá como más pequeña, espesa y cerrada a las influencias externas. En la segunda fase ya no podremos sentir los límites de la habitación, ni «tocar» a las otras personas u objetos con nuestra aura, sencillamente porque nuestra aura es más compacta y no se extiende tanto como antes. Obviamente, en la primera fase el aura está más abierta que en la segunda.

Cuando nuestra aura esté completamente abierta puede surgir otra sensación: no es infrecuente sentirnos más arriba, como si estuviéramos fuera del cuerpo. También podemos tener la sensación de que nuestra energía se alargue hacia arriba y se estire como un malvavisco.

En caso de que el aura esté cerrada y recogida, podemos a veces tener la sensación de que nuestro cuerpo quiera inclinarse hacia el frente, doblando la espalda y con los hombros hacia delante.

¿Cómo opera este mecanismo de cierre y apertura del aura? No es nada más que una demostración práctica del poder de contracción del cuerpo astral. En la primera fase, cuando estamos flotando en el espacio, cuando apenas podemos sentir nuestro cuerpo físico, nuestro cuerpo astral está medio dentro y medio fuera de los cuerpos físico y etérico. Lo lejos que nuestro cuerpo astral pueda ir dependerá de la profundidad con que podamos meditar. En algunos estados de meditación profunda, semejantes a los estados de *samadhi* de la tradición hindú, estaremos completamente fuera. Otra situación de retirada completa del cuerpo físico, tiene lugar cuando hemos construido nuestros cuerpos sutiles hasta el punto de ser capaces de viajar astralmente.

Por otra parte, cuando despertemos una fuerte vibración física en el ojo, cuando podamos sentir que la vibración esté fluyendo por nuestras manos y por todo el cuerpo, estará teniendo lugar exactamente lo contrario. Nuestro cuerpo astral estará completamente impactado dentro de los cuerpos físico y etérico. Por lo tanto, como causa de la acción constrictora del cuerpo astral, nuestra aura se sellará y será mucho más impermeable a las influencias externas. (Esto permite comprender con claridad por qué resulta tan difícil dormir cuando se está experimentando una fuerte vibración en el ojo.)

Ahora bien, quiero dejar claro lo siguiente: no estoy sugiriendo que una de las condiciones de la energía —la abierta y la cerrada— sea superior a la otra. Decir esto sería como apoyar la idea de que dormir es superior a estar despierto, o viceversa. Hay dos fases de la existencia, cada una de las cuales es tan indispensable como la otra. La vida no puede florecer sin la sucesión alternativa de dormir y estar despierto, siendo maestro aquel que pueda estar completamente abierto en unas ocasiones y completamente cerrado en otras.

Sin embargo, hay ocasiones en que una de estas dos condiciones es inadecuada. Por ejemplo, si nos dormimos cada vez que llegamos al trabajo y estamos totalmente despiertos cada vez que nos metamos en la cama, tenemos un problema. Análogamente, si dejamos que nuestra aura esté demasiado abierta cuando estemos haciendo tiempo en una estación de tren atestada de gente, o visitando a un amigo en un hospital, podremos recibir toda clase de influencias negativas. Incluso podremos llegar a enfermar, pues puede haber un gran desfase entre la contaminación de nuestra energía y el inicio de la enfermedad, y no seremos capaces de conectar la causa con el efecto. Un principio fundamental es:

Siempre que precisemos protección, hemos de estar completamente dentro del cuerpo, ¡y no flotando por arriba!

18.4 Protección mediante la presencia en el ojo

Llegados a este punto, deberíamos corregir una falsa noción, por otra parte muy difundida. Podremos oír comentar a la gente que una apertura psíquica nos puede dejar más vulnerables a las energías e influencias negativas. Si estamos siguiendo un entrenamiento completo, en el que aprendemos a cerrar nuestra energía así como a abrirla, no hay nada más falso. ¡Tiene lugar exactamente lo contrario! Debido a nuestra percepción acrecentada, podremos detectar inmediatamente cuándo necesitamos protección. Gracias a nuestro dominio de la energía, podremos lograr dicha protección mediante el sellado del aura. Además, cuanto más progresemos, más automáticamente tenderá a suceder el sellado de nuestra aura, tan pronto como nuestro Ser Superior sienta que una potencial energía negativa se aproxime a nuestro campo. Así, acabaremos siendo naturalmente protegidos de toda suerte de energías negativas, aquellas que el hombre de la calle está inconscientemente recogiendo todo el tiempo.

Por supuesto, si estuviéramos siguiendo una enseñanza que nos mostrara únicamente cómo abrir nuestra aura y flotar por encima, podríamos llegar a ser más vulnerables. Éste podría ser el caso si tratáramos de convertirnos en psíquicos de trance mediúmnico y hacernos «transparentes», de modo que pudiéramos coger ideas y corrientes de influencias. Este sería también el caso si siguiéramos un camino espiritual en que todo estuviera diseñado para eliminar nuestro anclaje terrenal: comer muy poco y siempre alimentos muy ligeros, levantarse antes del amanecer (con lo que se permanecería medio dormido durante todo el día), cultivar un estado de mente «por las nubes»...

Tales métodos pueden ser apropiados si se está retirado del mundo, viviendo en un monasterio o meditando en una cueva. Pero, a menos que se pasara la vida en un entorno recluido, nos dejarían expuestos y desprotegidos.

Las técnicas de Clairvision se han diseñado para quienes viven en el mundo. Ésta es una de las razones por las que la primera técnica del presente libro apunta a despertar la vibración en el tercer ojo. Al aprender a mantener una vigilancia permanente en el ojo, construiremos un maravilloso escudo contra las energías negativas y, al mismo tiempo, desarrollaremos nuestra sensibilidad e intuición.

18.5 El centro de la voluntad

Existe un centro de energía que se localiza aproximadamente unos 3 centímetros por debajo del ombligo, el cual será de gran valor siempre que precisemos protección. Se corresponde con el área de los puntos de acupuntura concepción 5 y concepción 6, y está relacionado con el *hara*, foco donde se aprende a concentrar la energía en las artes marciales.

Si exploramos con los dedos unos 3 centímetros por debajo del ombligo, hallaremos una depresión, como una muesca justo en el centro de la pared abdominal. El centro de la voluntad está más o menos situado alrededor de dicha muesca, la cual —a veces— se siente con más facilidad cuando se contraen los músculos abdominales. Si hay mucho tejido adiposo en dicha zona, puede hacerse muy difícil encontrarla.

¿Cuáles son las funciones de este centro? Es un lugar en el que se almacena un extraordinario potencial de energía. Por ejemplo, el nombre chino para el punto de acupuntura concepción 6 es *qi hai*, que significa «mar de energía».[2] Mediante un entrenamiento adecuado, esta energía puede hacerse disponible para el cuerpo físico.

Otra función fundamental de este centro es el anclaje físico a tierra. El nombre del punto de acupuntura concepción 5 es *shi men*, que quiere decir «puerta de piedra». Ésta es la piedra angular, sobre la cual todo podrá ser establecido, del mismo modo que el apóstol Pedro era la roca sobre la que pudo ser fundada la Iglesia (la palabra latina para piedra es *petra*).

---

2. En *qi hai*, la palabra qi significa energía etérica. *Qi* es el equivalente exacto en chino de la palabra sánscrita *prana*. En un sentido estricto, solamente concepción 5 puede considerarse como el *hara*. En la práctica, los chakras no son puntos, sino más bien zonas o, más exactamente, espacios.

El centro por debajo del ombligo es el centro de la voluntad. Esto es aplicable tanto a la voluntad común como a la voluntad sobrenatural del mago que puede realizar acciones más allá del alcance normal de las leyes de la naturaleza. Es asimismo en esta área donde los alquimistas taoístas trabajan en la estructuración del embrión de la inmortalidad, un cuerpo nuevo compuesto de materia (no física) inmortal, con el que podrán partir y mantener existencia consciente tras la muerte física.

Este centro es, por consiguiente, esencial en el trabajo de alquimia interior. Pero, aparte de la alquimia, en la vida diaria hay una serie de circunstancias en que podremos beneficiarnos mucho de mantener el foco de la conciencia en dicho centro:

- Cuando precisemos estar físicamente fuertes, para realizar una tarea que requiera esfuerzo.
- Cuando necesitemos estar psicológicamente fuertes y asertivos, como cuando negociamos en una subasta. Cuando precisemos exhibir autoridad o resistir la autoridad de una persona dominante. Cuando necesitemos defendernos, resistiendo a personas agresivas y permaneciendo tranquilos al mismo tiempo.
- Cuando necesitemos protegernos de energías negativas, como por ejemplo en un hospital, o en un tipo de entorno semejante, altamente contaminado y energéticamente peligroso.
- Cuando estemos cansados y débiles.
- Los taoístas también sugieren que se trabaje en este centro para restaurar las energías tras haber concebido una criatura, los hombres, o tras haber dado a luz, las mujeres.

18.6 Prácticas para despertar y fortalecer el centro de la voluntad

Nos sentaremos en postura de meditación. Cuando trabajemos en el desarrollo del centro por debajo del ombligo, una buena postura consiste en sentarse sobre las rodillas, con las nalgas sobre los talones, o bien con las nalgas entre los talones, en cuyo caso la postura se convierte en la *vajrahana* del hatha-yoga (véase figura en página siguiente). Aunque la práctica puede realizarse sin ningún problema sentado en una silla, siempre que se mantenga la espalda bien recta y vertical.

Contraeremos ligeramente los músculos abdominales y haremos masaje en el punto que está unos 3 centímetros bajo el ombligo, mediante la rotación del extremo del dedo medio (entre los dedos índice y anular) en la muesca, si se ha podido encontrar, o sencillamente 3 centímetros bajo el ombligo. Continuaremos durante medio minuto, más o menos, y pararemos. Entonces trataremos de sentir la vibración en dicha área.

Frotaremos las manos durante unos segundos y las mantendremos planas, una sobre otra, paralelas al abdomen y separadas unos 2-3 centímetros del centro de la voluntad (véase la figura).

Comenzaremos a respirar con la fricción en la garganta y la conectaremos con el cosquilleo en el área del entrecejo. Fortaleceremos una fuerte vibración en el ojo durante 2-3 minutos. Entonces, manteniendo la fricción en la garganta, nos haremos conscientes de la vibración en el centro de la voluntad, 3 centímetros por debajo del ombligo, donde sentíamos la vibración tras hacernos el masaje. Conectaremos la fricción en la garganta con el centro de la voluntad, para fortalecer la vibración.

Sintamos la vibración en las manos y en el centro de la voluntad. En la posición en que se encuentran las manos, éstas actúan como reflectoras y concentran la vibración.

Continuaremos con la práctica durante unos minutos, reforzando la vibración 3 centímetros por debajo del ombligo mediante la fricción en la garganta y la acción reflectora de las manos.

18.7 Práctica: conciencia ojo-vientre

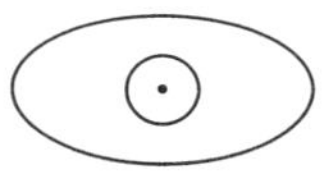

Nos sentaremos en postura de meditación, con los ojos cerrados. Comenzaremos respirando con la fricción en la garganta, fortaleciendo la vibración en el ojo durante 2-3 minutos. Entonces practicaremos, estando conscientes de la vibración tanto en el ojo como en el centro de la voluntad. Mantendremos la fricción en la garganta para amplificar la vibración y conectar ambos centros.

Al principio podremos establecer una especie de vínculo entre los dos centros. A medida que avancemos, tratemos de **anclar** el ojo en el abdomen. Recordemos: no hay que imaginar, no hay que visualizar. La experiencia es bastante tangible, como si nuestro ojo estuviera anclándose a tierra, enraizado en la vibración del centro de la voluntad.

Continuaremos durante unos minutos, fortaleciendo la vibración en ambos centros y conectándolos.

Entonces abriremos los ojos y comenzaremos a mirar algunos objetos a nuestro alrededor, uno tras otro. Permaneceremos sumamente inmóviles, conscientes tanto en el ojo como debajo del ombligo. Está el objeto, está el hecho de ver y está la vibración en el ojo y debajo del ombligo.

Cuando hacíamos la práctica de mirar objetos y estar conscientes en el ojo, notábamos que surgía espontáneamente un cierto centramiento (véase el apartado 9.1). Ahora no es únicamente centramiento, sino que también experimentaremos anclaje a tierra. Al estar tanto en el ojo como en el abdomen, automáticamente nos sentiremos más sólidos, más densos, menos inclinados a flotar siguiendo la dirección del primer soplo de aire. Es como si estuviéramos formando un agujero más denso en el espacio físico.

Consejos

Si practicamos lo suficiente, esta técnica nos pondrá más en contacto con nuestro propio poder. Puede recomendarse a personas que sufran de baja autoestima y necesiten desarrollar su asertividad.

Con estas técnicas de anclaje a tierra, he experimentado resultados muy alentadores al trabajar con personas que bordeaban la esquizofrenia. Debido a la naturaleza de su enfermedad, ciertos pacientes esquizofrénicos son atrapados por un torbellino de percepciones extrasensoriales, las cuales a veces son genuinas, si bien totalmente fuera de control, y que, por lo tanto, generan una terrible ansiedad, si no pánico. Al enseñar a los esquizofrénicos a anclarse vigorosamente a sí mismos cuando sentían aproximarse un *flash* de delirio, a veces eran capaces de evitarlo y mantenían así su lucidez.

18.8 Práctica: caminando desde el vientre

Reléase el apartado 12.8 para la descripción de esta técnica. Sobre la base del trabajo de anclaje que acabamos de realizar, ahora deberíamos ser capaces de caminar desde el vientre de una manera mucho más convincente.

18.9 Práctica: estimulando el fuego

No es preciso estar en postura de meditación para este ejercicio, si bien es preferible estar sentado. Como en todas las situaciones de la vida, es preferible mantener la espalda recta, vertical. Nos haremos conscientes en el ojo y en el centro de la voluntad. Nos haremos conscientes de la respiración y respiraremos solamente desde el abdomen. Respiración abdominal quiere decir que, cuando inhalamos y exhalamos, no se mueve nada en el pecho. Cuando inhalamos solamente se mueve hacia delante nuestro abdomen y la caja torácica permanece inmóvil.

Permaneceremos conscientes de la respiración y, durante 1-2 minutos, nos quedaremos observando cualquier movimiento del tronco, al objeto de asegurarnos que no se mueva nada aparte del abdomen.

Entonces procederemos del siguiente modo: mantendremos una respiración puramente abdominal, sin movimiento alguno del pecho. Pero con cada inhalación contraeremos los músculos abdominales, operando una contrapresión. Cada vez que exhalemos, lo relajaremos todo.

Respiraremos siguiendo nuestro ritmo normal. La intensidad de la respiración será la usual, o algo más profunda.

Cada vez que inhalemos, contraeremos los músculos de la pared abdominal y fortaleceremos la presión en el vientre. Cuando exhalemos, relajaremos todos los músculos.

Permanezcamos conscientes de la vibración en el ojo y en el centro de la voluntad y continuemos con la misma respiración durante media hora, o incluso más si deseamos.

Comentarios

Esta práctica puede parecer simple, pero, no obstante, así puede despertar una energía considerable.

Se recomienda la práctica regular de este ejercicio a quienes encuentren difícil recurrir a la energía asertiva del centro de la voluntad.

Inténtese el presente ejercicio justo antes de un examen, para combatir la ansiedad y despertar la energía que se requiere.

También es notablemente eficaz tras una comida pesada, o siempre que estemos bordeando la indigestión. Por un lado, se produce una acción mecánica, como un masaje interno que acelera el vaciado del estómago y de los intestinos. Por otro, ocurre una poderosa estimulación del fuego digestivo, mediante la activación de los centros de energía abdominales.

Capítulo 19

EJERCICIOS PARA BEBÉS

19.1 El aura de una mujer embarazada

El aura de una mujer preñada es una de las más fáciles de ver, puesto que es particularmente luminosa y está llena de oro. Esto explica por qué una mujer preñada despierta con frecuencia un sentimiento de respeto, si no de admiración. Incluso aunque las personas a su alrededor no sean capaces de ver su aura conscientemente, de modo inconsciente registrarán algo de la energía dorada, que les impresionará.

Por lo tanto, siempre que nos encontremos en presencia de una mujer embarazada, hemos de aprovechar la oportunidad para practicar el triple proceso de visión. El color dorado en el aura indica que la mujer embarazada está intensamente conectada a seres espirituales elevados, los cuales fomentan y apoyan al embrión. El embarazo es, pues, un momento privilegiado para el crecimiento espiritual. Es un momento para hacer mucha meditación y lecturas iluminadas, así como para trabajar en el desarrollo de la intuición y de la percepción. Aparte del hecho de que el bebé es extremadamente sensible a los pensamientos y emociones de la madre, y es muy influenciable por los mismos, un foco espiritual durante el embarazo puede asimismo brindar grandes cambios interiores en la madre.

Mientras examinamos la energía de las mujeres embarazadas, permítaseme mencionar la gran dificultad que parece existir en la determinación clarividente del sexo del bebé. Debo mencionar que he visto confundirse reiteradamente en este punto a grandes clarividentes. Uno de los motivos es, probablemente, que se sintoniza con el cuerpo astral del bebé y, por tanto, lo que se ve está más relacionado con la vida anterior del bebé que con su presente encarnación. Así pues, incluso en el caso de que se perciba una clara determinación del sexo, será bastante difícil saber si es aplicable a la presente vida o a la anterior. Además, las almas que están encarnando en la actualidad llegan con mucho más de las dos polaridades —masculina y femenina— en su cuerpo astral que hace varios siglos, lo cual no simplifica el ejercicio. Si se acepta un consejo amistoso, es mejor no poner en juego la propia reputación como clarividente en una apuesta de esta clase. ¡Podríamos acabar errando más del 50 % de las veces![1]

19.2 El aura de un recién nacido

El aura de un recién nacido es intensamente luminosa, lo cual puede relacionarse parcialmente con que, por un tiempo, el bebé mantiene algo de la luz de los ángeles que han asistido en el proceso de nacimiento. La fuerte participación de la jerarquía de los ángeles en todo lo que es relativo al nacimiento, hace que un parto sea una experiencia de conciencia de lo más fascinante. Alimenta el espíritu de todos los que están presentes. Yo recomendaría a todos los buscadores espirituales que aprovecharan cualquier oportunidad que se presente para estar en un parto.

En el proceso de la alquimia interior, cuando se trabaja en la construcción del cuerpo de inmortalidad, uno de los principales problemas es que ciertos planos deben hacerse a partir de una materia y materiales (no físicos) muy especiales, los cuales no pueden hallarse en lugar alguno de nuestros entornos astral y etérico habituales. Con que se tenga solo un poco

1. Esta dificultad en la determinación del sexo del bebé también puede relacionarse con que en astrología existe, clásicamente, una cosa que nunca se puede averiguar en una carta: el sexo de la persona. Poseyendo la fecha de nacimiento podremos descubrir muchas características y hechos mediante el estudio de la carta, aunque nunca el sexo.

de dichas sustancias, se podrá hacer que crezcan de la misma forma que un cristal puede crecer a partir de un núcleo primario. Pero obtener este primer núcleo es una tarea bastante difícil, para la cual deberemos buscar la cooperación de ciertos ángeles. Al ser más avanzados, los cuerpos de los ángeles están rebosantes de dichas sustancias. Si podemos sintonizar con ellos de determinada manera, la nueva materia descenderá hacia nosotros como lo hizo el Espíritu Santo sobre los apóstoles en Pentecostés. Esto no se puede improvisar, claro está. Se requiere un corazón puro y una técnica precisa. Pero, cualquiera que sea nuestro nivel, sólo unos segundos de proximidad a los seres de las jerarquías más elevadas demostrarán ser una inmensa fuente de inspiración.

Aparte del toque de los ángeles, durante los primeros 10-15 días sobre la Tierra el bebé todavía está saturado con las refulgentes impresiones astrales procedentes del viaje que acaba de completar a través de los mundos intermedios. Esto puede percibirse en forma de imágenes extremadamente vívidas, las cuales fluirán en nuestra conciencia tan pronto como sintonicemos con el aura del bebé. Recibiremos visiones claras de dónde procede el bebé: espacio, mundos entre la muerte y el renacimiento, y también, posiblemente, su última encarnación. El bebé está desbordante de imágenes astrales. Lo único que hay que hacer es sintonizar con él, y las impresiones se precipitarán en nuestro campo de visión.

19.3 Los bebés están muy conscientes en su ojo

Los bebés son completamente psíquicos. Un modo sencillo y espectacular para convencernos de este hecho, consiste en permanecer muy enfocados en el tercer ojo mientras estemos en la compañía de un bebé (menor de un año). Nos asombrará lo sensible que es el bebé a cualquier mensaje que le enviemos a través del ojo.

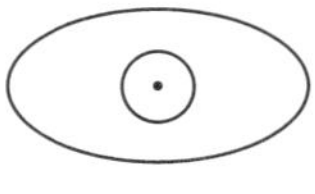

Practicaremos del siguiente modo: cada vez que el bebé comience a llorar, o a expresar alguna insatisfacción, iremos directamente al ojo y sintonizaremos con el del bebé. Nos sorprenderá la frecuencia con que obtendremos una respuesta clara: de inmediato, el bebé cesa de gritar y nos dice lo que no le gusta, directamente, de ojo a ojo. Incluso aunque las quejas no cesen por completo, habrá una respuesta y el bebé hará «acuse de recibo» de que ha sido efectuado el contacto.

Muchos bebés se irritan al no ser capaces de comunicarse con su entorno a un nivel psíquico. Tratan de expresar un amplio abanico de sentimientos, pero parece como si nadie notara nada. Es una experiencia bastante deprimente. Cualquier psicólogo se alarmaría si oyera que un niño fuera privado de contacto o estimulación físicos. Pues bien, cuando se abra nuestra visión, inmediatamente nos daremos cuenta de que eso es lo que le sucede a la mayoría de bebés, aunque a otro nivel.

Por consiguiente, un primer paso hacia una forma más iluminada de criar bebés consistirá en mantener la vigilancia en el ojo y ser receptivos a cualquier señal que puedan enviarnos. Tan pronto como el bebé vea que respondemos, se desarrollará una mayor armonía entre ambos. Además, el bebé empleará cada vez más su ojo para comunicarse con nosotros.

19.4 Observar cómo se duerme un bebé

En los capítulos acerca de la práctica nocturna, se describía como se atraviesa el umbral crítico entre estar despierto y dormido al menos dos veces diarias y que, no obstante, la mayoría de seres humanos no obtiene beneficio alguno de ello. Los bebés, al vivir con una elevada intensidad psíquica, están más en contacto con este misterio. Por lo tanto, nos beneficiaremos de estar en el ojo y en el corazón, sintonizando con el bebé cada vez que éste atraviese el umbral. Trataremos de sentir y participar del estado de conciencia que experimenta el bebé mientras se queda dormido, y así podremos llegar a familiarizarnos más con la experiencia del umbral.

Cuando nos quedamos dormidos, nuestro cuerpo astral (CA) y el Ego se retiran del cuerpo físico (CF) y el cuerpo etérico (CE). El complejo superior (CA + Ego) se separa del complejo inferior (CF + CE). El complejo superior (CA + Ego) se va a viajar durante la noche y el complejo inferior (CF + CE) se queda en la cama.

Aunque, para la mayor parte de los adultos, el complejo superior no puede separarse por completo del inferior. Es como una articulación que se queda un poco rígida con el tiempo. Así, a menos que lleguen a dominar la práctica nocturna, la mayoría de los adultos nunca alcanzan la profundidad del sueño que solían experimentar cuando eran niños. La situación suele ir deteriorándose: las personas mayores se despiertan varias veces por la noche y raras veces se sienten completamente frescas por la mañana. Esta lenta separación del complejo superior (CA + Ego) del inferior (CF + CE), explica por qué no es tan fácil observar a un adulto dejando su cuerpo por la noche al dormirse.

Por otro lado, en los niños pequeños dicha disociación es rápida e intensa. Por consiguiente, si dirigimos nuestra visión a un niño que se esté quedando dormido, podremos ver con bastante claridad el complejo superior abandonando el inferior. En otras palabras, es impresionantemente fácil ver a nuestro bebé fuera del cuerpo (lo cual está lejos de ser el caso en lo que respecta a los adultos).

Los bebés son notablemente buenos viajando astralmente. Tan pronto como se quedan dormidos se proyectan en el espacio. Debido a la intensa luz que impregna su cuerpo astral, no resulta muy difícil seguirlos de modo clarividente en las primeras etapas de su viaje, inmediatamente después de que han dejado su cuerpo físico. Cada vez que nuestro bebé se duerma, estemos muy sintonizados con él y... ¡veamos!

Recuerdo un bebé de un año que yo estaba cuidando, el cual solía confundirme todo el tiempo. Lo ponía a dormir, lo cual nunca es muy fácil a dicha edad. Entonces salía de puntillas de su habitación, confiando en que no se despertaría muy pronto. Con frecuencia, tan pronto como me dejaba caer en un sillón (cuidar bebés es un trabajo agotador), lo veía caminar por la puerta del salón. Durante un segundo pensaba: «¡oh, no! ¡otra vez, no!», y entonces me daba cuenta con alivio deque no era el cuerpo físico del bebé, sino su cuerpo astral. Lo que quiero decir es que el bebé todavía estaba profundamente dormido en la cuna. Es, en verdad, de lo más normal que los bebés se acerquen a decir hola nada más quedarse dormidos, en la primera etapa de su viaje astral. Y entonces nosotros, o bien los perdemos, o bien los seguimos hasta muy lejos, en función de nuestros propios talentos como viajeros en el espacio astral.

Es bastante raro ver el cuerpo astral de un adulto, con tanta claridad y rapidez, tras quedarse dormido éste. La persona debería estar notablemente entrenada y sus cuerpos sutiles muy desarrollados, construidos y «cristalizados». Aparte de los iniciados, la separación del cuerpo astral de los adultos durante el sueño es generalmente mucho más gradual y, de algún modo, vaga.

19.5 Nuestro bebé como maestro de meditación

Por definición, el cuerpo físico está hecho de materia física y, por lo tanto, sujeto a la gravedad. La gravedad es una característica esencial del plano físico. Cuando regresemos de un largo viaje por los planos astrales y espirituales, sentir la gravedad será señal de que nos estamos aproximando al plano físico. Comenzaremos a sentirnos pesados y sabremos que ya no estamos lejos del mundo físico. Solo hemos de dejarnos caer un poco más para estar de vuelta en nuestro cuerpo físico.

Si los bebés son tan buenos viajando astralmente es porque su complejo superior (CA + Ego) está dotado de una fantástica energía de levedad, o antigravedad, la cual los proyecta hacia arriba o se quedan dormidos. Hay mucho que aprender de esta energía que mueve hacia arriba, la cual es afín al *udana-vayu*, altamente alabado en los textos sánscritos.[2] La presencia de esta energía de levedad también puede relacionarse con el hecho de que los bebés están saturados con la luz de los ángeles. La antigravedad es tan natural para los ángeles como la gravedad para el mundo físico. Dicho llanamente, uno se convierte en ángel cuando llega a ser capaz de caerse hacia arriba.

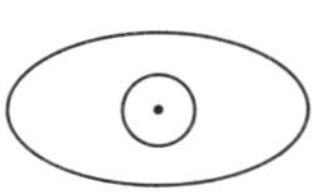

Para beneficiarnos de esta energía tan especial y dar un empujón a nuestras prácticas de meditación, procedamos de la siguiente manera: cuando nuestro bebé esté a punto de quedarse dormido, mantengámoslo en nuestros brazos. Dejemos que el bebé se quede dormido en nuestro pecho. Estemos conscientes en el ojo y en el corazón, como se ha explicado a lo largo del presente

---

2. La literatura sánscrita divide *prana*, o energía etérica, en cinco *pranas* mayores y cinco menores. Estas diez formas diferenciadas de la energía etérica son también a veces denominadas los diez *vayus*, que significa literalmente «vientos». Uno de los cinco *pranas* mayores se llama *udana*, o *udana-vayu*, y está a cargo de todos los movimientos hacia arriba del cuerpo.

libro; pero no estemos enfocados en el ojo con demasiada fuerza, pues podría ser excesivamente intenso para el bebé. Limitémonos a mantener una conciencia suave, un ligero foco en el entrecejo, y conectemos con el bebé.

Siempre que tengamos un niño muy pequeño (hasta quince meses) en nuestro pecho, tendrá lugar una mezcla natural de energías. En cuanto el bebé esté en nuestros brazos, la frontera entre su etérico (plano de la vibración) y el nuestro dejará de ser clara. Tratemos de ser conscientes de este proceso de fusión.

Ahora bien, si en el mismo momento en que el niño se duerma sintonizamos con él, también podremos ser proyectados hacia arriba. Ésta es una gran ocasión para meditar. Lo único que hay que hacer es sintonizar, permitir que seamos elevados hacia la luz. Es como «caer hacia arriba» en la luz. El efecto de elevación es inmediato y ocasiona una expansión de la conciencia que posibilita alcanzar un elevado nivel de meditación. Conforme nos familiaricemos con dicha energía y aprendamos a fluir con la misma, el efecto se hará cada vez más claro. Si se está trabajando en la proyección astral, esta experiencia será de gran ayuda.

19.6 Unas palabras para los viajeros astrales

Por lo que hemos visto hasta ahora, debe haber quedado meridianamente claro que, si viajar astralmente es una de nuestras grandes preocupaciones en la vida, podremos aprender mucho de los bebés.

Los seres humanos se encuentran actualmente en una condición por la que están tan encarnados en su cuerpo físico que son incapaces de salir conscientemente del mismo. Están completamente atascados por la fuerza de la gravedad. El bebé está en la situación opuesta: su cuerpo astral está saturado con fuerzas de antigravedad. Para el bebé es la encarnación lo que supone un problema, hasta el punto de que es incapaz de quedarse en su cuerpo durante mucho tiempo. Se queda constantemente dormido porque es tirado hacia fuera del cuerpo por la extraordinaria levedad de su cuerpo astral. El lema, pues, podría ser: «¡sigamos al bebé!».

¿Qué es lo que puede verse clarividentemente por encima del cuerpo de un adulto que esté profundamente dormido? Una especie de formación nebulosa, bastante fácil de percibir en realidad. (Cuando estemos en la misma habitación que alguien que esté dormido, no perdamos la oportunidad de observarlo de modo clarividente). Pero dicha formación nebulosa no es todo su cuerpo astral, sino una parte del mismo. El resto de su cuerpo astral está esparcido por los mundos astrales, aunque esto resulta mucho más difícil de percibir. Para ello, deberíamos ser capaces de seguir el alma del que duerme. Como vimos anteriormente, los niños muy pequeños son más fáciles de seguir porque, entre otros factores, salen de su cuerpo completa e instantáneamente, mientras muchos adultos permanecen medio fuera y medio dentro, y se retiran de su cuerpo físico de forma únicamente gradual.

Practiquemos del siguiente modo: sentémonos cómodamente tras haber dejado al bebé durmiendo en la cuna. Vayamos al ojo y al corazón y sintonicemos con el bebé. Tendremos que ser muy rápidos y procurar ver al niño astralmente tan pronto como salga afuera. En los primeros minutos tras quedarse dormido, a menudo podremos ver al bebé astralmente como una réplica exacta de su forma física. Sintonicemos con las mismas partículas de luz que las de la tercera parte de la meditación del tercer ojo (apartado 3.7), pero ahora con los ojos abiertos. Permanezcamos muy quietos, mirando la cuna, parpadeando tan poco como nos sea posible.

El bebé se quedará a nuestro alrededor durante algunos minutos y entonces desaparecerá. Precisamente en este momento hay que estar sintonizados con el bebé y tan conectados como podamos con su fuerza antigravitatoria. Si podemos llegar a resonar con la extraordinaria energía de levedad del bebé, seremos literalmente tirados hacia arriba y proyectados en el espacio.

El próximo paso consistirá en procurar seguir al bebé tan lejos como podamos. Dejémonos transportar por la energía alrededor del bebé y sintamos como la calidad del espacio a nuestro alrededor cambia a medida que entramos en diferentes planos y mundos. Estar en un estado medio despierto y medio dormido de gran cansancio (común a muchos padres que cada noche son despertados varias veces por su bebé), ayudará verdaderamente a las experiencias de viaje astral. No recomendaría a nadie que se privara de dormir; pero si los padres ya están en dicho estado, pueden muy bien aprovecharse del mismo.

Los bebés estarán encantados si podemos viajar con ellos. Para ellos es muy divertido y también muy tranquilizador sentir una continuidad entre este mundo y los otros, y encontrar a la misma gente en diferentes planos. También sabrán que, si algo va mal durante la noche, podrán correr hacia nosotros y conseguir ayuda.

19.7 ¿Cuánto dura?

¿Hasta cuándo permanecerá psíquico nuestro bebé? Hasta cierto punto, dependerá de cuanto trabajo espiritual se comparta con él. Cuanto más se practique el trabajo con el bebé, más semillas de despertar espiritual serán implantadas en esta edad de máxima receptividad.

No obstante, cuando el desarrollo mental del niño alcance un determinado nivel, sus habilidades psíquicas comenzarán a disminuir. Por lo tanto, hacia los dieciséis o dieciocho meses, cuando el bebé comience a pronunciar algunas palabras, se observará un descenso notable. El momento dorado para el trabajo psíquico con los bebés es durante el primer año, o bien hasta los dieciocho meses como máximo.

Cuánta de dicha capacidad psíquica se retendrá durante la infancia y la adolescencia, dependerá de la naturaleza del niño y de la calidad del ambiente del hogar y de la educación. Sin embargo, no creo que deba lucharse para que el niño permanezca psíquico a toda costa. La humanidad ya fue muy clarividente en el pasado. Si retrocediéramos al comienzo de la Atlántida, encontraríamos que los seres humanos podían percibir los mundos espirituales incluso con más claridad que el físico. Sin embargo, formaba parte del entrenamiento de la humanidad que dicha clarividencia atávica se perdiera y que llegaran épocas oscuras y de desconexión. Ahora nos encontramos en el amanecer de una época en que la humanidad recuperará las habilidades clarividentes, aunque de un modo más elevado en que el Ego ejercerá un papel directo.

Cada ser humano repite la historia del mundo, aunque en un lapso de tiempo mucho más reducido (lo que hace que el estudio de la embriología sea fascinante). Los niños llegan a la Tierra completamente abiertos, bañados en la luz de los mundos espirituales y apenas conscientes de la realidad física a su alrededor. Si esta percepción cósmica no fuera velada, para el niño sería muy difícil establecer referencias físicas y llegar a anclarse a tierra. Así, para respetar la tendencia natural del desarrollo, hemos de aceptar que nuestro niño se haga más «mental» y menos psíquico. Podemos acompañar el crecimiento espiritual del niño con una educación adecuada; pero no hemos de impedir que el niño viva en la mente.

Aquello a lo que contribuimos a que el niño desarrolle en su primer año de vida permanecerá con él, aguardándolo como un tesoro. Todo el trabajo psíquico logrado en la infancia reaparecerá años más tarde cuando sea adulto, metamorfoseado en forma de intensas fuerzas del alma. Pero la decisión de reabrirse tendrá que proceder del libre albedrío del adolescente o adulto, no de nuestros propios deseos como padres.

19.8 Los bebés fabulosos

Las parejas psíquicas son raras y, por lo tanto, para las almas evolucionadas no es fácil encontrar los padres adecuados. ¿Cómo encuentran los niños a sus padres? El alma flota en el plano astral y es atraída, como por un principio de similaridad, hacia una madre en particular. Tiene lugar una especie de resonancia entre las disposiciones del niño y las de los padres, que es lo que ocasionará la atracción por un determinado útero o seno materno. Cuanto más avanzada sea un alma, más selectiva llegará a ser en su elección, esperando tanto tiempo como sea menester para encontrar unos padres que sean lo suficientemente evolucionados.

En consecuencia, cuanto más espirituales y clarividentes nos hagamos, más opciones tendremos de ser padres de un bebé-gurú. Lo semejante atrae lo semejante. La tradición hindú sugiere que la aspiración espiritual de la madre —antes y al principio de la gestación— es esencial para determinar qué tipo de alma encarnará. Las vibraciones espirituales de la madre, si son genuinas y profundas, atraerán un alma con una dirección espiritual. Por lo tanto, sería aconsejable que la madre dedicara tiempo a la meditación y que seleccionara cuidadosamente sus lecturas y fuentes de inspiración.

Aparte de este principio general, mi visión es que han encarnado en la Tierra muchas almas extraordinarias durante el período de la triple conjunción astrológica de Saturno, Urano y Neptuno, la cual abarca desde el año 1988 hasta el año 1997. Éstos son los «bebés fabulosos», que han llegado para introducir principios completamente nuevos en los campos de las ciencias, las artes y la espiritualidad. Puede esperarse que muchos de ellos exhiban excepcionales habilidades psíquicas desde la cuna y que lo continúen haciendo durante la infancia y la adolescencia.

Preveo que los padres tendrán que efectuar un gran trabajo sobre sí mismos si pretenden ser de alguna utilidad para sus hijos, o incluso sencillamente para entender lo que está ocurriendo en su propia casa. Estos niños no serán fáciles de seguir, no solamente porque su nivel de desarrollo será, con mucho, superior al de sus padres, sino también porque, como he dicho, vendrán para introducir semillas y conceptos totalmente nuevos en los campos de las ciencias, las artes y la espiritualidad.

Preparar el campo para el desarrollo de estos bebés fabulosos es una de las principales razones por las que se fundó Clairvision.

Capítulo 20

PROTECCIÓN: SELLADO DEL AURA (y2)

20.1 Práctica: ¿desde dónde hablamos?

La práctica 20.1 consiste en producir sonidos desde niveles específicos. Comenzaremos con algo muy sencillo: cantando un largo sonido «ooo» (podemos hacerlo mientras estamos leyendo, ¡no hace falta que cerremos los ojos!).

• *Fase 1*

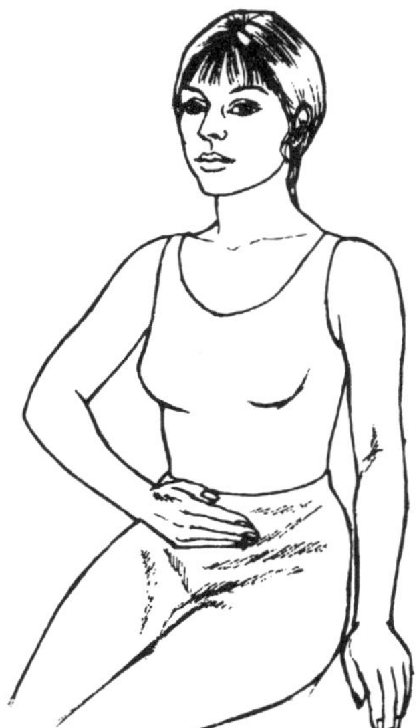

Cantemos el sonido «ooo» y hagámoslo resonar en el abdomen, alrededor y por debajo del ombligo. Hay una forma de producir el sonido, que hace que el abdomen vibre de manera que tanto la vibración física del sonido como la etérica (la que hemos cultivado en el ojo y con las circulaciones energéticas) puedan sentirse en el vientre.

Continuaremos con unos cuantos sonidos «ooo», tratando de generar vibración en el abdomen, aunque no en las restantes partes del cuerpo.

Una forma sencilla de amplificar la vibración consiste en colocar una mano paralela al abdomen, a una distancia de entre 5 y 8 centímetros, utilizándola como reflector.

En esta fase no hay ninguna conciencia en particular en el ojo, ni tampoco en las fases 2 y 3.

• *Fase 2*

Ahora trataremos de cantar un largo «ooo» que únicamente resuene en el pecho. El tono no tiene importancia alguna. Buscaremos un sonido que genere tanta vibración en el pecho como sea posible, aunque no en las restantes partes del cuerpo.

Emplearemos la mano como reflector, colocándola paralela al centro del pecho, a unos 5-8 centímetros de distancia.

Seguiremos cantando «ooo», poniendo todo nuestro ser en el sonido.

Sintamos la vibración física del sonido resonando en nuestro pecho, así como la vibración de la energía.

Tratemos de eliminar cualquier vibración de otras partes del cuerpo, en particular del abdomen, la garganta y la cabeza.

• *Fase 3*

Produciremos unos cuantos sonidos «ooo» que únicamente vibren en la garganta.

Colocaremos la mano como reflector, a unos 5-8 centímetros frente a la garganta.

En esta ocasión, trataremos de lograr un sonido que resuene únicamente en la garganta, sin vibración alguna en otras partes del cuerpo.

• *Fase 4*

Repetiremos la misma práctica con un foco en el entrecejo. Cantaremos unos cuantos «ooo» y los haremos vibrar únicamente en el ojo.

Haremos unas cuantas veces este ejercicio, comenzando por la fase 1 y completando toda la secuencia.

Si practicamos este ejercicio con amigos, podremos darnos indicaciones de unos a otros respecto a la localización exacta de cada sonido.

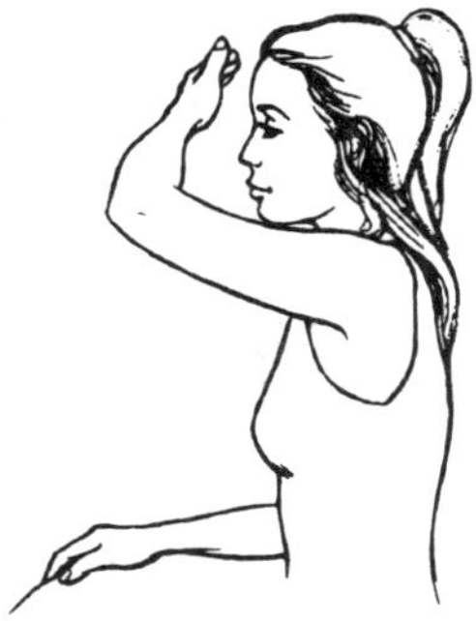

20.2 Práctica: hablando desde diferentes niveles

• *Fase 1*

Tomemos una frase muy sencilla, como por ejemplo: «¡Qué día tan agradable!». Practicaremos la repetición de la frase desde el vientre.

Como en el último ejercicio, trataremos de hacer que el sonido únicamente vibre alrededor del ombligo.

Cuando proferimos un sonido, se genera una vibración física. Pero, además, se genera una vibración etérica, de la misma naturaleza que la vibración que se siente en el entrecejo cuando se medita. A medida que repitamos la frase, tratemos de hacernos conscientes al mismo tiempo de la vibración física y de la no física.

En esta primera fase nos esforzaremos en conseguir que la vibración únicamente se mueva por el área del vientre, como si estuviéramos hablando «desde el vientre».

Al igual que en el último ejercicio, no se precisa mantener la conciencia en el ojo durante las tres primeras fases.

• *Fase 2*

Dejaremos la conciencia en el vientre y continuaremos con la repetición de la misma frase desde el pecho. Trataremos de hacer que el sonido solo vibre en el pecho.

• *Fase 3*

Repetiremos la frase desde la garganta. Sentiremos vibrar el sonido y el cosquilleo físico que tiene lugar en nuestros órganos de la garganta conforme hablamos. Estaremos conscientes de la vibración no física.

• *Fase 4*

Repetiremos la misma frase, haciéndola vibrar en el entrecejo.
Repetiremos varias veces esta secuencia de las cuatro fases.

Comentarios

Este tipo de trabajo introduce una aproximación diferente a la comunicación. Practiquemos este ejercicio con amigos y observemos cuidadosamente desde dónde pueden o no pueden hablar. Muchas personas tienen una gran dificultad en pronunciar sonidos desde una u otra área: vientre, corazón, etc. Esto es bastante revelador en lo que concierne a su organización psicológica. El hecho de ser incapaz de hablar desde alguna de dichas áreas, casi siempre indicará un importante bloqueo anímico, el cual deberá resolverse para alcanzar el equilibrio emocional. Observemos a la gente que está a nuestro alrededor para ver desde dónde hablan y relacionémoslo con lo que observemos de sus características psicológicas.

Cuanto más conscientes estemos en el ojo, más fácil será que sintamos desde donde habla la gente. Sentiremos con claridad la vibración que se activa en su cuerpo, en el área correspondiente. Siempre que podamos percibir algo en nuestro interior, no tardaremos mucho en sentir lo mismo en otras personas. A medida que se abra nuestra percepción, no sentiremos solamente la vibración, también veremos patrones de luz en el área desde donde hablen los demás. Practicaremos estando en el ojo y conscientes del estado de visión tal como se describió.

Téngase en cuenta que **no** estoy sugiriendo que sea preferible hablar desde cualquiera de dichas áreas, sea el corazón, el vientre o cualquier otra. ¡Háblese desde donde se prefiera, naturalmente! Solamente en el caso de que nos resulte imposible hablar desde alguno de los centros, se considerará algo incorrecto y el desequilibrio precisará ser corregido.

20.3 Práctica: ¿qué pasa si hay que exhibir autoridad?

Repetiremos el mismo ejercicio, aunque con palabras distintas. En una de mis clases, un hombre que tenía once hijos (y ninguna hija) sugirió la siguiente frase: «¡Limpia tu habitación!»

Repitamos unas cuantas veces la frase «¡limpia tu habitación!» desde el vientre, después desde el pecho, luego desde la garganta y por último desde el ojo. Cada vez nos plantearemos la pregunta: ¿Lo harían? (limpiar la habitación).

Comentarios

La respuesta es obvia: cuando solamente estamos en la garganta, ¡no lo harían! El ojo puede ser un poco más convincente, aunque el corazón probablemente no sería lo bastante fuerte frente a los once en plena Luna llena. Aceptemos el hecho de una vez por todas: la autoridad proviene del abdomen.

Ahora comencemos a mirar a nuestro alrededor, por ejemplo en el trabajo, a quienes son considerados como autoritarios por naturaleza. Descubriremos que algunas personas poseen la capacidad, cuando nos hablan, de estar muy fuertes en su abdomen y, al mismo tiempo, hacernos sentir débiles en el nuestro. De ahí es de donde procede gran parte de su autoridad. Observaremos que casi todos ellos lo hacen inconscientemente y no a resultas de un entrenamiento. ¡Pero, aun así, lo hacen! Tan pronto como el truco sea revelado a nuestro ojo, comenzaremos a verlo como una trampa. Ganaremos la capacidad de defendernos cuando alguien trate de imponérsenos con un método tan grosero.

20.4 Práctica: el poder ojo-vientre

Ahora seleccionaremos unas cuantas frases y las repetiremos varias veces con una fuerte conciencia ojo-vientre. Trataremos de hacer que el sonido resuene tanto en el ojo como en el vientre, siguiendo el método sugerido anteriormente. Es como si estuviéramos hablando desde el ojo y el vientre al mismo tiempo. (Si se efectúa plenamente, es bastante probable que limpien la habitación.)

Comentarios

Este ejercicio nos ayudará a estructurar el «poder ojo-vientre», el cual es de gran ayuda cuando se precisa una protección real.

Encontraremos más fácil de efectuar dicho ejercicio si podemos dirigir nuestras palabras hacia alguien, en vez de hablar al vacío. Esto se debe a que estamos poniendo en juego mucha fuerza, la cual a menudo encuentra incómodo manifestarse a menos que haya otra fuerza a que oponerse.

Siempre que hagamos ejercicio físico, recordemos el recurso a nuestro poder ojo-vientre.

Ahora, probablemente podremos entender mejor por qué aquellas personas que han realizado mucho trabajo en su *hara*, o centro de la voluntad, mediante la práctica de un arte marcial, generalmente tienen escasa dificultad para proteger sus energías.

20.5 Inhalación/exhalación

En la tradición tántrica hindú, hay un texto sánscrito denominado *Śiva-svarodaya*, que da amplia información relativa a los *nadis*, es decir, las circulaciones de energía pránica (etérica). En los versos 1.92-1.98, el texto da el siguiente consejo: cuando caminemos hacia nuestro gurú, amigos o familiares, hacia todos aquellos a quienes amamos y queremos ayudar, deberemos inhalar profundamente. Cuando caminemos hacia enemigos, ladrones, mendigos u otras personas que deseemos mantener apartadas, deberemos exhalar profundamente. Es peligroso inhalar profundamente en medio de una riña, o frente a un superior que está enfadado con nosotros, o en la compañía de gente malvada o de ladrones.

Tratemos de ponerlo en práctica de inmediato.

20.6 Práctica: cierre del aura mediante la exhalación profunda

Si se ha seguido todo el proceso de protección sugerido hasta ahora, es probable que ya se comience a tener la sensación de cuándo está abierta o cerrada nuestra aura. Así, procederemos del siguiente modo: nos sentaremos frente a un amigo o un espejo, aunque en este caso en concreto es preferible un amigo, pues para que una fuerza se exprese libremente debe ser opuesta por otra fuerza.

Adoptaremos una posición como la de las prácticas de contacto visual (apartado 5.2). Tendremos los ojos abiertos a lo largo del ejercicio.

• *Fase 1*

Nos haremos conscientes de cuán abierta o cerrada está nuestra aura en ese particular instante.

Entonces haremos una exhalación lenta y profunda, con una ligera fricción en la garganta, sintiendo la calidad del aura mientras exhalamos.

Ahora inhalaremos honda y lentamente y sentiremos la calidad de nuestra aura mientras inhalamos. Hagámoslo como si estuviéramos inhalando a la otra persona, absorbiéndola. Notemos cuán abierta se siente el aura mientras inhalamos y comparemos con la fase de exhalación.

Sigamos respirando lenta y conscientemente durante unos minutos.

En esta primera fase, nuestro amigo no está inhalando ni exhalando profundamente, sino respirando normalmente y tratando de percibir las modificaciones de nuestra energía. Para permitirle seguir lo que hacemos, podemos levantar lentamente la mano cada vez que inhalemos y bajarla cuando exhalemos.

• *Fase 2*

Dejemos ir cualquier conciencia sobre la respiración y hagámonos el perceptor, mientras nuestro amigo inhala y exhala con plena conciencia.

Hagamos que nuestro amigo tome largas, profundas respiraciones: respiraciones con intención. Hay una forma de hacer que el aire penetre en el cuerpo y de expelerlo, que no es una simple acción mecánica, sino un movimiento consciente de la energía. Es como empujar conscientemente el aire y la vibración cuando exhalamos y tirar del mismo cuando inhalamos.

Continuaremos la práctica durante 3-4 minutos, tratando de sentir las modificaciones en el aura de quien esté respirando con intención.

• *Fase 3*

Ambas personas inhalarán y exhalarán conscientemente y a la vez durante unos minutos.

Levantaremos y bajaremos las manos, para poder seguirnos uno a otro. Mantendremos una ligera fricción en la garganta. Haremos inhalaciones y exhalaciones lentas y muy prolongadas, que nos dejen suficiente tiempo para sentir la densidad de nuestras auras.

Mantendremos la sincronicidad: ambos inhalaremos y exhalaremos simultáneamente.

Durante esta práctica, el aura tenderá a hacerse más ligera y amplia cuando inhalemos. Cuando exhalemos, por contra, el aura se sentirá más recogida, densa y espesa, con sus límites más cercanos a la piel. En otras palabras, esto significa que nuestra aura tiende a abrirse cada vez que inhalamos y a cerrarse cada vez que exhalamos. La intensidad de la apertura o del cierre dependerá de cuán completa y conscientemente respiremos. Mientras respiramos normal e inconscientemente, este ciclo de expansión y contracción es débil y apenas perceptible; no obstante, está siempre presente. Al ganar control consciente sobre este mecanismo, podremos avanzar un paso más en la protección de nuestras energías.

• *Fase 4*

Reanudaremos la práctica como en la fase 3. Ambos exhalaremos profundamente y al unísono, para luego inhalar hondamente. Acompañaremos la respiración con movimientos de las manos para ayudar a mantener la sincronicidad.

Esta vez trataremos de sentir cómo se encuentran y mezclan nuestras auras cuando exhalamos (cierre del aura) e inhalamos (apertura). Mientras nos «inhalemos uno al otro», como las auras estarán abiertas, habrá una especie de entremezclado de nuestras energías. La línea divisoria entre ambos practicantes no estará tan claramente definida.

Seguiremos exhalando e inhalando durante unos minutos.

Al exhalar, como nuestras auras estarán más densas y cerradas, la separación se hará más clara. Podremos sentir una superficie de contacto, en la que ambas auras se encontrarán pero no se mezclarán. Al nivel de la clarividencia podrán verse luces centelleantes donde choquen las dos auras.

20.7 Práctica: haciendo que la energía entre y salga

Para el presente ejercicio puede estarse solo o sentado frente a un amigo. Mantendremos los ojos abiertos durante toda la práctica.

Inhalando

Exhalando

Nos haremos conscientes de la vibración en el ojo y por todo el cuerpo. Mantendremos alguna fricción en la garganta durante todo el ejercicio.

Exhalaremos lenta y hondamente, y con intención. Colocaremos las manos paralelas frente a nosotros, las palmas mirando hacia fuera. Moveremos las manos lentamente hacia fuera mientras exhalemos, como si estuviéramos empujando algo o a alguien, o como si estuviéramos empujando el aire y la energía hacia fuera.

Inhalaremos profundamente y con intención. Volveremos las palmas del revés y las moveremos lentamente hacia nosotros, como si estuviéramos trayendo energía hacia nosotros con las manos.

Continuaremos exhalando e inhalando lenta y profundamente durante unos minutos. Trataremos de sentir la presión de la energía en las manos. Cuando exhalemos, intensificaremos la fricción en la garganta para fortalecer la acción repelente.

Si practicamos con un amigo, cuando exhalemos se percibirá con mucha claridad la superficie de «choque» entre las dos auras.

20.8 Práctica: exhalando frente a una multitud

Apliquemos este conocimiento a la vida diaria. En una calle, o en una estación de trenes, practiquemos la exhalación con intención cuando caminemos junto a una multitud o grupo de personas. Estemos en el ojo y en el abdomen, densifiquemos nuestra aura y exhalemos la energía hacia fuera. Practiquemos de forma similar cuando un extraño camine cerca de nosotros. Hagámonos conscientes de cómo su energía es gentilmente mantenida a distancia.

Comentarios

Sin este entrenamiento, en dichos tipos de situaciones a menudo hay una mezcla innecesaria e inapropiada de auras. Conforme transcurre la jornada, especialmente si se vive en una gran ciudad, este entremezclado de energías tiende a repetirse una y otra vez, lo cual provoca que uno acabe exhausto al final del día.

Si vivimos en una pequeña ciudad y sólo nos encontramos con amigos y conocidos cuando salimos, entonces la situación es completamente diferente, ya que no necesitaremos la protección en la misma medida.

Las personas que empleen con frecuencia el teléfono en su trabajo, deberían ser conscientes que durante las llamadas tienen lugar muchos intercambios de energía. Como vimos en el apartado 16.6, la onda electromagnética de la señal telefónica no solamente transporta, sino que también amplifica, algunas de las emociones y movimientos psíquicos que tienen lugar durante la conversación. Por lo tanto, estemos alerta y no dudemos en llevar a cabo nuestra gama de técnicas de protección cuando usemos el teléfono. Vayamos a lavarnos las manos con agua corriente (apartados 4.12 y 17.12) tras una llamada telefónica negativa, o de vez en cuando durante el día, en el caso que estemos continuamente utilizando el teléfono.

Estas mismas recomendaciones también son aplicables cuando se utilicen módems de ordenador.

Cuanto más se practique la exhalación consciente y la repulsión de energías en los momentos apropiados, más automática llegará a ser esta función.

Al principio hemos de trabajarlo, permaneciendo vigilantes, exhalando y sellándonos cada vez que una energía extraña pase cerca de nosotros. Luego, tras practicar durante algún tiempo, nos encontraremos exhalando automáticamente cuando sea preciso. Cada vez, evitaremos una disipación de energía, lo cual supondrá una gran diferencia al final del día. Éste demostrará ser uno de los resultados más valiosos de nuestro entrenamiento.

20.9 Práctica: la misma protección con la respiración normal

Uno de los problemas de la técnica 20.8 es que no podemos estar exhalando continuamente. Si estamos caminando en medio de una multitud, en una estación de trenes o si nuestro jefe está manteniendo una agitada reunión con nosotros, ¡aun así, tenemos que inhalar de vez en cuando! La solución reside en el desarrollo de una nueva habilidad. Mediante la respiración profunda hemos aprendido a crear condiciones, tanto abiertas como cerradas, de nuestra aura. El próximo paso consiste en aprender a reproducir dichas condiciones mientras respiramos con normalidad.

Nos sentaremos frente a un espejo o delante de un amigo. Estaremos fuertemente en el ojo. Practicaremos la exhalación del siguiente modo: ya no volveremos a respirar más profundamente de lo normal, sino que enfocaremos nuestra atención en la exhalación. Nos pondremos en un estado de mente «exhalante». Nos limitaremos a hacer que la longitud de nuestras exhalaciones sea mayor —unos 2-3 segundos más— y a tomar breves inhalaciones (1 segundo o menos). En conjunto, pues, el ritmo de nuestra respiración permanece bastante normal.

Reforcemos cada exhalación con la fricción en la garganta; pero una fricción que no pueda ser oída. Llegados a este punto, deberíamos ser capaces de sentir que detrás de nuestra fricción en la garganta física se genera una vibración no física, la cual es la apropiada para la presente práctica. Si no estamos demasiado seguros de ello, limitémonos a hacer una fricción contenida, una fricción que se sienta en el interior de nuestra garganta pero que no pueda ser oída afuera.

No parpadeemos demasiado. Permanezcamos bastante inmóviles, lo suficiente como para que tenga lugar cierta coagulación de nuestra energía, aunque no demasiado, de modo que nuestra cara todavía parezca natural. La idea general que subyace tras esta práctica, es que deberíamos poder llevarla a cabo en cualquier situación social en que precisemos protección y tengamos que valernos por nosotros mismos.

Para resumir, hemos de estar:

– Conscientes en el ojo, coagulados, como inmóviles y sin pestañear.
– En un modo exhalante, haciendo sólo cortas inhalaciones.
– Reforzando nuestras exhalaciones con una fricción silenciosa.

Un resultado interesante de este ejercicio es que seremos capaces de mantener nuestra aura sellada incluso mientras estemos inhalando. Cuanto más dominemos el proceso, más independiente se hará de la respiración física el «modo exhalante» del aura.

20.10 Práctica: sellado del aura

Sobre la base del trabajo efectuado en los últimos dos capítulos, pasaremos a describir la técnica completa de sellado del aura.

Nos sentaremos en postura de meditación. Cerraremos los ojos. Practicaremos la meditación del tercer ojo (apartado 3.7): fricción en la garganta; luego vibración en el ojo; luz en el ojo; conciencia en el espacio púrpura. Tras algunos minutos de estar en el espacio, nos haremos conscientes por encima de la cabeza. Nos dejaremos esparcir por el espacio. Dejaremos que nuestra aura se haga tan extensa y abierta como sea posible.

Entonces: cierre. Nos haremos conscientes en el ojo y en el centro de la voluntad, aproximadamente 3 centímetros por debajo del ombligo. Fortaleceremos la vibración en ambos centros, estando conscientes y respirando con una fuerte fricción en la garganta. Anclaremos el ojo en el centro de la voluntad.

Ahora redensificaremos el aura mediante la activación del centro de la voluntad. Tiraremos del aura hacia dentro desde el centro de la voluntad, como si dicho centro fuera un músculo (no físico) capaz de reunir y tirar hacia dentro nuestra aura, haciéndola densa y a prueba de toda clase de vibraciones. Consigamos una condición cerrada de nuestra aura, la misma que en el «modo exhalante». Pasemos 2-3 minutos reforzando y espesando el aura, descansando en la «puerta de piedra», 3 centímetros por debajo del ombligo.

Entonces reabramos el aura. Nos haremos de nuevo conscientes por encima de la cabeza. Haremos que nuestra energía esté tan esparcida y extendida como sea posible, durante 1-2 minutos. Nos dejaremos diluir en el espacio.

Después cerraremos otra vez, como antes, sellando nuestra aura desde el centro de la voluntad. Repitamos este ciclo, abriendo y cerrando varias veces.

20.11 Práctica

Seguiremos el mismo procedimiento que antes (práctica 20.10), pero más rápidamente. Abramos el aura durante unos 10 segundos. Luego, cerrémosla desde el centro de la voluntad durante otros 10 segundos. Abrámosla de nuevo durante 10 segundos y vayamos alternando de esta manera durante algunos minutos.

Comentarios

La práctica 20.10 es una de las más importantes del presente libro, no solamente debido a su valor protector, sino también porque es una forma poderosa de desarrollar la autonomía de nuestro cuerpo etérico. ¡Práctica, práctica, práctica!

Al principio, podemos frotarnos vigorosamente las manos durante unos segundos para que nos resulte más fácil volver a anclarnos con una fuerte vibración por todo el cuerpo. Esto ayuda a reunir el aura. Más adelante, esto no será necesario.

Podemos reforzar la acción del centro de la voluntad mediante una ligera contracción de los músculos abdominales por debajo del ombligo. En una etapa más avanzada, no necesitaremos la contracción física para generar la acción en el nivel de la energía. Se activará el centro de la voluntad y tendrá lugar una «contracción etérica» en el nivel de la vibración, sin contracción alguna de los músculos físicos.

A medida que se desarrolle esta habilidad, habrá cada vez más ocasiones en que el sellado del aura ocurra de forma automática cuando éste sea necesario. Las transferencias de energías indeseadas no siempre llegan cuando se esperan. Nuestro Ser Superior activará el sellado porque puede sentir mucho mejor que nosotros los potenciales peligros.

En la práctica ocurrirá lo siguiente: sentiremos que nuestra aura se sella de repente y en dicho instante no necesariamente entenderemos por qué. Pero, con frecuencia el motivo se hará obvio al cabo de unos segundos o minutos. Cuando comience a pasarnos esto, será señal de que nuestro plano etérico habrá alcanzado cierto nivel de despertar e integridad.

20.12 ¿Qué ocurre si no funciona nada?

Determinada proporción de estudiantes encuentra imposible hablar desde el vientre. Incluso si ponen todo su ser al exhalar con intención, no parece que esto haga que se modifique mucho su energía. Cualquiera que sea la práctica que intenten, su aura nunca aparece realmente cerrada.

¿Qué quiere decir esto? ¡Bloqueo! Algo se ha de explorar y liberar, generalmente en el área del vientre. Con frecuencia, dichos estudiantes son aquellos que eran incapaces de explorar las líneas de tierra. Las razones y remedios son los mismos que se vieron cuando examinábamos la exploración de las líneas de tierra (apartado 12.11).

Aparte de practicar todos los ejercicios de protección descritos hasta ahora, serán de gran ayuda los ejercicios complementarios que veremos a continuación (20.13 a 20.16).

20.13 Práctica: conciencia permanente en el centro de la voluntad

Durante unas semanas trate de permanecer consciente de la vibración en el centro de la voluntad, desde la mañana hasta la noche. En la medida en que no se haya resuelto el problema, estableceremos una conciencia ojo-vientre (apartado 18.7 y 20.4), en lugar de estar conscientes únicamente en el ojo como se vio en el capítulo 9, «Estar consciente».

20.14 Práctica: respiración abdominal continua

Aprendamos la respiración abdominal. Dos veces al día, dediquemos algún tiempo a tumbarnos y practicar la respiración, únicamente desde el abdomen, sin ningún movimiento del pecho o del área de las clavículas. Colocaremos las manos planas sobre las costillas, para asegurarnos que el pecho no se mueva mientras inhalemos.

Durante unas cuantas semanas, empleemos tanto tiempo como podamos durante nuestras actividades diarias, respirando conscientemente desde el abdomen. Esto no quiere decir que tengamos que respirar desde el abdomen durante el resto de nuestra vida, sino que unas cuantas semanas o meses de intensa conciencia en dicha área nos ayudarán a reequilibrar nuestras energías.

No perdamos nunca la ocasión de llevar a cabo la técnica 18.9 (estimulando el fuego abdominal mediante una contrapresión mientras inhalamos).

20.15 Práctica: *stambhasana*

Masajeemos suavemente el centro de la voluntad, 3 centímetros por debajo del ombligo. Hagámonos conscientes de la vibración en dicha zona.

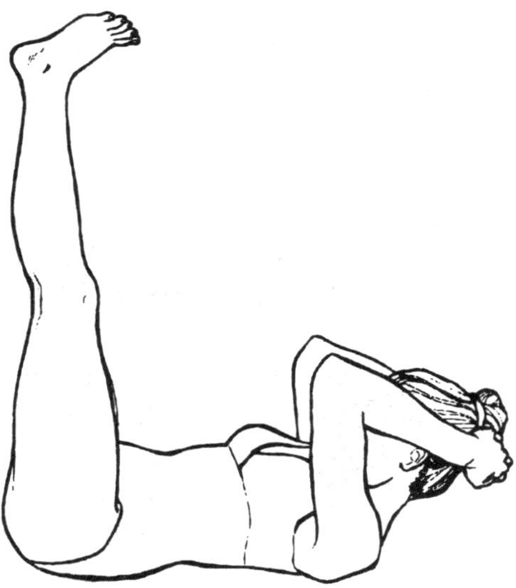

Tumbémonos sobre nuestra espalda. Elevemos la cabeza y las piernas hasta la posición vertical. En hatha-yoga este ejercicio se denomina *stambhasana*, es decir, postura del pilar.

Permanezcamos en esta posición durante 1-2 minutos.

Relajémonos y quedémonos de nuevo tumbados.

Hagámonos conscientes de la vibración activada en el centro de la voluntad.

Repitamos la secuencia unas cuantas veces, fortaleciendo la vibración en el centro de la voluntad.

20.16 Práctica

Tumbémonos sobre la espalda. Practiquemos una respiración abdominal estricta (esto es, sin ningún movimiento del pecho ni del área de las clavículas). Hagamos que alguien presione nuestro abdomen por debajo del ombligo con las manos planas mientras inhalemos.

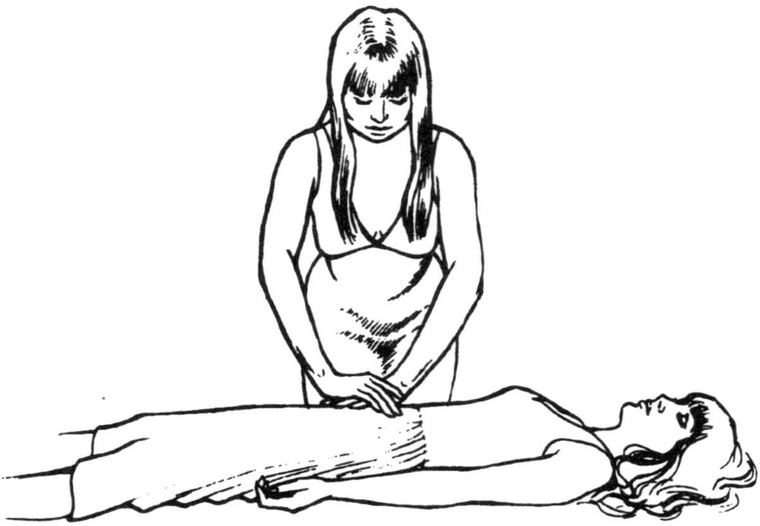

Cada vez que inhalemos tendremos que empujar las manos de la otra persona, igualando la presión ejercida. Cuando exhalemos, se liberará toda la presión. Sigamos construyendo la fuerza de nuestra inhalación abdominal. Recordemos que hay que cerciorarse de que la caja torácica no se mueva mientras inhalemos.

Ahora bien, con ejercicio o sin él, si nuestro vientre está realmente bloqueado, deberá ser explorado, bien mediante las técnicas ISIS de regresión, o bien mediante cualquier otro método de liberación emocional basado en la energía.[1] Nos supondrá una gran ahorro de tiempo en nuestro desarrollo espiritual y probablemente transformará nuestros patrones de relación, así como nuestra vida social.

1. El sistema ISIS incluye un conjunto completo de procesos, titulados «trabajo del vientre», cuyo objetivo es la liberación de la fuerza y vigor vital bloqueados.

Capítulo 21

LA ÚNICA PROTECCIÓN REAL ES EL PODER DE LA VERDAD

Y la verdad
os hará libres.
JUAN 8:32

21.1 El poder de la Verdad

Tal vez dominemos las más sofisticadas técnicas de la energía. Quizás hayamos pasado media vida estudiando ciencias ocultas. Puede que vivamos en la compañía de grandes maestros. Pero si no estamos buscando la Verdad, nuestra protección no es nada más que una ilusión; más pronto o más tarde se derrumbará.

Ha habido un impresionante ejemplo de lo antedicho en el pasado lejano de la humanidad: la Atlántida. Como he descrito en mi novela épica *Atlantean Secrets*, en el último tercio de la Atlántida, la humanidad había alcanzado un extraordinario nivel de comprensión de los diferentes campos de la conciencia y una tremenda capacidad de influir en las leyes de la naturaleza por medio del poder de la mente. Una miríada de escuelas de ocultismo estaban rebosantes de iniciados y expertos en la energía. Probablemente tendrán que pasar unos cuantos siglos para que siquiera una o dos escuelas de ciencias esotéricas sobre la Tierra alcancen el nivel de sus homólogos atlantes.

Sin embargo, debido a que la búsqueda de poder y manipulación suplantó la búsqueda de la Verdad, la Atlántida acabó siendo destruida. Y no pensemos que todos esos iniciados fueron tomados por sorpresa por la inundación. Muchos pudieron ver que se acercaba el desastre. Pero no había nada que ellos pudieran hacer, pues su ciencia era completamente impotente para evitarlo. Su mismo conocimiento era como un grillete, que impedía cualquier escapatoria. Todo fue tragado y desapareció en las neblinas del tiempo.

Estaríamos muy equivocados si creyéramos que dichas leyes no son aplicables para nosotros, aquí y ahora. Pues, tal vez no seamos unos amantes apasionados de la Verdad, pero nuestro Ser Superior sí lo es. Siempre. Puede que en nuestra vida participemos en juegos tontos, puede que busquemos poder por motivaciones infantiles, podemos cubrirnos con lodo; no obstante, nuestro Ser Superior todavía estará ansiando la Verdad, y sólo la Verdad, en nuestro propio trasfondo. No importa adónde, como individuos, podamos elegir dirigirnos, pues nuestro Ser Superior simplemente no puede ir hacia ninguna otra dirección que no sea hacia la Verdad, la cual es Su naturaleza imperecedera.

Por lo tanto, si no estamos tras la Verdad, nuestro Ser Superior comenzará a trabajar en nuestra contra, para permitir que retornemos a la dirección que Él por siempre ha elegido. Esto lo podríamos denominar autodestrucción, y es supremamente eficiente. Si nos extraviamos de nuestra Verdad y tratamos de rechazarla, nuestro propio Ser Superior socavará cualquiera de nuestros intentos, cualquiera de nuestras construcciones, y comenzará a preparar nuestra caída. A veces puede transcurrir muchísimo tiempo antes que la mano bendita haga pedazos todas nuestras defensas. Pero todo lo que hayamos construido pacientemente, sobre una base equivocada, será destruido y deberemos comenzar de nuevo en la desnudez del Espíritu.

Quiero remarcar este punto, en especial tras haber descrito tantas técnicas a lo largo del presente libro. En un tratado taoísta de alquimia interior, *El libro de la píldora dorada*, se dice:

> Si el hombre correcto emplea la técnica incorrecta, dicha técnica incorrecta trabajará para él de la manera correcta.
>
> Pero para el hombre incorrecto, incluso la técnica correcta trabajará de forma incorrecta.

Definitivamente, no hay más protección real que el poder de la Verdad. Si estamos tras la Verdad, la Verdad nos cuidará. Pero si venimos desde el espacio incorrecto, aunque apliquemos todas las técnicas registradas en los archivos de la naturaleza, nuestros logros siempre serán de naturaleza precaria.

Un día, cuando las predicciones del Apocalipsis se hagan realidad, fuerzas titánicas de la oscuridad arrasarán el planeta y tratarán de extinguir toda esperanza de desarrollo para los seres humanos. Será una guerra total, aunque una guerra de un nuevo tipo, el cual es actualmente insospechado. ¿Qué haremos entonces para protegernos? ¿Creen de verdad que sus técnicas de protección funcionarán? Cualesquiera que sean los trucos y técnicas de que dispongamos, podemos estar seguros que los de las fuerzas de la oscuridad serán infinitamente más sofisticados. Verdaderamente, no nos quedará otro poder que la manifestación del poder de la Verdad de nuestro Ser Superior. De una forma paradójica, así será como el demonio se convertirá en nuestro mejor amigo. Pues, para sobrepasarlo, la única forma será sacando fuerzas del alma desde lo más hondo de nuestro Ser Superior y liberándolas a un nivel cósmico. Tendremos que permanecer en la Absoluta Gloria del Espíritu y liberar fuerzas de la Verdad, más que nunca antes en la historia de la humanidad. Entonces la victoria será total e irreversible; esto es, si hemos encontrado a nuestro Ser Superior por aquel entonces, por supuesto.

Me siento feliz por haber podido compartir todas estas técnicas de protección; pero no quiero engañar a nadie. El conocimiento esotérico es como una espada de doble filo. Si se utiliza para todo, excepto para encontrar al Ser Superior y revelar su Verdad, al final siempre se revolverá y trabajará en nuestra contra, independientemente del tiempo que tarde en sonar la campana. Nunca ha habido excepción alguna a dicha regla. Busquemos a nuestro Ser Superior con toda la sinceridad que podamos y no tendremos que preocuparnos de la protección, pero si la motivación es de diferente naturaleza, nuestro viaje espiritual se convertirá en una larga sucesión de desilusiones, sin importar cuán inteligentes o hábiles seamos en la ejecución de las técnicas.

Podemos pensar que el concepto de la Verdad es un tanto vago y no aplicable directamente a la realidad diaria. En realidad, antes de poder asir la Verdad con «V» mayúscula, hemos de empezar siendo verdaderos con nosotros mismos. Esto es algo sencillo, que podemos comenzar en este preciso instante. Hay unas cuantas cosas que sabemos que deberíamos hacer y que no estamos haciendo: decisiones por tomar, transiciones inevitables que seguir... Puede que también haya unas cuantas cosas que sabemos que no deberíamos hacer y que continuamos haciendo, por debilidad, aunque con frecuencia también por mero hábito.

Por favor, que el lector comprenda que **no** me estoy refiriendo a ningún concepto moral. El problema no tiene nada que ver con lo que está etiquetado como «bueno» o «malo», ni con ninguna otra construcción mental. No es raro que los buscadores espirituales tengan que hacer determinadas cosas «malas», o más bien digamos cosas que las autoridades morales considerarían como malas, con el fin de seguir su verdad.

La sinceridad es de otra naturaleza. En nuestro más hondo interior, algunas cosas se sienten correctas y otras incorrectas. Es el estado de conocimiento del Espíritu, y es precisamente con este estado con el que tenemos que sintonizar. No grita en nuestro interior como lo hacen determinados deseos y, por lo tanto, hemos de escucharlo cuidadosamente. Es como un sentido interior, la versión embrionaria de lo que más adelante llegará a ser nuestra capacidad de conocer «la Verdad». Es muy débil al principio, por lo que hemos de cuidarla.

Cuanto más la escuchemos, queriendo con esto decir cuanto más pongamos en práctica lo que sabemos que es correcto, más crecerá el estado de conocimiento. Cuanto más la ignoremos, más tenue se hará. Y, si realmente no sabemos lo que es correcto o incorrecto, entonces hemos de sintonizar en nuestro interior y pedir ayuda. Nos sorprenderá lo velozmente que la Verdad puede llegar al rescate de aquellos que la buscan sin componendas.

No importa si cometemos algunos errores mientras seguimos nuestra verdad. ¿Qué es un error, de todas formas? La línea blanca que nos conduce directamente a lo Divino está llena de meandros cuando se ve a través de los ojos de un no iniciado. Pero, ante la visión de la Verdad, ciertas desviaciones y fallos aparecen como el camino más seguro y directo hacia la Meta.

Si seguimos nuestra verdad de forma coherente, nuestra capacidad de discernir crecerá como un gran árbol y nuestro sentido de lo que es verdadero o falso se volverá más tangible que la percepción de calor o frío.

Incluso aunque el sentido de la Verdad sea tenue al principio, deberíamos cuidarlo y nutrirlo como la cualidad más preciosa que jamás nos pudiera ser dada. Pues, al final, no hay ninguna protección real, excepto el poder de la Verdad.

Capítulo 22

LO QUE VIENE A CONTINUACIÓN

22.1 ISIS, las técnicas Clairvision de regresión

Un clarividente estable y fiable no sólo precisa la formación de algunos órganos sutiles nuevos, sino también la purificación del plano astral. Esto implica la exploración minuciosa de las raíces de conflictos mentales y desequilibrios emocionales, así como la erradicación de condicionantes mentales. Tras haber observado trabajar sobre sí mismas a un gran número de personas, puedo decir que aquellos que nunca parecen llegar a ninguna parte con su práctica espiritual, son bastante a menudo los que han desatendido dicha fase de exploración y limpieza de los enredos de la mente.

Antes de que uno pueda ser supernormal, ha de llegar a ser normal. Mientras no hayamos superado el nivel de existencia mamá-papá, novia-novio, mientras no hayamos clarificado patrones emocionales negativos profundos, no hay ninguna necesidad de fingir que estamos viviendo una vida divina.

Por otra parte, he visto a muchos buscadores que tenían importantes aperturas de la percepción mientras llevaban a cabo un proceso sistemático de regresión mediante ISIS. De repente, tras una liberación crítica, sus técnicas de clarividencia empezaban a funcionar. Recordemos el ejemplo de la tubería de un metro de longitud. Mientras un simple milímetro de la tubería esté obstruido, no podremos ver nada, aunque el 99,9 % restante de la tubería esté despejado. En la práctica, esto significa que unos cuantos problemas emocionales sin resolver serán suficientes para mantenernos completamente ciegos a los mundos espirituales.

Si hemos estado practicando algún tipo de trabajo espiritual durante un largo período de tiempo, sin ningún avance metafísico significativo, sugeriría que se encontrara un sistema, tal como nuestro método de regresión, que permitiera explorar y limpiar en profundidad los patrones emocionales negativos de la mente subconsciente. Esto podría ahorrarnos un tiempo considerable de vagabundeo espiritual.

22.2 La visión de formas de pensamiento

Las técnicas ISIS, una de cuyas avenidas es la regresión, están fundadas en una perspectiva alquímica.[1] Dichas técnicas apuntan a permitirnos sentir y más adelante ver nuestras emociones. Nos conducen gradualmente hasta el punto en que nuestra percepción clarividente pueda contemplar las emociones como movimientos llenos de color en la materia del cuerpo astral. Los *sámskaras*, o semillas de condicionantes emocionales, definitivamente pueden verse como zonas y sentirse por todo nuestro cuerpo de energía. Esta aproximación nos dará nuevas claves para el tratamiento de complejos inconscientes, al revelarlos como algo extremadamente concreto y objetivo, tan tangible en el nivel astral como las malas hierbas lo son en el nivel físico.

Una vez nuestro campo emocional comience a clarificarse y las emociones sean reveladas a nuestra visión como formas, el siguiente paso será alcanzar una percepción similar de los pensamientos. Por una extensión del mismo proceso, se hará posible sentir y ver los pensamientos como formas, o «formas de pensamiento», pequeñas ondas de energía astral que se mueven aceleradamente por todo nuestro ser. Podremos verlas y sentir cómo llegan desde fuera de nosotros y penetran en nuestra aura... y en

1. Para un mayor detalle acerca de las técnicas ISIS, véase *Regression, Past-Life Thera-py for Here and Now Freedom,* del mismo autor.

una fracción de segundo aparece un pensamiento dentro de nuestra mente. Es exactamente como tener la gripe después de coger un virus.

¿Ha tratado alguna vez de dejar de pensar? Es un ejercicio de lo más frustrante y desesperanzador. Cuanto más se trate de hacer que la mente esté silenciosa, más se rebelará y reaccionará ésta con actividad pensante indeseada. La razón por la que la mayoría de la gente nunca puede lograr un silencio mental absoluto, es que opera desde la mente. Tratan de luchar contra la mente mentalmente. Son conscientes de sus pensamientos únicamente cuando éstos ya han entrado en su mente, cuando ya es demasiado tarde para hacer nada.

Si alcanzamos el nivel en que se pueden **ver** las formas de pensamiento llegando desde fuera, ¡entonces la situación es bastante diferente! Podemos elegir no dejarlas entrar y así experimentar silencio interior. Nos daremos cuenta de que, hasta entonces, había un mecanismo inconsciente, que atraía los pensamientos al interior de la cabeza y tiraba de ellos como una mano pequeña. Lo único que se necesita es liberar dicho mecanismo y la paz de mente se consigue de inmediato. No hay lucha, ya que no hemos de empujar las formas de pensamiento hacia fuera, tan sólo dejamos de atraerlas a nuestro interior.

22.3 La transformación del pensamiento

A medida que avanza el proceso y se clarifica la mente, los buscadores se dan cuenta de que en su interior tienen lugar dos formas de pensar completamente distintas; una está basada en reacciones y condicionantes. Éste es el pensamiento compuesto por todas las pequeñas formas de pensamiento, que la gente coge como virus.

La otra modalidad de pensamiento es de una naturaleza completamente distinta. No aparece como una cadena mecánica de reacciones, sino como una actividad creativa del alma. Es un pensamiento que conecta, exactamente como el proceso de «sintonizar» que describimos en el capítulo 11. Empleando esta nueva modalidad, cuando pensemos en alguien se establecerá una conexión viviente con dicha persona (en vez de sólo tener en nuestra mente una imagen fotográfica de la misma). Cuando pensemos en un objeto, las cualidades de dicho objeto se harán vivas en nosotros. Y, por consiguiente, experimentaremos una gama de sentimientos, impresiones y sensaciones completamente nueva, que es la opuesta a la naturaleza esclerotizada de la mente.

Lentamente tiene lugar un cambio, y la vieja forma de pensar de la mente, la que está basada en condicionantes y conciencia de separación, es gradualmente reemplazada por el pensamiento de la «supermente», o cuerpo astral transubstanciado, en el cual el corazón ocupa un papel central. Sentiremos que pensamos en el corazón, así como el antiguo proceso de pensamiento tenía lugar en la cabeza. Dicho pensar de la cabeza estaba desconectado del Ser Superior. Ahora, pensamiento y Ser Superior se han casado en el corazón.

Asimismo, tiene lugar una transformación gradual en la sangre. Al principio sólo notaremos que somos más conscientes de nuestra sangre. Luego nos daremos cuenta de que está comenzando a brillar en la sangre una vida consciente del Espíritu. Así como previamente era obvio que el proceso del pensamiento estaba sucediendo por completo en la cabeza, se hará evidente que el Ser Superior, el Ego Superior, está viviendo en la sangre. Anteriormente, nuestra existencia estaba teniendo lugar principalmente en el pensamiento de la mente, en la cabeza. Ahora vivimos cada vez más en la conciencia del Ser Superior, o Espíritu, en la sangre. Esta nueva modalidad de pensamiento no es otra cosa que el pensamiento del Ser Superior. Por lo tanto, obtendremos dicha percepción clara de estar pensando con la sangre y no sólo con el corazón.

No pensemos que estas experiencias son de una naturaleza vaga y flotante, como una especie de subjetividad etérea medio real. Por el contrario, dichas experiencias son «hiperdensas» e infinitamente más tangibles que cualquier otra cosa que con anterioridad haya tenido lugar en nuestra conciencia. Si observamos como éramos antes de la transformación y lo comparamos con el Espíritu de Vida que ahora fluye en nuestra sangre, será como si hubiéramos estado caminando por el planeta como zombis, sin saber siquiera cuán vacía estaba nuestra alma.

Con el pensamiento de la sangre se desarrolla un hondo sentido de la Verdad; una de las características obvias de la vieja forma de pensar de la mente era la duda. La mente dudaba todo el tiempo. La única manera que tenía la mente de decidir si una proposición era o no verdadera, consistía en el recurso a la lógica, a meterse en discusiones y comparaciones para tratar de formarse una opinión. El pensamiento del Espíritu, por el contrario, está dotado de un irresistible estado de conocimiento de la Verdad. El propósito de nuestra vida reluce frente a nosotros, hay unidad y certeza respecto hacia dónde dirigir el próximo paso.

22.4 La búsqueda del Grial

El Grial es el recipiente que recibió la sangre de Cristo. Es el tema central de toda la tradición esotérica occidental. En términos de alquimia interior, el Grial es el vehículo que puede recibir el Espíritu Supremo. Esto se refiere a la construcción del cuerpo glorioso de inmortalidad, en el cual podrá ser experimentada la conciencia suprema del Ser Superior.

El cuerpo de inmortalidad es un cuerpo de conexión. En él no solamente vive el Espíritu, sino toda la creación, el macrocosmos, como se esbozaba en la Tabla Esmeralda:

et recepit vim superiorum et inferiorum

(«Y recibe/comprende la fuerza de las cosas que están arriba y que están debajo».)

Nunca deberíamos considerar que el Espíritu puede ser definido de forma alguna. Debido a Su naturaleza absoluta, Él abarca muchas paradojas: siempre que algo sea realmente cierto acerca de Él, lo contrario también solerá ser cierto. Cuanto más sepamos acerca del Espíritu, más nos daremos cuenta de nuestra ignorancia de Su incomprensible profundidad.

Reside una gran belleza en el hecho que la palabra *iniciado* signifique a la vez el que ha sido instruido en los misterios y... ¡un principiante! Creo que ambos significados de dicha palabra no deberían oponerse, sino reconciliarse. Cualquiera que sea nuestro nivel de percepción, sabiduría e iluminación, siempre hemos de recordar que permanecemos extremadamente confusos respecto a la naturaleza real de lo Divino y que la aventura humana solamente está en sus principios.

Apéndice 1

RECORRIDO DE LOS MERIDIANOS

El meridiano de la vesícula biliar, *zu shao yang*, comienza en el extremo externo del ojo físico (¡no el tercer ojo!), de donde sigue un complicado recorrido alrededor de la oreja y por el lateral de la cabeza. Desde el lateral del tronco envía un ramal a la vesícula biliar y al hígado. También se dice que tiene una conexión directa con el corazón. Desde la cadera hace un cambio brusco de dirección hacia el sacro, y vuelve al lateral del muslo. Finaliza en el lado externo de la uña del cuarto dedo del pie (contando el pulgar del pie como primer dedo).

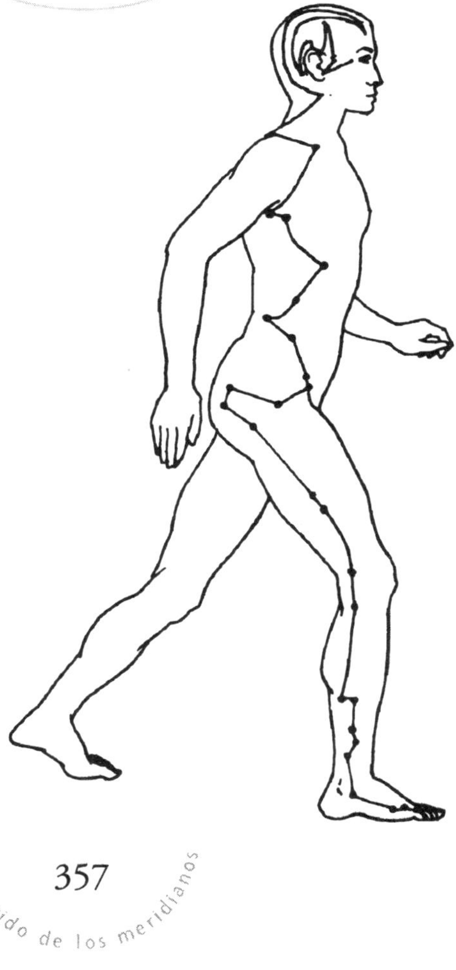

El meridiano de la vejiga urinaria, *zu tai yang*, comienza en el lado medio/interno del ojo físico, ascendiendo en línea recta por la frente y el cráneo, circulando por la cabeza a una distancia de 1-2 centímetros de su línea media. En el pie va por detrás del maléolo exterior y después por debajo del mismo. Finaliza en la parte externa del dedo meñique del pie. *Zu tai yang* conecta con la vejiga urinaria y el riñón.

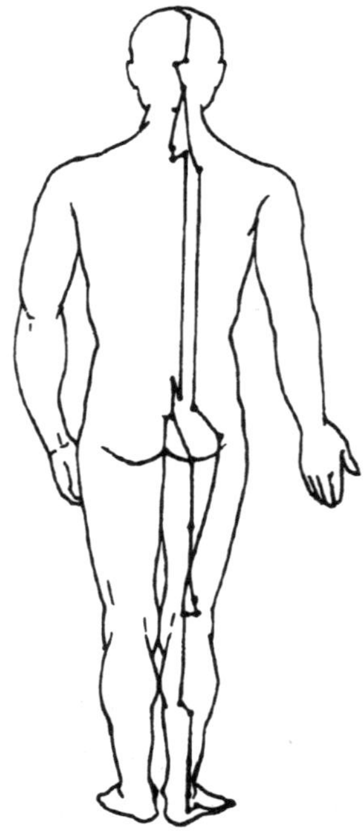

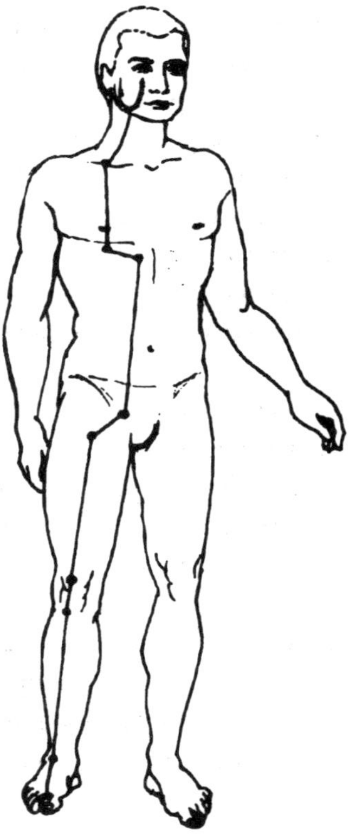

El meridiano del estómago, *zu yang ming*, comienza en la cabeza en un ramal que desciende desde la mitad de la parte inferior del ojo físico y otro ramal enfrente de la oreja. En el cuello, este meridiano está en el borde anterior del músculo esternocleidomastoideo y entonces se dice que hace un brusco giro hacia la séptima vértebra cervical, antes de volver a la parte frontal del pecho. En el pie acaba en el segundo dedo (contando el pulgar como primero).

Apéndice 2

CLAIRVISION SCHOOL

Clairvision School es una escuela de meditación y espiritualidad occidental. Su propósito esencial es ofrecer una instrucción orientada a la experiencia directa de las realidades espirituales y a entrenar a las personas a un alto nivel en autotransformación, crecimiento espiritual y conocimientos esotéricos. Los cursos de la escuela son, por lo tanto, intensivos y están pensados para las personas altamente motivadas y sinceras en su acercamiento. Sin embargo, no son necesarios entrenamiento ni conocimientos previos para incorporarse a Clairvision School.

Clairvision School ofrece **en inglés** sus cursos de correspondencia, «Knowledge Tracks», a varios niveles.

Ofrece —también **en inglés**— cursos residenciales intensivos de dos semanas. Los estudiantes que vienen del extranjero para dichos cursos internacionales, pueden prolongar sus estudios en Clairvision School. Los cursos residenciales incluyen un entrenamiento en meditación, desarrollo de chakras, circulaciones energéticas e ISIS, el método de Clairvision de autoexploración y regresión. Algunos aspectos más avanzados del trabajo pertenecen a la alquimia interior, la construcción de cuerpos sutiles, la transformación de la mente y conocimientos de seres superiores.

Además de los cursos internacionales, Clairvision School ofrece cursos **en inglés** semanales de larga duración para residentes en Sydney.

Para obtener información acerca de los cursos visite:

Clairvision School
PO BOX 33
Roseville NSW 2069, Australia

Para ponerse en contacto con Clairvision España diríjase a:
http://infospanish-arroba-clairvision.org

ÍNDICE ANALÍTICO

ÍNDICE